高速铁路客运乘务专业系列教材
高等职业教育"十三五"精品教材

高速铁路列车餐饮服务

主 编 张娅丛 田红芬

西南交通大学出版社
·成 都·

图书在版编目（CIP）数据

高速铁路列车餐饮服务 / 张娅丛，田红芬主编. — 成都：西南交通大学出版社，2020.5（2023.6 重印）
ISBN 978-7-5643-7418-1

Ⅰ. ①高… Ⅱ. ①张… ②田… Ⅲ. ①高速铁路 – 列车 – 饮食业 – 商业服务 – 教材 Ⅳ. ①U238

中国版本图书馆 CIP 数据核字（2020）第 064786 号

Gaosu Tielu Lieche Canyin Fuwu
高速铁路列车餐饮服务
主编　张娅丛　田红芬

责 任 编 辑	罗爱林
封 面 设 计	吴　兵
出 版 发 行	西南交通大学出版社 （四川省成都市金牛区二环路北一段 111 号 西南交通大学创新大厦 21 楼）
发行部电话	028-87600564　028-87600533
邮 政 编 码	610031
网　　　址	http://www.xnjdcbs.com
印　　　刷	四川森林印务有限责任公司
成 品 尺 寸	185 mm×260 mm
印　　　张	14.5
字　　　数	364 千
版　　　次	2020 年 5 月第 1 版
印　　　次	2023 年 6 月第 3 次
书　　　号	ISBN 978-7-5643-7418-1
定　　　价	48.00 元

课件咨询电话：028-81435775
图书如有印装质量问题　本社负责退换
版权所有　盗版必究　举报电话：028-87600562

前　言

随着我国经济和科技的飞速发展,铁路也逐步进入高速铁路时代,铁路客运能力大幅提高,客流日益增大。在消费升级的市场背景下,旅客对出行品质的要求不仅仅体现在速度上,对高速铁路列车客运服务工作也提出了更高的要求。高速铁路列车客运服务工作包括车厢服务、列车广播、信息服务、通信服务、票务服务、餐吧车服务等,其中餐吧车是为广大旅客及乘务人员提供餐饮产品及餐饮服务的主要场所,高速铁路列车餐吧车餐服人员必须拥有丰富的服务知识与娴熟的服务技能,才能将精美可口的食品和尽善尽美的服务有机地结合起来,让服务对象在物质和精神上获得满足。

本教材深入浅出地介绍了高速铁路列车餐饮服务与经营管理的相关理论知识和操作技能,坚持实用的原则,力争做到理论知识明确、技能训练操作规范、条理清晰,强调理论知识为技能训练服务。具体内容包括:动车组列车餐饮服务人员职业形象与服务素养、动车组列车餐饮营销管理、动车组列车餐饮基础知识、动车组列车餐饮服务操作技能、动车组列车餐吧车的设施设备、动车组列车餐饮服务作业管理、动车组列车餐饮安全管理。本教材在内容上力求深入浅出,在文字上,力求通俗易懂,便于操作。本教材具有以下特点:

1. 具有针对性。本教材依据高速铁路列车餐吧车餐饮服务工作岗位的任职要求,围绕餐服人员应具备的职业形象与服务素养、餐吧车工作环境、营销管理、餐饮服务理论知识、操作技能、作业流程及作业标准来设计教学内容,使内容编排更具针对性,充分体现理时一体、注重应用的现代教学要求,这也符合铁路人才培养的要求。

2. 注重实用性。本教材全面、系统地阐述了高速铁路列车餐饮服务与经营管理的相关理论知识和操作技能,强调服务标准和规范,注重餐吧车餐饮服务人员实际工作能力的培养。

3. 富有操作性。本教材的操作技能部分穿插了大量的图片、图表，采用图文结合的形式，更利于学生准确理解、规范操作，以更好地培养学生解决实际问题的能力。

本教材由河北轨道运输职业技术学院的张娅丛老师和田红芬老师担任主编，河北轨道运输职业技术学院的张丹老师担任副主编。教材编写工作的具体分工如下：张娅丛老师编写第一章、第三章、第六章的内容，张娅丛老师、张丹老师编写第二章、第四章的内容；田红芬老师编写第五章、第七章的内容。张娅丛老师负责全书的统稿工作。

本教材在编写过程中，参考了大量专著和书籍，在此对所借鉴的书刊、资料的作者表示诚挚的谢意。

由于编者水平有限，加之时间仓促，书中难免存在疏漏和不足之处，恳请同行专家和广大读者批评指正。

教材配套的线上课程"铁路餐饮服务"已在智慧职教 MOOC 学院正式开课，读者可登录智慧职教参与课程学习。

编　者

2019 年 12 月

目　录

第一章　动车组列车餐饮服务人员职业形象与服务素养 …………………………… 1
　　第一节　动车组列车餐饮服务人员的职业化塑造 ………………………………… 1
　　第二节　动车组列车餐饮服务人员服务意识的培养 …………………………… 24

第二章　动车组列车餐吧车的设施设备 ……………………………………………… 29
　　第一节　动车组列车餐吧车的分类 ……………………………………………… 29
　　第二节　动车组列车餐吧车电器设备安全操作 ………………………………… 38

第三章　动车组列车餐饮基础知识 …………………………………………………… 42
　　第一节　食品营养常识 …………………………………………………………… 42
　　第二节　中餐基础知识 …………………………………………………………… 62
　　第三节　西餐基础知识 …………………………………………………………… 86
　　第四节　饮料基础知识 …………………………………………………………… 90

第四章　动车组列车餐饮服务操作技能 …………………………………………… 104
　　第一节　端托服务 ……………………………………………………………… 105
　　第二节　餐巾折花 ……………………………………………………………… 107
　　第三节　斟倒服务 ……………………………………………………………… 117
　　第四节　中餐摆台知识 ………………………………………………………… 125
　　第五节　西餐摆台知识 ………………………………………………………… 134

第五章　动车组列车餐饮营销管理 ………………………………………………… 142
　　第一节　动车组列车餐饮营销概述 …………………………………………… 142
　　第二节　动车组列车餐饮经营成本核算 ……………………………………… 152
　　第三节　动车组列车经营模式及供餐模式 …………………………………… 160
　　第四节　动车组列车餐饮服务质量管理 ……………………………………… 164
　　第五节　动车组列车餐吧车销售服务要求 …………………………………… 173

第六章　动车组列车餐饮服务作业管理 …………………………………………… 175
　　第一节　动车组列车餐吧车作业管理及标准 ………………………………… 175
　　第二节　动车组列车商品、食品、备品放置标准及陈列 …………………… 179
　　第三节　餐吧车乘务工作组织 ………………………………………………… 183
　　第四节　餐吧车乘务作业流程及质量标准 …………………………………… 186

第七章　动车组列车餐饮安全管理 ·· 204
　　第一节　餐饮安全管理 ·· 204
　　第二节　动车组列车餐饮供应及保管标准 ··· 212
　　第三节　餐吧车餐具管理 ·· 214
　　第四节　动车组列车餐吧车应急处理 ·· 217
附录 1　动车组餐饮经营相关法律法规 ·· 224
附录 2　常见的鸡尾酒配方 ·· 225
参考文献 ·· 226

第一章　动车组列车餐饮服务人员职业形象与服务素养

【学习目标】
1. 了解动车组列车餐饮服务人员的职业道德要求。
2. 熟悉动车组列车餐饮服务人员职业形象塑造的要求。
3. 掌握动车组列车餐饮服务人员应具备的基本素质。
4. 熟悉动车组列车餐饮服务人员应具备的专业素质。
5. 理解服务意识在动车组列车餐饮服务中的作用,不断提高自身的服务意识。

【知识要点】
1. 动车组列车餐饮服务人员职业形象塑造的要求。
2. 动车组列车餐饮服务人员应具备的基本素质。
3. 动车组列车餐饮服务人员应具备的专业素质。
4. 动车组列车餐饮服务人员应具备的服务意识。

第一节　动车组列车餐饮服务人员的职业化塑造

一、动车组列车餐饮服务人员应具备的基本素质

动车组列车餐饮服务主要是为旅客提供食品享受和精神享受的服务。在餐饮服务过程中,为了给旅客提供优质的服务,动车组餐饮服务人员应当积极塑造职业化的服务形象,这也是保证动车组餐饮服务水平的关键。

（一）职业道德

职业道德是人们在长期的职业活动中逐渐形成的具有自身职业特征的道德准则和行为规范。由于工作的性质,动车组列车餐饮服务人员的职业道德也具有一定的特殊性,归纳起来主要有以下几个方面的内容。
（1）服务理念——主动热情、细心周到。
（2）礼貌待客——行为端正、举止文明。
（3）职业修养——工作勤奋、业务熟练。

（4）经营作风——诚信无欺、真实公道。
（5）优良品质——廉洁奉公、谦恭自律。
（6）高尚风格——团结协作、顾全大局。
（7）遵章守纪——执行标准、服从命令。

（二）身体素质

1. 健康的身体

动车组餐饮从业人员应符合《铁路运营食品安全管理办法》的有关规定，经铁路食品安全监督机构许可后，方可从事食品经营活动。食品经营单位的食品安全管理制度健全，《餐饮服务许可证》有效，从业人员个人卫生良好，动车组列车餐饮服务人员必须身体健康，上岗前必须按规定到指定医院检查身体，体检合格后由卫生部门发放健康证，取得健康证明后方能上岗。每年必须进行一次体检复查，如发现患有细菌性痢疾，伤寒，病毒性肝炎，活动性肺结核，渗出性、化脓性皮肤病，以及有其他不适合从事直接为旅客服务的疾病的人员不得从事食品和铁路运输场所的服务工作。

2. 充沛的体力

动车组列车餐饮服务工作的劳动强度较大，在工作中站立、行走、售餐等，都要有一定的腿力、臂力和腰力。所以，餐饮服务人员必须要有充沛的体力，才能胜任此项工作。

（三）仪容要求

狭义的仪容通常指人的容貌，主要指头部和面部；广义的仪容指不被服饰所遮盖而露在外面的部位。仪容是动车组列车餐饮服务人员个人形象的重要组成部分之一。良好的仪容是一种无声的语言，也是服务人员精神面貌的体现，能够给旅客带来清新的感受和美的享受。得体的仪容大体上受两大要素的影响，一是本人的先天条件，二是本人的修饰维护，总的要求是适度、美观。

1. 发部修饰要求

不注重头部的整洁，往往会让人觉得邋邋遢遢、萎靡不振，甚至被认为缺乏爱岗敬业的精神，所以动车组列车餐饮服务人员应经常洗发和梳理头发，以确保发部干净、整洁，无头屑。具体要求如下：

（1）男性动车组列车餐饮服务人员的头发应干净整洁、颜色自然，定期修剪头发，保持头发长度适中，不理奇异发型、不烫发、不剃光头。一般要求：前发不覆额，侧发不掩耳，后发不触领，两侧鬓角不超过耳垂底部，头发整体上不要太厚，应使之呈现出一定的造型。

（2）女性动车组列车餐饮服务人员的头发应要求发型、发式美观、大方，发不过肩，刘海长不遮眉，短发不短于7厘米。在上岗前应将长发束起、盘起，佩戴的发卡、发带样式应庄重大方。

梳理头发是服务人员每天必做之事，而且应当不止一次。按照常规，在下述情况下，动车组列车餐饮服务人员皆应梳理自己的头发：一是换装上岗前；二是站台接车前；三是立岗迎站前；四是摘下帽子时；五是其他必要时。

2. 仪容修饰要求

（1）男性动车组列车餐饮服务人员应注意面部的清洁与适当的修饰，若无特殊的宗教信仰或民族习惯，每天上班之前一定要坚持剃须，不留胡须。对于鼻毛、耳毛也切莫掉以轻心，要注意定期对其进行检查，一经发现其过长，应立即修剪。

（2）女性动车组列车餐饮服务人员应淡妆上岗，保持妆容美观，端庄大方，不浓妆艳抹，避免使用气味浓烈的化妆品。具体要求：粉底液的颜色与自己的肤色相近；腮红与口红颜色协调，口红颜色以大红、桃红、玫瑰红或深红为宜，唇线与口红的颜色一致；眉毛修剪整齐，眉笔和眼线为黑色或深棕色；眼影的颜色与制服一致；使用清香、淡雅型香水。补妆要及时，应选择在洗手间或乘务间进行补妆，但要避免在旅客面前补妆。

（3）动车组列车餐饮服务人员的面部、双手应保持清洁健康，身体外露部位无文身。指甲修剪整齐美观，长度不宜超过指尖2毫米，不染彩色指甲，可涂肉色或透明色指甲油，但不得出现脱离情况。

（4）动车组列车餐饮服务人员还应注意口部修饰，注意认真刷牙，保持口腔洁净无异味；可定期去口腔医院洗牙保持牙齿洁白；在出乘前或岗位中避免食用一些气味过于刺鼻的食物，以免产生异味；有意识地呵护自己的嘴唇，防止唇部干裂、爆皮。此外，还应避免嘴角残留异物。

（四）仪表要求

仪表指人的外表、外貌，着重在着装和配饰两方面，总的要求是端庄典雅。动车组列车餐饮服务人员着装要统一，衣扣拉链要整齐，具体要求如下：

（1）动车组列车餐饮服务人员着裙装时，丝袜要统一、无破损。系领带时，衬衣束在裙子或裤子内，外露的皮带为黑色。

（2）佩戴的外露饰物款式简洁，限手表一只、戒指一枚。女性可佩戴发夹、发箍或头花及一副直径不超过3毫米的耳钉。

（3）不歪戴帽子，不挽袖子，不卷裤脚，不敞胸露怀，不赤足穿鞋，不穿尖头鞋、拖鞋、露趾鞋，鞋的颜色为深色系，鞋跟高度不超过3.5厘米，跟径不小于3.5厘米。

（4）佩戴职务标志，胸章牌（长方形职务标志）戴于左胸口袋正上方，下边沿距口袋1厘米处（无口袋的戴于相应位置），包含单位、姓名、职务、工号等内容。臂章佩戴在上衣左袖肩下四指处。按规定应佩戴制帽的工作人员，在执行公务时戴上制帽，帽徽在制帽折沿正上方。除列车长外，其他客运乘务人员在车厢内作业时可不戴制帽。

（五）仪态要求

仪态指一个人的姿态和风度，包括站姿、坐姿、走姿、蹲姿等所有的行为举止。仪态是一种表达思想感情的无声语言，它可以展现人的品质、修养、学识、文化等方面的素质和能力。

1. 动车组列车餐饮服务人员岗位基本仪态规范

（1）动车组列车餐饮服务人员举止仪态要端庄大方。为旅客服务时，避免出现以下行为：

① 手位不当：叉腰，背手，插兜，双手交叉于胸前，勾肩搭背，手指不停地敲，咬指甲，用手不由自主地挖耳孔、鼻孔或剔牙，说话时瘙痒或抓痒，乱弄头发或伸手梳头。

② 脚位不当：双腿叉开过大，双腿或双脚不停地抖动。

③ 坐立不安、表情烦躁、打哈欠。

④ 嚼口香糖或吃东西。

⑤ 大声喧哗、嬉笑打闹。

⑥ 当众化妆或涂指甲油。

（2）动车组列车餐饮服务人员在与旅客交谈时，身体的姿态应保持端庄、挺直，距离适当（0.5～1米），应伴有微笑、点头，目光注视旅客，以示尊重。

（3）动车组列车餐饮服务人员为旅客递送物品时，以双手递送为宜，注意轻拿轻放。若与旅客距离较远，应主动走近旅客，以直接交到旅客手中为好。若为旅客递送水杯时，应注意持水杯的下1/3处或杯耳处。

（4）动车组列车餐饮服务人员为旅客指引方向时，应使用正确的引导手势。将手掌伸平，五指自然并拢，掌心向上，以肘关节为轴，小臂伸直，指向引导的方向，切忌伸出一根手指指示方位。

（5）动车组列车餐饮服务人员在餐车内行走时，要靠右侧走，不能奔跑、鲁莽，注意留心对面是否有人和物，与旅客迎面时应主动礼让，不得与旅客抢道或并行。若无意碰撞或影响到旅客时，应向旅客致歉。

2. 仪态礼仪

仪态礼仪主要包括站姿、坐姿、走姿、蹲姿、鞠躬、手势和表情等，其核心要求是端庄文雅。

1）站姿

站姿是人们日常生活交往中最基本的举止动作之一，是一种静态的身体造型，同时也是其他动态身体造型的基础和起点。"站有站相"是对一个人仪态姿势最基本的要求。优美得体的站姿能够衬托出动车组列车餐饮服务人员的优雅气质和风度，这也是培养仪态美的基本要求。站姿的基本要求如下：

（1）站姿的基本要求。

头正、下颌微收、沉肩、挺胸、收腹、立腰、背直、提臀，双臂自然下垂，让整个人有一种向上的感觉。

（2）站姿种类及要求。

① 男士站姿的种类及要求。

a. 体侧式站姿。

保持站立的基本姿态：面带微笑；双目平视，收腹挺胸，保持上体端直。手位：双手自然下垂。脚位：双脚呈V形。

b. 体前握拳式站姿。

手位：双手在小腹前相握呈握拳状，左手握住右手手腕。脚位：双脚跨立与肩同宽，两脚脚尖平行。

c. 体后握拳式站姿。

手位：双手在背后腰际相握呈握拳状，左手握住右手手腕。脚位：两脚跨立与肩同宽，两脚脚尖平行。

② 女士站姿的种类及要求。

a. 体侧式站姿。

保持站立的基本姿态：面带微笑；双目平视，收腹挺胸，保持上体端直。手位：双手自然下垂。脚位：双脚呈 V 形。

b. 前合手势站姿。

手位：右手搭在左手上，双手交叉时，右手虎口卡住左手虎口，右手在上，拇指藏于虎口之中，合握于腹部前。脚位：左脚跟靠在右脚内侧中间，两脚呈"丁"字步。

c. 单臂前屈式站姿。

手位：左（右）臂弯曲，抬至腰际。左（右）手心向里，手指自然弯曲。右（左）手自然下垂，均匀吸气。脚位：左脚跟靠在右脚内侧中间，呈左"丁"字步。

（3）站姿的禁忌。

站立时不要过于随意，不要出现耸肩、塌腰、驼背、趴伏倚靠、双腿大叉或不停抖动、双手叉腰、以手抱胸等不雅观或失礼的姿态，以免损坏个人形象。

【阅读资料 1-1】

不同的站姿所反映的心理特征

心理学家测定得出：双脚并拢站立者，给人的印象是可靠、意识健全、脚踏实地而且忠厚老实，但表面上显得有点冷漠；双腿分开尺余，脚尖略朝外偏的站姿，表现出站立者果断、任性，富有进取心，不装腔作势；双腿并拢站立，一脚稍后，双足平置地面，则体现出站立者有雄心、性格暴躁，是一个积极进取、极富冒险精神的人；站立时一只脚直立，另一只脚弯置其后，以脚触地，则说明站立者情绪非常不稳定，变化多端，喜欢不断刺激或挑战。

站立姿势还有正面与侧面之分。相比较而言，正面姿态所反映的特征，是人们通过学习和对自身经验的总结、积累而形成的；而侧面姿态，一般被认为是仍然保留着出生时的原始的姿态倾向和特征，表现出原始的感情和幼年、少年时期的心理活动以及与生活有关的心理倾向。例如，那种挺胸直背、身体后仰、膝盖绷直的侧面姿态，就是一种充满力量和紧张的姿态，暗示着站立者积极努力地适应现实的倾向。

（资料来源：邓英，马丽涛. 餐饮服务实训[M]. 北京：电子工业出版社，2009.）

2) 坐姿

坐姿是人在入座后所呈现出的姿势，属于静态形象之一。优美的坐姿能够给人以端正、文雅、得体、大方的感受。

（1）坐姿的基本要求。

① 入座时要轻、稳、缓。走到座位前，应转身后轻稳地坐下。女士入座时，若着裙装，应用手将裙子稍稍拢一下，不宜坐下后再拉拽衣裙，这样会显得不够优雅。在正式场合中，

通常从椅子的左边入座、离座，这是一种礼貌的行为。

② 神态从容自如。嘴唇微闭，下颌微收，面容平和自然。

③ 双肩平正放松，两臂自然弯曲放在腿上，亦可放在椅子或沙发扶手上，掌心向下，以自然得体为宜。

④ 坐在椅子上，要立腰、挺胸，上体自然挺直。

⑤ 双膝自然并拢，双腿正放或侧放，双脚并拢或交叠或呈小 V 字形。男士两膝间可以分开一拳左右的距离，双脚可呈小八字步或稍微分开以显自然洒脱之美，但不宜打开过宽，以免显得粗俗或傲慢。

⑥ 坐在椅子上，应至少坐满椅子的 2/3，宽座的沙发应至少坐 1/2。在落座后的前 10 分钟内不要倚靠椅背。时间久了，可轻靠椅背。

⑦ 在与交谈对象谈话时，应将上体双膝侧转向交谈者，但上身应保持挺直，不要出现自卑、恭维、讨好的姿态。

⑧ 离座时要自然稳当，右脚向后收半步，而后站起。

⑨ 就座无声。入座、离座时，上身要尽量保持挺直，减慢速度，动作轻缓，尽量不要弄响桌椅发出噪声。

（2）坐姿的种类及要求。

① 男士坐姿的种类及要求。

a. 正坐式。

要求：抬头、挺胸、收腹、沉肩立领、双臂自然下垂、目光前视、面带微笑。双脚垂直于地面。男生双脚开立，平行。双膝距离不宜超过肩宽。

b. 前后式。

要求：上身保持站立的基本姿态，目视前方，面带微笑。左（右）腿伸出，全脚着地，右（左）脚掌着地。两膝盖分开。双手分别放在两膝盖上。

c. 前交叉式。

要求：上身保持站立的基本姿态，目视前方，面带微笑。左（右）腿前伸，右脚踝关节和左脚踝关节交叉。

② 女士坐姿的种类及要求。

a. 正坐式。

要求：抬头、挺胸、收腹、沉肩立领、双臂自然下垂、目光前视、面带微笑。双脚垂直于地面。两膝盖夹紧，脚尖优雅轻点地面。

b. 前后式。

要求：上身保持站立的基本姿态，目视前方，面带微笑。左（右）脚伸出，脚尖绷直，右（左）脚掌着地。左右大腿紧靠。双手交叠置于腹前。左右脚一前一后呈直线。

c. 双脚斜放式。

要求：上身保持站立的基本姿态，目视前方，面带微笑。两脚及双膝完全并拢，呈折扇形，双脚脚尖着地。腿、膝、小腿、脚掌都必须朝向同一方向，小腿之间不能有空隙。

d. 交叠式。

要求：上身保持站立的基本姿态，目视前方，面带微笑。将左腿微向右倾，左侧大腿放在右侧大腿上，脚尖朝向地面。切忌左脚脚尖朝上或抖动。

（3）坐姿的禁忌。

在他人面前落座，一定要遵守坐姿礼仪的基本规范，不要采用以下这些犯规的坐姿。

① 双腿叉开过大。若双腿叉开得过大，不论是叉开大腿还是小腿，都是极为失态的表现。尤其是女士在穿着裙装时要牢记这一点。

② 双腿直伸出去。这样既不雅，又给人一种满不在乎的感觉。身前如果有桌子，双腿尽量不要伸到外面去。

③ 抖腿。不仅会让人心烦意乱，而且也会给人极不安稳的印象。

④ 脚尖指向他人。在国外认为这一动作是骂人的举动。

⑤ 架腿方式欠妥。架腿的正确方式是，两条大腿相架，并且一定要并拢。如果将一条腿架到另一条腿上，两腿之间还留出大大的空隙，就成为所谓的"二郎腿"，这就显得有些过于放肆。

⑥ 手部姿势不当。就座后，将手放于桌下或支于桌上都是不够礼貌的做法。同样将手抱在腿上或夹在腿间都是不可取的做法。

3）走姿

走姿是一种人体的动态举止，展现着动态美。它是以站姿为基础，是站姿的延续动作。正确而富有魅力的走姿能够体现出一个人良好的职业素养和精神风貌。

（1）走姿的基本要求。

① 身直。

头正、肩平、挺胸、立腰、收腹、提臀、双腿直立而不僵。

② 步位直。

大腿带动小腿，两脚尖略分开，脚跟先着地，女士两脚内侧要走一条直线，男士两脚要走平行线。

③ 步幅适度。

行走中两脚落地的距离大约一脚或一脚半的长度，脚尖指向正前方。步幅的大小应根据性别、身高、着装与场合的不同而有所调整。

④ 步速平稳。

行进的速度应当保持均匀、平稳，不要忽快忽慢。正常情况下，步速应自然舒缓，以显示成熟、稳重、自信。

⑤ 摆臂自然。

双肩相平不摇晃，两臂摆动自然，前后摆幅30°～40°，两手自然弯曲，摆动中离开双腿不超过一拳的距离。

（2）走姿的禁忌。

忌摇头晃脑、晃臂扭腰、含胸驼背、左顾右盼；忌走路时低头看脚尖或抬着下巴走路。忌拖脚走、制造噪音；忌三人以上并排行走，以免影响他人通行。

4）蹲姿

蹲姿是由站姿转变为两腿弯曲和身体高度下降的姿势，是相对静止的体态。蹲姿应自然、得体、大方，不遮遮掩掩；两腿合力支撑身体，避免滑倒；头、胸、膝关节要在一个角度上。

（1）蹲姿的种类及要求。

① 高低式。

高低式蹲姿是广大服务人员平日用得最多的一种姿势，是男女通用的蹲姿。其基本特征是双膝一高一低。其基本要领：下蹲时一般是左脚在前，右脚稍后，两腿紧靠向下蹲。左脚应完全着地，小腿基本垂直于地面，右脚则应脚掌着地，脚跟提起。右膝低于左膝，右膝内侧可置于左小腿的内侧，形成左膝高、右膝低的姿态。女性两腿应靠紧，男性则可以适度分开。

② 半跪式。

半跪式属于一种非正式的蹲姿，多适用于下蹲的时间较长，或为了用力方便。其要求：双腿一蹲一跪。下蹲之后，一腿单膝着地，臀部坐在脚跟之上，以其脚尖着地；另一条腿则应全脚着地，小腿垂直于地面；双腿应尽力靠拢。

③ 交叉式。

交叉式蹲姿只适合女性，尤其是穿短裙的女性。这种蹲姿的主要特征：蹲下后双腿交叉在一起。基本要求：下蹲时右脚在前、左脚在后，右小腿垂直于地面，全脚着地。右腿在上，左腿在下，两者交叉重叠。左膝由后下方伸向右侧，左脚脚跟抬起并且脚掌着地。两腿前后靠近，合力支撑身体。上身略向前倾。

（2）蹲姿的禁忌。

① 忌突然下蹲。蹲下时切忌速度过快。

② 忌离人过近。下蹲时，应与身边的人保持一定距离，以免因距离过近而与他人相撞。

③ 忌方位失当。在他人身边下蹲时最好侧身相向，避免正面对人或背部对人。

④ 忌毫无遮掩。女士穿着裙装时，要防止大腿叉开，应平衡下蹲。

⑤ 忌随意滥用。在公共场合，不要随意滥用蹲姿。

⑥ 忌内衣外露，尤其是领口和腰部的内衣。

5）鞠躬

鞠躬即弯身行礼，是一种对他人表示尊重的郑重礼节。

（1）鞠躬的方法。

鞠躬前以基本服务站姿为基础，面带微笑，神态自然。鞠躬时要挺胸、抬头、收腹，自腰以上向前倾。鞠躬时上身抬起的速度要比下弯时稍慢一些。上身下弯时，首先看对方的眼睛，然后再看对方的脚，抬起上身后再次注视对方的眼睛。

（2）鞠躬的分类。

按照上身倾斜角度的不同可以将鞠躬分为以下三种类型：

一度鞠躬：上身倾斜角度约为15°，表示致意，用于一般的服务性问候。

二度鞠躬：上身倾斜角度约为45°，表示向对方敬礼，常用于重要活动、重要场合中的问候礼节。

三度鞠躬：上身倾斜角度约为90°，表示向对方深度敬礼和道歉，常用于中国传统的婚礼、追悼会等正式仪式。

三种行礼方式适用于不同的情况，在日常工作中服务人员一般使用一度鞠躬；在参加重要活动、接待重要宾客时可选择使用二度鞠躬；在服务工作中较少使用三度鞠躬。

（3）鞠躬的礼规。

① 鞠躬时，目光应该向下看，以表示谦恭的态度，切勿一边鞠躬一边翻着眼睛看对方。

② 鞠躬时，嘴里不能吃东西或叼香烟。

③ 鞠躬礼毕，双眼应该有礼貌地注视对方。

④ 若是迎面相遇，鞠躬后，向右边跨出一步，给对方让路。

6）手势

手势指手臂和手部的动作姿态，应该正确地使用手势。俗话说："心有所思，手有多指。"规范的手势能够表达出对服务对象的尊重、诚恳之情。

（1）指示方位。

① 横摆式：手臂向外侧横向摆动，指尖指向引导或指示的方向。具体要求：五指并拢伸直，手掌自然伸直，掌心向上，肘部弯曲，手腕低于手肘。手从腹前抬起向右（左）摆动至身体右（左）前方。双脚呈丁字步，头部和上身微向手伸出的一侧倾斜，另一只手自然垂臂或放于腹前，注视宾客，面带微笑。该手势通常用于请旅客行进时指示方向使用。

② 直臂式：手臂向外侧横向摆动，指尖指向前方。与前者不同的是，它要将手臂抬至肩高，而非齐胸。具体要求：五指并拢伸直，掌心向上，曲肘由腹前抬起，指向应到的方向。在为旅客指引方向时，身体应侧向旅客，同时眼睛要兼顾旅客和所引导或指示物品所在之处。该手势通常用于引导或指示物品所在之处时使用。

③ 曲臂式：手臂弯曲，由体侧向前摆动，手臂高度在胸以下。多用于右手拿有物品或扶门时，可用左手向宾客做出向右"请"的姿势。具体要求：五指并拢伸直，手心向上，小臂抬至腰部的高度，以肘部为轴，再由身体左前方向右侧横摆，摆到距离身体5厘米处，以不超过躯干为宜。该手势通常用于请宾客进门时使用。

④ 斜臂式：左手或右手曲臂由身体前方抬起，以肘部为轴，小臂由上向下摆动，使大臂小臂呈一条斜线向下，指尖向下。该手势通常用作请宾客就座时使用。

（2）递接物品。

递接物品时，应注意以下问题：

① 双手为宜。递接物品时应用双手。若双手不方便并用时，应使用右手。用左手递接物品通常会被视为失礼。

② 方便接物。将带有文字的物品递交他人时，应注意将文字的正面面对对方。

③ 尖、刃向内。递送带尖、带刃或其他易于伤人的物品时，切勿将尖、刃指向对方。

④ 递于手中。为他人递送物品时，以直接递交到对方手中为宜。

⑤ 主动上前。如果双方距离较远，递物者应主动走近接物者。

（3）招呼别人。

与别人打招呼时，必须牢记两点：一是要使用手掌，不能只用手指；二是要掌心向上，不宜掌心向下。

（4）介绍手势。

为他人做介绍时，应注意手势的规范性，具体要求：手心向上，四指并拢，大拇指张开，手掌基本抬至肩膀的高度，指尖指向被介绍一方，介绍者面带微笑，目光注视另一方。

（5）举手致意。

举手致意多用于向他人表示问候、致敬、感谢致意。举手致意的正确做法，涉及以下四点：

① 面对对方。举手致意时，应全身直立，面向对方。至少上身与头部要朝向对方。注视对方时，应面带笑容。

② 手臂上伸。致意时，手臂应自下而上向侧上方伸出，手臂既可略有弯曲，也可全部伸直。

③ 掌心向外。致意时，应掌心向外，即面对对方，指尖朝向上方。

④ 切勿乱摆。致意时，不应自上而下或左右两侧来回摆动。

（6）挥手道别。

挥手道别是与人互道再会时所用的常规手势。采用这一手势时，应注意以下五个方面：

① 身体站直。不要摇晃或走动。

② 目视对方。手势即便再标准，不看道别对象，东张西望或眼看别处，也会被理解为"目中无人"。

③ 可用右手，或双手并用，不要只挥动左手。

④ 手臂前伸。道别时，可用右手，也可双手并用，不能将手臂伸得太低或过分弯曲。

⑤ 掌心向外。指尖朝上，手臂向左右挥动；用双手道别，两手同时由外侧向内侧挥动，不要上下摇动或举而不动。

7）表情

表情是指人的面部情态。在人际交往中，表情往往能够真实可靠地反映出人们的思想感情及心理活动的变化。亲切自然的表情既能够给旅客留下深刻的印象，又是自身素质的最好体现。

（1）目光。

在非语言的交流行为中，眼睛有着重要作用。俗话说："眼睛是心灵的窗户"，眼睛最能表达思想感情，反映人们的心理变化。

① 注视的部位。

与服务对象交往时，所注视的对方的具体部位，往往与双方相距的远近有关。一般来说，应注视交往对象以下三个身体部位。

a. 对方的双眼。注视交谈对象的双眼，可以表示自己正全神贯注地听对方讲话。在问候对方、听取诉说、征求意见、强调要点、表示诚意、向人道贺或与人道别时，皆应注视对方双眼，但是时间不宜过久。

b. 对方的面部。与交往对象进行较长时间交谈时，可以以对方的整个面部为注视区域。注视他人的面部时，最好以散点柔视为宜，不能只盯着一处。

c. 对方的局部。在交往中，往往因为实际需要，而对交往对象的某一部位多加注视。例如，旅客用餐车菜单点餐时，通常会用手指指向所点菜品的图片，这时餐饮服务人员的视线就可注视到旅客的手部位置。

特别需要说明的是，如果没有任何理由而去注视、打量交往对象的头顶、胸部、腹部、臀部或大腿，都是失礼的表现。当对方是异性时，注视那些"禁区"，还会引起对方的强烈反感。

② 注视的角度。

注视旅客时，所采用的具体角度应得当，主要有以下三种：

a. 正视对方。正视，即注视旅客时与之正面相向，同时还须将上身前部朝向对方。即便旅客处于自己身体一侧，在需要正视旅客时，也要同时将面部与上身转向对方。正视旅客，是与人交谈的一种基本礼貌，表示重视对方。斜着眼睛、扭过头去注视旅客，或者偷偷注视旅客，都是不合适的。

b. 平视对方。平视，即注视旅客时，身体与其处于相似的高度。平视与正视一般并不矛盾。因为正视旅客时，往往要求同时平视旅客。

c. 仰视对方。仰视，即在注视旅客时，餐饮服务人员所处的具体位置比旅客低时，而需要抬头向上仰望旅客。反之，若餐饮服务人员注视旅客时所处的具体位置比旅客要高时，而需要低头看旅客，则为俯视。仰视旅客时，会给予旅客重视信任之感；而俯视旅客时，则给旅客以轻慢、歧视之感。

③ 避免使用不当的目光。

人们在用目光交流时，如果目光运用不当，就会影响信息的传递、感情的交流。从而产生误会，有时甚至会带来麻烦。因此，动车组列车餐饮服务人员在为旅客提供服务时应注意避免使用一些不当的目光。

a. 当旅客说错了话或拘谨不安时，仍直视对方。

b. 在为多名旅客提供服务时，只注视某一人，会让其他旅客有被冷落之感。

c. 反复打量旅客。

d. 与旅客谈话时，紧闭双眼，给人以傲慢、不友好之感。

e. 与旅客谈话时，俯视对方。

f. 窥视旅客。

g. 为旅客服务时，挤眉弄眼，给人以轻浮、不稳重之感。

（2）微笑。

微笑是人们日常生活和社会交往中最常使用的一种身体语言。人际交往一般都是以微笑开始。轻松而友善的微笑，能够缩短人与人之间的心理距离，能迅速带来融洽的氛围，它已经成为服务行业中的一种基本礼仪规范。美国希尔顿酒店的董事长唐纳·希尔顿曾经说过："酒店的第一流设备重要，而第一流的微笑更为重要，如果缺少服务人员的微笑，就好比花园失去了春日的阳光和春风。"

① 微笑的要求。

动车组列车餐饮服务人员在为旅客服务的过程中，"微笑"时要注意以下几方面：

a. 微笑要真诚。发自内心的情感流露才能真正赢得旅客的心，不能表现出故作笑颜、假意奉承。

b. 微笑要适度。虽然对客服务中微笑是最有价值的面部表情，但不能随心所欲，要加以节制。

c. 微笑要合乎规范。做到"四个结合"，即口眼相结合，笑与神情、气质相结合，笑与语言相结合，笑与仪表、举止相结合。

d. 微笑要区分场合。如进入庄严肃穆的场所或旅客正满面愁容时，微笑显然是不合时宜的。

② 微笑的基本方法。

a. 微笑的特征：面含笑意，但笑容不甚显著。一般情况下，人在微笑时，是不闻其笑声，不见其牙齿的。

b. 微笑的基本方法：先要放松自己的面部肌肉，然后使自己的嘴角微微向上翘起，让嘴角略呈弧形。最后，在不牵动鼻子、不发出笑声、不露出牙齿尤其不露出牙龈的前提下，轻轻一笑。除此之外，还应注意面部其他部位的相互配合。通常，微笑时，眼睛略微张大，目光明亮而有神，眉头自然舒展，眉毛微微上扬。还可以默念一些词、字而形成最佳的微笑口型。例如，默念"一""七""钱"或英文字母"G""Cheese"等。

真正的微笑，理当具有丰富而有力度的内涵，它应当渗透着自己的情感。渗透着一定情感的微笑，才真正具有感染力，这就是"笑中有情，笑以传情"。

真正的微笑，还应当体现一个人内心深处的真、善、美。表现着自己心灵之美的微笑，才会有助于交往双方的彼此沟通与心理距离的缩短。

真正的微笑，还应当是一种内心活动的自然流露。也就是说，它应当是一种心笑，应当来自人的内心深处，而且绝对无任何外来的包装和矫饰。

（六）餐饮服务人员的服务用语

俗话说："良言一语三冬暖，恶语伤人六月寒。"语言是人类最重要的交际工具，主要是用来表达思想、交流感情。在人际交往中，用语得体、彬彬有礼，能给人留下良好的印象。对于动车组列车餐饮服务人员来说，服务语言规范，不仅体现出其对旅客的尊重，也体现出个人的文化修养和职业素养。

1. 避免使用令人反感的说话方式

（1）声音使人感觉粗俗刺耳或慵懒倦怠。

（2）口齿不清，语言含糊，令人难以理解。

（3）说话时语速过慢，让人感觉烦闷；语速过快，让人思维无法跟上；语言平淡，气氛沉闷。

（4）使用过于专业的术语。

（5）使用责备的口吻或粗鲁的语言。

（6）随意打断旅客说话；表现出厌烦的情绪或神色；边走边讲或不断地看手表；把手放在口袋里或双臂抱在胸前；手扶在座椅靠背或扶手上。

（7）谈论与工作无关的事情。工作时间与旅客嬉戏打闹或对旅客评头论足。

（8）让人难以接受的表达方式：

"我已经提醒你了。"

"我不知道你为什么要发这么大的脾气？"

"这不关我的事。"

"我不知道。"

"这不是我的责任。"

2. 常用礼貌用语

动车组列车餐饮服务人员要使用普通话，表达准确，口齿清晰。礼貌用语的使用，能体现出个人的文雅、和蔼、善良和风度。这既能给旅客一种尊敬和舒适的感觉，也能获得旅客的好感。最基本的要求是"五声十字"不离口，即"请、您好、谢谢、对不起、再见"要常挂嘴边。此外，还要结合不同的场合、环境等因素掌握更多的常用礼貌用语。

（1）称呼恰当：动车组列车餐饮服务人员对旅客的称呼要恰当，通常统称为"旅客们""各位旅客""旅客朋友"，或单独称"先生、女士、小朋友、同志"等。

（2）问候语：欢迎光临、欢迎您乘坐我们这趟车、希望您旅途愉快等。

（3）迎送语：再见、祝您旅途愉快、祝您一路顺风、欢迎您再次选择乘坐我们的列车等。

（4）请托语：请稍候、请等一下、拜托、劳驾、打扰了、借光、请多关注等。

（5）致谢语：谢谢、谢谢您、有劳您了、让您替我们费心了、给您添麻烦了等。

（6）征询语：请问您有什么事、需要帮助吗、我能为您做些什么、您需要什么等。

（7）应答语：是的、好的、我知道了、听您的吩咐、一定照办、明白您的意思、很高兴与您合作等。

（8）赞美语：太好了、真不错、相当棒、实在太漂亮了、非常出色、真有眼光、能得到您的肯定，我很荣幸等。

（9）祝贺语：恭喜、祝您节日快乐、祝您新年快乐等。

（10）推托语：对不起，我们这儿没有您要的这款、您不再点点别的吗、您不考虑别的吗、这已经超出我的能力了等。

（11）道歉语：对不起、请原谅、不好意思、抱歉、请多包涵等。

3. 声音美

动车组列车餐饮服务人员要做到声音美，就要求在为旅客服务时应使用普通话，讲究语言艺术，口齿清晰。服务人员要做到口齿清晰，要注意以下四个方面：

（1）发音准确。

发音准确，是语言交际的前提。动车组列车餐饮服务人员要做到发音准确，应注意三个方面：一是发音要规范标准，不能读错音、念错字。否则，不但服务人员会被旅客嘲笑，而且也会影响铁路企业的形象。要做到发音准确就要使用普通话。二是发音要清晰。要让旅客听得一清二楚。三是音量要适中。说话时音量过大或过小、音高过高或过低，都会给人以模糊的感觉。过高过大的音量让人厌烦；过小过低的音量会让人听不清楚。

（2）语调柔和。

语调指人说话时的腔调，主要体现在说话时的音调高低、轻重上。要求动车组列车餐饮服务人员在服务工作中注意音量适中、自然。说话的语调如果从头到尾都是平的，听话的人就会觉得很枯燥。相反，如果过分追求抑扬顿挫、拿腔拿调，又会给人一种做作的感觉。

（3）语速适中。

语速，指讲话的速度。讲话时语速不要过快或过慢。动车组列车餐饮服务人员在与旅客交谈时，必须注意保持快慢适中。交谈时，语速过慢或过快，都会影响效果，有可能被旅客理解为自己感到不耐烦，以致破坏交谈对象的情绪。通常，每分钟120个字左右最为适宜。

（4）语气谦恭。

语气，通常指人们说话时的口气，它表示说话人对某一行为或事情的看法和态度。动车组列车餐饮服务人员在工作中与旅客交谈时，一定要在语气上表现出平等待人，亲切谦和。尽量使用礼貌用语。当谈到自己时要谦虚，而谈到对方时要尊重。语气谦恭，可以显示出个人的修养、风度和礼貌。

4. 用词文雅

对于动车组列车餐饮服务人员来说，用词文雅是每一位动车组列车餐饮服务人员都应具有的基本职业素养，也是做好本职工作的基本要求之一。用词文雅主要包括两个方面的基本要求：尽量选用文雅词语，努力避免使用不雅之语。

尽量选用文雅词语，要求动车组列车餐饮服务人员在与旅客交谈时，用词用语要力求谦虚、恭敬、文雅、脱俗。同时，还应避免刻意咬文嚼字、脱离实际。例如：用"贵姓"代替"你叫什么"；用"先生"代替"喂"等。

努力回避不雅之语，主要是指动车组列车餐饮服务人员在与服务对象交谈时，不得使用任何不文雅的词语。在任何情况之下，即使旅客无礼在先，服务人员都不能使用不文雅之词。绝对不宜在交谈之中采用粗话、脏话、黑话、怪话、废话等。

【阅读资料1-2】

对讲机规定用语

一、列车长与司机通话用语

1. 接车前列车长与司机电台规范用语

列车进站停稳后用一频通知司机开启车门。

列车长：G×××次司机，我是G×××次列车长×××，乘务组接车，请您开启全列车门。

司机：G×××次司机明白。

2. 始发前核对电台、时间、G网尾号

列车长：G×××次司机，我是G×××次列车长×××，G网尾号为××××，现与您对时。

司机：G×××次列车长，我是G×××次司机×××，G网尾号××××，现在时间是××点××分。

列车长：××点××分，时间一致，电台通话良好。

司机：电台通话良好，司机明白。

3. 开车前通知司机关闭车门

列车长：G×××次司机，旅客乘降完毕，请关闭车门。

司机：G×××次关闭车门，司机明白。

4. 终到站通知司机关闭车门

列车长：G×××次司机，G×××次站台作业完毕，请关闭车门。

司机：G×××次关闭车门，司机明白。

二、列车长与乘务员通话用语（用各自的内部频道）

1. 接车后乘务员电台规范用语

列车长：G×××次乘务员，请检查各自值乘车厢设备设施及卫生情况，逐一汇报。

列车员：G×××次列车长×—×车厢设备设施良好。

列车长：各车厢乘务员站方开始检票了，请站在规定位置迎接旅客上车。

列车员：G×××次列车长，×—×车厢乘务员收到。

2. 列车开车前乘降情况通报

列车员：G×××次列车长，×—×车厢旅客乘降完毕。

列车长：收到。

3. 终到站后检查车内遗失物品

列车长：G×××次乘务员旅客乘降完后，仔细检查有无旅客遗失物品，逐一汇报。

列车员：G×××次列车长×—×车旅客乘降完毕，经检查无旅客遗失物品。

三、VIP服务员通话用语

VIP乘务员：G×××次餐服长，1号车厢5名VIP旅客××点××分需用餐，请提前准备。

餐服长：G×××次餐服长收到。

四、站车交接

1. 车站通知停检情况

车站值班员：G×××次列车长，G×××次列车已停检。

列车长：G×××次列车停检，车长明白。

2. 有突发状况不能在指定位置交接，列车进站前

列车长：×站值班员有吗？

站台值班员：有，请讲。

列车长：G×××次3号车厢一位旅客行动不便，持挂失补车票，请您到3号车厢运行方向前侧车门办理交接。

站台值班员：×站台值班员明白，3号车厢运行方向前侧车门办理交接。

3. 动车组途中上水、吸污作业用语

动车组途中上水、吸污时，车站客运人员确认上水、吸污等作业完毕后，将对讲机转至行车频道通知动车组列车长。动车组列车长得到车站客运人员的确认后，方可按要求报告司机（或机械师）关闭车门。站车联控用语规定如下：

上水/吸污人员：××站台值班员，G×××列车上水/吸污作业完毕。

车站客运人员：G×××列车上水/吸污作业完毕，××站台值班员明白。

车站客运人员：G×××次列车长，××站上水/吸污作业完毕。

列车长：G×××次列车上水/吸污作业完毕，列车长明白。

二、动车组列车餐饮服务人员应具备的专业素质

动车组列车餐饮服务人员除了要具备基本素质，还要具备专业素质。专业素质是做好餐车服务工作的重要保证，是提高餐饮服务人员工作效率和服务质量的基本条件。如果餐饮工作人员不具备良好的专业知识和专业技能，即使菜肴质量再好，也很难为旅客提供周到而满意的服务。具体来说，动车组列车餐饮服务人员的专业素质主要包括以下几个方面：

（一）专业知识

动车组列车餐饮服务人员应掌握的餐饮产品专业知识主要如下：

1．菜肴和酒水知识

餐饮服务人员需要熟悉所销售的菜肴、酒水的特点。因此，餐饮服务人员就要懂得我国主要菜系的构成以及各大菜系的特点、代表名菜等，了解常用酒水的产地、口味、特点、年份等。

2．烹饪知识

了解基本烹饪方法、步骤和制作过程，熟悉我国高速铁路动车组餐吧车的不同车型，餐吧内具体的设施设备，工具的性能、使用方法及保养知识等。

3．食品的卫生知识

餐饮服务人员应懂得食品营养的搭配与组合，了解各种主要营养素在人体中的重要作用。此外，还要掌握动车组餐饮安全管理要求，这就需要餐饮服务人员了解食品污染及食品中毒的相关知识及预防措施等。由此，既能保证旅客的营养膳食结构趋向平衡、合理，又能保证旅客旅途中的食品安全。

4．习俗知识

餐吧车每天要接待大量来自全国各地的旅客，他们有不同的饮食习惯。餐饮服务人员还担负着为旅客推荐饮食、鉴别饮食质量的责任。这就需要动车组列车餐饮服务人员既要熟悉来自不同地域旅客的风俗习惯和饮食特点，还要熟悉菜品的特点，以便更好地为旅客提供有针对性的服务。

5．安全应急知识

餐吧车被誉为"流动的餐厅"，人员密集且安全要求高。有时会遇到由于特殊原因导致旅客列车线路中断停止运行、列车晚点等突发状况，餐吧车电气化厨房设备操作不当或发生食品安全问题等非正常情况，这就需要采取相应的应急处置，因此，动车组列车餐饮服务人员还应掌握一定的安全应急知识。

（二）专业技能

动车组列车餐饮服务人员要有较熟练的专业技能，一方面，能给旅客提供高质量的服务，以增加旅客的信任感和安全感，进而给餐厅带来良好的经济效益；另一方面，它也是一种无声广告，对列车餐饮企业的信誉起着扩散作用。熟练的操作技能是快速服务的前提，快速服务能节省时间，提高工作效率。专业技能的提高需要通过专业训练和自我锻炼来完成，它主要包括以下几个方面的能力：

1．沟通能力

餐吧车每天要接待许多来自四面八方的旅客，餐服人员是否具有熟练的沟通能力，对自己的服务工作影响很大。餐服人员要善于利用自己的语言、行为和肢体语言，与各种旅客进行沟通。语言是有声的思想,是表达感情的工具,餐服人员对客人态度的好坏,很大程度上是从语言中反映出来的。餐服人员在为旅客服务时,要根据不同的接待对象使用不同的尊敬语、称呼语、问候语。为旅客服务时要做到有"五声",即客人来时有迎客声、遇到客人有称呼声、受到帮助有致谢声、工作失误有致歉声、客人离开有送别声。使用服务语言时要简单明了,生动活泼,注意语调、语速的使用方法,表达应清楚,富有感染力。同时,要提高自己的口头和书面表达能力,善于抓住问题的关键,熟练处理旅客的各种投诉。

2. 推销能力

每一个餐服人员都应该是一个优秀的推销员。餐饮推销不只销售食品和饮料,而且要向旅客销售全部感受。归纳起来,要做好推销工作,餐服人员就要注意以下几点:

(1)自我推销。动车组列车餐饮服务人员要讲究仪容仪表美,坚持微笑服务,态度真诚,做到客到微笑到、敬语到、服务到。良好的仪容仪表也是对旅客的尊重,容易让旅客在心理上产生好感,也更容易让旅客接受餐服人员所推销的产品。

(2)要有针对性地进行推销。餐服人员可根据旅客的年龄、职业、地区、性别或同行人等方面的特点,做出初步判断,面对不同的旅客、不同的消费水准,进行有针对性的推销。如大多数旅客喜欢辛辣、味重、复合型口味的菜品,而老年旅客由于消化能力减弱,则喜欢松软、油轻、低糖、低盐、易消化的食品;若同行的旅客中有女士时,餐服人员在为旅客推荐菜品时,要注意征询女性旅客的意见。

(3)要正确使用推销语言。餐服人员要善于把握旅客的就餐心理,灵活地使用推销语言,使旅客有良好的感受。常用的语言技巧有选择问句法、语言加法、语言减法、语言除法、借人之口法、赞誉法和亲近法等。

3. 扎实的基本功,熟练的服务技能

要成为一名优秀的动车组列车餐饮服务人员,仅仅具有一些专业知识和良好的愿望是不够的,还必须有扎实的基本功和熟练的服务技能,才能为旅客提供满意的服务。如旅客让餐服人员将所点食物、饮品端送到自己的座位时,如果餐服人员的端托技能欠佳、端托不稳,将食物或酒水不慎洒在了旅客身上,这时餐服人员的态度再好客人也不会满意。为了避免这些情况的发生,动车组列车餐服人员就必须练好基本功,熟练掌握端托、餐巾折叠、摆台、酒水服务等技能。

(三)餐饮服务技巧

动车组列车餐饮服务人员主要承担着在列车运行过程中列车上食品、饮料等商品的销售工作,以此来实现餐吧车的经营目标。餐饮服务,既是餐吧车的生命,更是餐吧车的主要产品,在餐饮服务中,餐服人员除要始终保持亲切热忱的态度,时时刻刻为旅客着想,给旅客宾至如归的感觉外,还需要掌握一定的餐饮服务技巧。

1. 餐饮营销技巧

近年来,我国国民经济快速稳定的增长,居民收入水平不断提高,旅客对高速铁路餐饮服务产品供应及服务质量要求也越来越高,铁路餐饮企业的营销观念也由原来的以"铁老大"为中心的产品观念、生产观念和推销观念,逐步向以"旅客需求"为导向的市场营销观念转变,借此进一步激发旅客的购买欲望。

(1) 注重商品的陈列。

陈列柜、吧台、橱柜、售货车内商品分类合理,摆放醒目、平稳,有美感,陈列商品对旅客要有吸引力;摆放整齐,给旅客以种类齐全、数量充足的感受;陈列商品以裸露摆放为佳,以增加旅客对商品的感性认识,方便其选择及购买。

(2) 注重旅客心理需求。

在高铁的运输过程中,餐吧车每天要接待众多的南来北往的旅客,虽然来餐吧车就餐都是为了解决自身的"饮食"需求,但是因他们的年龄、职业、性格等不同,所以在就餐消费时心理需求方面又会存在一定的差异。例如:有要求得到尊重的心理需求;有要求食品饮品干净卫生的心理需要;有要求食品饮品价格优惠的心理需求;有要求餐吧车环境幽雅、舒适的心理需求;有要求食品饮品符合口味的心理需求;有要求得到快捷周到服务的心理需求;有追新求异的心理需求等。这就要求餐服人员应尽量满足大多数来餐吧车用餐旅客的就餐消费心理需求,提供有针对性的服务。

(3) 注重推销艺术。

推销艺术即销售中的技巧,它能使旅客更充分地享受到餐饮服务中的物质美和情感美。这就要求动车组列车餐饮服务人员必须根据旅客的爱好、习惯及消费能力等特点进行灵活推销。所以,推销艺术往往考验餐服人员的综合素质。在大多数情况下,推销艺术则是通过动车组列车餐饮服务人员的营销语言体现出来的。服务旅客时,要主动热情,服务周到,口齿清晰,用语文明礼貌,表达准确,音量适中。推销餐饮产品时,尽量使用选择性或建议性的语言,避免给旅客以强买强卖的感觉。

动车组列车餐饮服务人员在向旅客介绍、销售餐饮商品时,要具有"三心",即高度的责任心、足够的耐心以及宽容心。同时,做到重点突出,有针对性,若遇到特殊情况应事先向旅客做好解释说明。例如,在列车上通常采用三种不同的配餐方式为旅客提供食物,即热链餐、冷链餐和常温链餐。但多数旅客往往不熟悉它们的区别,那么餐饮服务人员在销售这些餐食时就可向旅客介绍各自的食用方法,"热链熟食无须加热,可即食;冷链餐食须用微波炉加热后方可食用;常温链为真空包装罐头类食品,食用卫生安全,微波炉加热后味道更佳"等。

在旅客选购好商品后结账前,动车组列车餐饮服务人员应与旅客核实所购商品的数量,确认无误后再结账,结账时应坚持唱收唱付。如:"先生,您买了梅菜扣肉套餐2份,蛋花汤2份,合计106元。""收您200元,找您94元,请您清点一下。""您好先生,您点的餐好了,麻烦您接一下,小心烫,谢谢!""请慢用!"若为旅客提供订送服务时,需要做好登记,登记内容包括:旅客所在车厢号、座位号、预订食品的品种、数量、价格、食用时间等。

【阅读资料1-3】

动车组列车餐饮服务人员语言推销技巧

1. 多选择疑问句式

在征询旅客是否有需要时,不宜使用"要"或"不要"的问句提问,而应多使用选择性疑问句提问。例如:"先生,我们有矿泉水、可乐,请问您需要哪一种?""先生,我们有宫保鸡丁套餐、梅菜扣肉套餐、红烧牛肉套餐,请问您需要哪一种?"通常,旅客会在服务人员划定的选择范围内,选择一种,这样推销成功的概率会大一些。

2. 将旅客单一需求引向多元化的选择

一般情况下,旅客会根据个人习惯来点餐。旅客点完餐后,餐饮服务人员也可根据旅客所点菜品,引导旅客进行多元化的选择。例如:"先生,这个是我们这儿的地方特色食品,您需要一份品尝一下吗?"

3. 利用经营品种编成宣传用语

通常,餐吧车销售商品的品种比较固定,餐服人员可编成顺口溜等形式进行推销,但一次喊的品种不要过多,以免语句过长而使旅客听不清楚。例如:"啤酒饮料矿泉水、花生瓜子八宝粥,有旅客需要吗?"或者利用商品品牌名称编成宣传用语,例如:"青岛啤酒、德州扒鸡、精武鸭脖、雀巢咖啡,有需要的旅客吗?"

4. 语言的加法

语言的加法即向旅客介绍某餐饮产品的优点,从而使其对该餐饮产品产生兴趣。例如:"这个精武鸭脖是武汉的特色小吃,也是全国的知名品牌,味道好,辣口不辣心,吃了不上火。"

5. 语言的减法

语言的减法即向客人说明某餐饮产品的特色,从而使旅客感觉如果没有购买到会非常遗憾。例如:"不到长城非好汉,不吃烤鸭真遗憾!"

6. 语言的乘法

语言的乘法即向旅客说明某餐饮产品价格贵的原因,从而使旅客感觉到物有所值。例如,有人问:"你这个熏鸡怎么这么贵啊,要卖38元1份?"应给客人解释说:"这是精选的3斤重的仔鸡,里面有十几种原料,用祖传熏制技法制作而成,在家里可是做不出来的呀!"

7. 语言的除法

语言的除法即化整为零。例如旅客问:"这份椒盐鸡怎么这么贵啊?"应给客人解释说:"这是选用的隔年老母鸡,2个人吃,一人才十几块钱,很实惠的!"

8. 借用他人之口法

借用他人之口法即借用其他消费者的话来证明、推销菜品。例如:"很多旅客都喜欢吃我们这的红烧肉,他们都说这个菜味醇汁浓,酥烂而形不碎,香糯而不腻口。"

(本资料由作者根据相关资料改写。)

2. 妥善处理列车餐吧车用餐旅客的投诉

1)旅客投诉心理分析

动车组列车餐吧车销售的产品既包括有形的实物产品,又包括无形的服务产品。餐吧车通过销售餐饮产品、设施、服务而盈利,旅客与餐吧车之间就形成了买方与卖方、被服务与服务的关系。当旅客认为自己所付出的费用与得到的产品两者呈正比时,就会认为物有所值,相反则认为物非所值,那么就有可能抱怨。由此就会产生"讨个说法"的行为,这就是投诉。因此,对于直接服务于旅客的餐服人员来说,掌握投诉处理的相关知识则尤为重要,进而能够更恰当地处理旅客投诉,不断提高自身的对客服务质量。

（1）旅客投诉的分类。

① 按照投诉的表达方式分类。

旅客感到不满后的反应不外乎两种：一是说出来；二是不说。一项调查表明：在所有不满意的旅客中，只有69%旅客从不投诉，有26%的旅客向身边的服务人员口头抱怨过，只有5%的旅客会向投诉管理部门正式投诉。其中，说出来的5%的投诉旅客所采取的表达方式有三种：当面口头投诉、书面投诉、电话投诉。

② 按投诉的内容分类。

按投诉的内容可以分为：商品质量投诉、服务态度投诉、服务效率投诉、服务方法投诉等。

③ 按投诉的性质分类。

按投诉的性质可以分为有效投诉和无效投诉。当旅客投诉属于正当权益维护时，则视为有效投诉；如果旅客的投诉属于无理取闹，则视为无效投诉。

（2）旅客投诉的原因。

旅客感到不满的原因很多，有时候他们的抱怨是有道理的，而有时候可能是他们在无理取闹。无论有没有道理，都要牢记"旅客投诉都是有原因的"。要想消除旅客的不满，就必须找到他们不满的原因（见表1-1）。

表1-1 旅客投诉原因

旅客自身原因	企业服务原因
1. 之前因某事而心烦意乱； 2. 想找个地方发泄； 3. 本来就是强词夺理，不考虑他人感受； 4. 心情不好，看谁都不顺眼	1. 餐具、食品不洁，食品不熟、变质等； 2. 服务态度不好，不尊重旅客； 3. 不尊重旅客的风俗习惯； 4. 服务环境脏乱或嘈杂，影响旅客就餐； 5. 服务人员工作效率低，旅客无法接受； 6. 旅客的问题不能及时得到解决； 7. 旅客的利益受到损失； 8. 旅客个性化需求不能得到满足

（3）正确认识旅客投诉。

只要是服务行业，就无法避免消费者的抱怨和投诉。铁路客运服务部门，在服务中被旅客投诉是很正常的，所以，不能一味地恐惧投诉，厌恶投诉。需要对投诉有一个清醒的认识，这样才能更好地处理投诉，更有效地改进服务工作，提高服务质量。

【阅读资料1-4】

美国白宫全国消费者调查统计

美国白宫曾经做过一次全国消费调查：即便是不满意，但还会继续选择该项服务的顾客有多少呢？

（1）不投诉的顾客中，只有9%的顾客表示会再次选择该项服务，91%的顾客表示不会再次选择该项服务。

（2）投诉后问题没有得到有效解决的顾客中，19%的顾客表示会再次选择该项服务，81%的顾客表示不会再次选择该项服务。

（3）投诉后问题得到解决的顾客中，54%的顾客表示会再次选择该项服务，46%的顾客表示不会再次选择该项服务。

（4）投诉问题得到迅速解决的顾客中，82%的顾客表示会再次选择该项服务，18%的顾客表示不会再次选择该项服务。

（5）在不满意的顾客中，只有4%的顾客会投诉，96%的顾客不会投诉，但是他会将自己的不满意告诉20人以上。

以上数据表明：顾客不投诉远比投诉更可怕。当顾客遇到问题时，如果选择不投诉，对企业来说将意味着永远失去了这些顾客，企业就连向这些顾客道歉的机会都没有了。因此，企业不仅应该鼓励顾客投诉，还要以最快的速度去化解顾客的不满和抱怨，真诚地为其解决问题，并积极采取补救措施。

对于直接面向旅客的动车组列车餐饮服务人员来说，同样应当以积极的态度来看待旅客的投诉。

（1）重视投诉。通常情况下，旅客遇到问题时，情绪往往会很激动，旅客的投诉大多是逆耳之声。因此，许多餐服人员会把投诉当成一个"烫手山芋"，希望最好不要发生。但是，对于一家企业来说，在经营和发展中没有投诉的声音未必是好消息。因为通过投诉往往可以暴露对客服务过程中的薄弱环节。

（2）欢迎投诉。旅客的投诉，可以促使企业反思工作中的差距和不足。餐饮服务人员在处理旅客投诉的过程中，要进行充分的有效沟通，进而使双方之间能够更深入的相互理解。因此，动车组列车餐饮服务人员在遇到旅客投诉时，既不需要因旅客投诉而感到尴尬，也不应该带有畏惧和抵触的心理，应当以积极的态度来看待旅客的投诉。

（本资料由作者根据相关资料改编。）

（4）旅客投诉的一般心理。

① 求尊重的心理：旅客投诉以后，都希望餐服人员能够认可他的投诉，他这么做是有道理的。同时，也希望得到餐服人员的同情和尊重，希望有关人员、有关部门重视他们的意见，并向其表示歉意，且立即采取行之有效的措施。

② 求发泄的心理。旅客在遇到令他们烦恼的事情后，或者遇到服务人员不恰当的语言、表情、行为后，往往会感到非常气愤，所以想要借助投诉的机会将心中的怨气、怒火发泄出来，以寻求心理上的平衡。

③ 求补偿的心理。当旅客的利益受到一定的损害时，就会选择向餐服长、列车长投诉，希望能补偿他们的损失，这也是最普遍的心理。

④ 求平衡的心理。在节奏快、压力大的现代生活中，能放松的机会太少。所以，旅客在餐车上用餐时，他们通常都希望能得到餐服人员轻松愉快、耐心周到的服务，借此缓解旅途中的疲惫。

2）处理旅客投诉的原则

动车组列车餐饮服务人员在接待旅客投诉时，应实行首问首诉负责制，自觉维护旅客的合法权益，接受旅客的监督，认真听取旅客的意见，能及时针对旅客的投诉进行处理，使旅客满意。在处理餐吧车旅客投诉时，应注意遵循以下原则：

（1）解决问题之前，先安抚好旅客。

美国有一家汽车修理厂，他们有一条服务宗旨："先修理人，再修理车。"什么叫"先修理人，再修理车"呢？当一个人的车坏了，那么他的心情一定会不好，所以你应该先关注这个人的心情，然后再关注汽车。对于动车组列车餐饮服务人员来说也是如此，每一位投诉的旅客，心情都不好。所以在处理旅客投诉时，首先需要先关注这个人的心情，让旅客先平息怒气，然后再想办法帮助旅客解决问题。

（2）先向旅客真诚地道歉。

遇到旅客的抱怨，应先说"对不起"。一句"对不起"能让对方感受到尊重。但是，服务人员常常会想：又不是我们的错，为什么非要道歉呢？面对旅客的投诉，无论旅客出于什么原因抱怨，都是对当时的不满，就说明这段时间让客人过得不愉快，这是事实。如果带着一种"是旅客不对"的心情去对待旅客的不满，不但不能消除旅客的不满，相反还有可能令旅客更加不满。只有站在旅客的立场上，换位思考，才能感受到旅客的心情，并通过道歉平息旅客的怨气。

（3）让旅客优先陈述自己的问题。

当旅客怒气冲冲地前来投诉时，首先应选择适当地点处理投诉问题，尽量避免在旅客正在用餐的列车餐厅内。其次，面对旅客的抱怨，应让旅客把话讲完，若我们总是一味地辩解、解释，不给对方说话的机会。究竟是因为什么原因生气，希望怎么处理，如果不听旅客诉说，就不能相互理解。因此，无论如何，要认真、耐心地让旅客把话说完。旅客发完牢骚，也许气就消了。最后，还应该感谢旅客对餐厅的关心。

（4）理解和包容旅客。

在列车服务与餐饮产品销售过程中，有时会遇到一些"挑剔"的旅客，他们往往会采用一些过激的、破坏性的手段来引起餐服人员的注意。在面对这样的旅客时，餐饮服务人员应给予真诚地理解和包容。包容的核心是善意的理解，要明白我们的工作职责是解决问题。当发现旅客的某些行为违反规定时，只要给予旅客善意的提醒即可。虽然旅客的投诉并不都是对的，但那种得理不让人的解决方法，必将会造成双方的关系紧张而不利于问题的解决。如果旅客一味坚持其无理要求而餐服人员确实无法应对时，可提交餐服长、列车长或其他相关人员来解决。

（5）共同寻求解决之道。

在听完旅客投诉之后，首先，工作人员要弄清楚旅客投诉和抱怨的原因，了解旅客的想法，切忌在没有了解旅客想法之前就自作主张地直接提出解决方案。在协商解决时，不要推卸责任，不要指责或敷衍旅客。旅客的要求与我们的处理方案不一致时，不能强迫旅客接受我们的处理方案，只有找到旅客与我们都能接受的解决方案，才能使旅客消除怒气。其次，除了旅客的物品被遗失或损坏以外，退款或减少收费并不是解决问题的最有效的方法。对于大多数的旅客投诉，餐吧车是通过向旅客提供面对面的额外服务，以及对旅客的理解、关心、照顾等超常服务来得到解决的。这样既不损害餐吧车的利益，也妥善处理了旅客的投诉，满足了旅客潜在的心理需求。

3）消除旅客不满的技巧

当旅客怒气上升、针锋相对时，旅客没时间考虑应该对乘务人员友好与否。此时，乘务人员与之交往应掌握的要点：乘务人员的态度会感染他人，如果你保持友好的态度，让旅客有发泄的余地，他们可能很快会平静下来，而乘务人员就更易控制局面，也显得更职业。

（1）消除旅客不满的10个诀窍。

① 表现你能理解旅客的处境：

"很遗憾。"

② 鼓励旅客发泄怨气，排解他们的愤怒：

"请告诉我，事情是怎么回事？"

③ 保持客观的立场，不要加入个人色彩：

"我能理解您的感受。"

④ 保持平和的态度，控制事态的稳定：

"我相信我们能解决。"

⑤ 倾听旅客的倾诉，表现出你在听取他的意见：

"嗯，对，我知道。"

⑥ 负责任，表现出解决问题的急切心态：

"我一定尽快解决。"

⑦ 让旅客参与解决方案：

"您希望如何解决？"

⑧ 进一步做出保证：

"解决这个问题的另一个办法是……"

⑨ 提出行动计划：

"我的建议是……"

⑩ 管理层参与解决：

"我会向管理层汇报这个问题。"

（2）让旅客发泄怒气。

让旅客说出他们的感受，不要同旅客争论。换言之，不要表露我们的情感：旅客并不是在对我们进行人身攻击。旅客的怒气，发泄出来就好了。以下是旅客发泄怒气时可以用到的小窍门。

旅客发泄怨气时不要这样做：

① 自己也发怒。

② 总想让他们冷静下来。

③ 自我辩解，打断对方的话。

旅客发泄怨气时应该这样做：

① 认真听取旅客的意见。

② 让旅客的怨气自然平息。

③ 承认旅客的感受。

④ 想象着旅客正在平静下来。

旅客生气时，我们除了倾听之外什么都不要做。倾听并不等于同意他们的意见，同时他们的话也不会对你造成任何伤害。

应对不满意的旅客时要避免使用某些词句。以下就是应当避免使用的说法：

① "过一会我就来解决您的问题……"

② "我们的规定是这样的……"
③ "我太忙，无法……"
④ "一般不会发生这样的事。"
⑤ "很抱歉，这不是我的责任。"

应该使用的说法：
① "我马上就解决您的问题……"
② "我能帮您什么忙……"
③ "帮您解决问题是我应该做的……"
④ "这的确是个问题，您有这样的情绪我理解……"
⑤ "我保证问题马上就会得到纠正……"

第二节　动车组列车餐饮服务人员服务意识的培养

　　动车组列车餐饮服务工作是以向旅客提供餐饮服务产品来实现经营目标。优质的餐饮服务是餐吧车的生命，更是餐吧车的主要产品。行家认为，规范服务＋超常服务＝优质服务。所谓规范服务就是按照岗位标准为旅客提供餐饮产品的过程，这是最基本的服务内容。而超常服务就是餐服人员为旅客提供的服务内容超出了旅客的期望值和满意度，是餐服人员在提供规范化服务的基础上，为旅客带来的一种良好的综合性体验感受。超常服务来自主动发现、了解、满足旅客的需要，要通过餐服人员良好的服务意识来实现。

【阅读资料1-5】

客人的丝袜破了

　　一天上午11点左右，饭店中餐厅内的服务人员们正在有条不紊地忙碌着，餐厅面门的幕墙上装饰着一个大红双喜，一切迹象显示，这里将举行一个盛大的婚宴。此时，从大厅门外款款进来一位女宾，身穿靓丽的时装，脚穿一双精致的高跟鞋，赢得众人的瞩目。忽然，女宾"哎呀"了一声，袜子被旁边的一把椅子挂了一下，破了一个很大的口子。领位小姐赶忙迎上前去，亲切地问："小姐，需要我帮忙吗？""糟了，我的袜子破了，等一会儿我还得做伴娘，怎么办呢？"望着女宾手足无措，一脸焦急的神情，领位小姐立刻宽慰道："小姐，您先别急，请到包厢内坐一会儿，我马上帮您想办法。"说着便把这位女宾带到了餐厅的空包厢。领位小姐忽然想起来客房不久前推出在客房里放袜子的举措，以方便袜子出现意外的客人。便立刻打电话到客房中心，请他们立刻送双袜子到餐厅来。几分钟后，袜子就被送来了。女宾穿上后，连声道谢："谢谢你们，你们想得真周到！"

　　想一想：领位小姐哪些地方值得我们学习？

　　（本资料由作者根据相关资料改编。）

一、服务意识的内涵

服务意识是一种乐于为他人提供帮助的意愿，是主动满足旅客潜在需求的服务能力，它发自服务人员的内心。

为了能及时、准确地识别旅客的潜在需求，就需要服务人员能够主动关注旅客，学会察言观色，通过主动与旅客沟通不断发掘旅客的潜在需求，从而尽可能地满足旅客的需要。在服务过程中，旅客的潜在需求主要有被关心、被倾听、服务人员专业化、迅速反应四个方面。

拥有服务意识的服务人员，在为旅客服务时常常站在对方的立场上，能做到急旅客之所急，想旅客之所想，能够把服务工作做到旅客未开口之前；为了使旅客满意，不惜自我谦让、妥协，甚至奉献、牺牲；缺乏服务意识的人，则会表现出"以自我为中心"和自私自利的价值取向，把利己和利他矛盾对立起来。

服务意识与服务能力的区别就在于，服务意识是愿不愿意做好的问题，而服务能力则是能不能做好的问题。为了向旅客提供优质的服务，服务人员应当努力培养和提高自己的服务意识，把消极被动为旅客服务的思想转变成积极主动为旅客解决问题的意识。

二、动车组列车餐饮服务人员应具备的服务意识

在服务过程中，只有自觉主动地为旅客付出爱心、提供帮助和服务的人，才是真正具有服务意识的人。服务意识不是技能，它是一种工作态度。当一个服务人员拥有较强的服务意识的时候，他的工作就不只是为完成工作任务，而是能够自动自发地、自觉自愿地站在旅客的角度，为旅客着想，帮旅客解决问题。有服务意识的服务人员才是优秀的服务人员，服务意识决定服务品质。因此，注重对动车组列车餐饮服务人员服务意识的培养就显得尤为重要。具体来说，就是培养服务人员主动、热情、耐心、周到的服务意识，在工作中认真落实"八字服务方针"，主动满足旅客的潜在需求。

（一）主　动

主动服务是指动车组列车餐饮服务人员主动满足旅客到餐吧车用餐需求而采取的有效措施。其具体要求如下：

1. 主动当好旅客参谋

每天到餐吧车用餐的旅客来自全国各地，旅客用餐的口味、标准、档次不同，用餐需求也不同，因此动车组列车餐饮服务人员要学会研究旅客心理，揣摩旅客的用餐需求，主动介绍适宜菜品，照顾南甜北咸、东辣西酸的用餐习惯。同时，要适时介绍列车运行沿途地域的地方风味菜和特色菜。除此以外，动车组列车餐饮服务人员推售货车前往各车厢时，应主动向旅客介绍各地的名优特产，以增进旅客对各类餐饮产品的了解。

2. 主动服务，遵守程序

旅客从进入餐车车厢到离开餐车车厢，与餐车服务人员接触最多。餐吧车服务人员是铁路企业形象的代表，能否主动地为旅客服务，将直接影响旅客对铁路企业的印象。餐吧车服

务人员要以自己主动的服务，去赢得旅客的信誉。在服务的全过程，要遵守服务程序。主动向旅客问好；主动介绍餐饮产品；熟悉菜单上的每个菜品，再适当地介绍菜品的主料、辅料、烹调手法及味道等；做到唱收唱付，旅客所点食品准备好后能及时主动地端送到旅客就座的餐桌，做到"一客一餐一托盘"，并主动报菜名。通过餐厅服务员的主动服务，达到让客人满意的目的。

3. 主动满足旅客用餐的特殊需求

由于旅客的职业、年龄不同，导致他们的就餐心理各异。研究旅客的心理活动，并掌握其规律，有利于更好地开展服务工作。从不同职业旅客的就餐心理来看，普通劳动群众比较讲究经济实惠，偏爱价廉、量大的菜肴；知识分子、干部比较喜欢质细、清淡、少而精的菜肴；文艺界人士则要求采用鲜嫩、营养价值高，口味要避免酸辣，避免刺激；运动员既重视菜肴的营养价值，又要求数量充裕。从不同年龄旅客的就餐心理来看，老年人消化能力弱，喜欢松软、油轻、味厚、低糖、低盐、易消化的食物；儿童处在成长发育期，感官发育不全，对于味道过浓过重和酸辣菜品不易接受，一般喜欢清淡、鲜嫩、色彩鲜艳、甜脆单一的食品；中年人属于成熟型，接受能力强，喜欢辛辣、味重、复合型口味的菜品。动车组列车餐饮服务人员在为旅客服务的过程中要主动关心、主动满足旅客用餐的特殊需求。

（二）热　情

热情服务是指动车组列车餐饮服务人员细心体察旅客需求，自然微笑，真诚待客，使旅客感到亲切、温暖。"以貌取人""以官取人""以财取人"都是不可取的。热情服务要做到"两个一样"。

1. 生人熟人一样热情

到餐车车厢用餐的旅客熙熙攘攘，其中不免会有同学、同事、朋友、亲戚等熟人，而大多数人则是生面孔。这就要求餐吧车服务人员要一视同仁，对待熟人热情服务，对待生人，特别是第一次来餐厅用餐的客人更应该满腔热忱，热情打招呼，主动介绍菜品，做好餐中服务，使旅客感到"生人熟人接待都一样热情"。不要指点旅客，不要模仿、嬉笑外地旅客。

2. 内宾外宾一样热情

在服务接待中，餐吧车服务人员应树立"在外宾面前我代表中国"的服务境界，既不能崇洋媚外，卑躬屈膝，又不能傲慢无理。对外宾要不卑不亢，彬彬有礼；对内宾要热情服务，落落大方。无论内宾还是外宾都要做到买卖公平，热情待客。

（三）耐　心

耐心服务是指动车组列车餐饮服务人员以高尚的道德修养，对服务过程中出现的各种情况和问题，做到恰当、理智地处理。其具体要求如下：

1. 解答问题要耐心

旅客在用餐中，常常会提出一些问题，比如："鱼香肉丝怎么没有鱼啊？""赛螃蟹怎么不见蟹肉啊？"等。对此，餐吧车服务人员应耐心介绍菜品的有关知识，不要讥笑或嘲讽顾客。

2. 化解矛盾要耐心

在繁忙的业务中，有时因菜品问题，有时因等候时间问题，有时因价格问题等，不免会产生一些服务矛盾，这时餐吧车服务人员不能比旅客还急躁，要沉着冷静，找出矛盾的症结所在，耐心给旅客以圆满的答复。如实在解决不了，可向餐服长或列车长报告。

3. 对待客人要耐心

在餐吧车服务工作中，有时旅客在餐车车厢内用餐时会出现不礼貌的行为，对待大声喧哗影响他人的旅客，要耐心劝阻；对有随手丢垃圾、讲粗话、随地吐痰等行为的旅客，餐吧车服务人员也应保持冷静和克制的态度，耐心做好解释工作。

（四）周　到

周到服务是指动车组列车餐饮服务人员在语言表达、服务态度、用餐照顾等全过程服务中，要处处为旅客提供方便。其具体要求如下：

1. 服务语言周到

语言是餐吧车服务人员与旅客交流的首要因素。使用语言时，嘴要甜，调要亲。服务语言要求礼貌、耐心、欢快、协调。使用礼貌语言可以表现出餐服人员对旅客的谦虚恭敬；使用耐心语言，餐服人员可以对旅客的不同性格和爱好，对主管的工作以及所遇到的问题，包括客人的挑剔甚至刁难，都能应对自如；使用欢快语言，目的在于给旅客以欢乐与轻松的感觉；使用协调语言，可以使服务的声、情、意、行相互配合，协调统一，追求最佳服务效果。

2. 就餐服务周到

在用餐时间，餐服长应及时热餐，做好准备工作。旅客到餐吧车车厢吧台点餐时，餐服人员应面带微笑主动向旅客问好以示欢迎，并及时主动将菜单递于旅客手中请旅客点餐。餐点点好结账时，餐服人员应坚持唱收唱付，当面点清并主动询问是否需要开具发票；餐服人员为旅客送餐时应坚持托盘呈上，并报出餐食名称；旅客用餐结束后，应随即收拾清理餐台；旅客离开餐吧车车厢时，餐服人员应向旅客致谢及道别。动车组列车餐饮服务人员为旅客提供就餐服务时要始终坚持"来有迎声，走有送声和微笑服务"的服务规范。餐服人员到车厢销售商品时应避让旅客，在车厢订餐时使用订餐券，服务用语规范，携带发票，做好销售工作。此外，对于VIP及商务座乘客预订的餐食和饮品，餐服人员要记清有订餐服务的乘客座位号及内容，及时联系餐车提供，并及时清理环境。

3. 超常服务周到

超常服务是指个性化服务和针对性服务，它是指超出行业常规服务范围的一种服务方式。在餐饮服务过程中，很多情况下，餐饮服务人员可凭经验和阅历，善于观察、揣摩客人心理，以便在客人用餐的同时，得到超值的服务。

【阅读资料1-6】

高铁上的小年：餐车服务员穿民族服饰与乘客包水饺唱欢歌

2017年1月20日，是农历腊月二十三，小年，在青岛开往北京的G186次列车上，济铁旅服青岛高铁餐饮管理公司与乘车的旅客共同开展了"温馨小年，多彩旅程"活动。餐车服务员穿着火红的中国传统民族服饰为旅客服务，与旅客一起包水饺、唱欢歌、话家常、品美食、共度小年，浓浓温情溢满旅途。

列车上，济铁旅服公司邀请山东民间艺人、非物质文化传承人崔雪娇为乘客讲述年货大饽饽的历史和工艺，并邀请旅客一起和面，揉制大饽饽，感受中国传统年味。

餐车内，服务员们用金鸡报春的剪纸、年年有鱼福袋、红腊梅、彩灯笼等富有新春特色的饰品将车厢打扮得焕然一新，营造出浓浓的节日气息。大家纷纷拿出手机拍照，发朋友圈，分享这美好的时刻。

在中国传统民俗里，过小年吃饺子，是老百姓家里必不可少的团圆饭。为此，青岛高铁餐饮管理公司餐车服务员精心为旅客准备了五色饺子皮、新鲜饺子馅，与旅客围坐在一起包饺子。展皮、塞馅、捏形……按包饺子的制作顺序走下，却包出了不一样的花样。有的包得像元宝，有的包得像朵花，有的包得像小耳朵、小青年、靓妹妹、慈祥的老人和孩子，大家你一言我一语，就像一家人，互享包饺子的乐趣，回味团圆时刻的美好。

由青岛去往济南探亲的赵大娘，是旅客中包得最快，也是最好看的，她主动承担起"指导员"的身份，教身边的旅客和服务员包饺子，她告诉记者："这么多人一起包水饺，真兴奋，团圆时刻就得吃饺子，我这是第一次在车上过小年，太有意思啦。"

由青岛去往北京探亲的李大叔，则与大家分享了年轻时在部队里团圆的时刻。他说："说起来还是当兵时候学的包饺子。老班长最厉害，一次能赶仨皮，我最多也就赶俩。到现在也没能超过他。"

这边在热热闹闹地包，那边餐车吧台内，服务员在高铁列车的后厨用专用微波吉塔锅和微波炉为大家煮水饺。一会儿的功夫，热腾腾的水饺就端上了桌。此时，服务员们准备了春运旅行知识问答、唱歌、跳舞等寓教于乐活动，让旅客在品美食的同时，用快乐的方式了解如何在春运中安全出行、智慧出行，享受便捷温馨的旅程。

大家吃着热气腾腾的饺子，观看着有趣的节目，一起享受年的香味，并共同合影记录下这美好的时刻。

（资料来源：http://news.iqilu.com/shandong/yuanchuang/2017/0120/3353481.shtml。）

主动、热情、耐心、周到的服务，表现了一个餐饮服务人员崇高的思想境界和良好的职业道德，同时也体现了餐厅服务员高超的服务技艺。此外，它在给企业带来经济效益的同时，也能提高企业的声誉。因此，动车组列车餐饮服务人员必须高度重视，不断提高自身的接待服务水平。

复习思考题

1. 简述动车组列车餐饮服务人员职业形象塑造的要求。
2. 简述动车组列车餐饮服务人员应具备的基本素质。
3. 简述动车组列车餐饮服务人员应具备的专业素质。
4. 简述动车组列车餐饮服务人员应具备的服务意识。

第二章 动车组列车餐吧车的设施设备

【学习目标】
1. 了解动车组列车餐吧车的分类及编挂位置。
2. 熟悉动车组列车餐吧车的构造及设备设施的组成。
3. 掌握餐吧车设备设施的安全操作要求。

【知识要点】
1. 动车组列车餐吧车的分类及编挂位置。
2. 动车组列车餐吧车的构造及设备设施的组成。
3. 动车组列车餐吧车设备设施的安全操作要求。

第一节 动车组列车餐吧车的分类

我国动车组列车餐吧车按动车组车型划分为：CRH1、CRH2、CRH3、CRH5、CRH380、复兴号 CR400 型餐吧车。不同车型，其餐吧车的编挂位置及内部结构会有所不同。

一、动车组列车餐吧车编挂位置

（一）CRH1 型餐吧车

1. 编挂位置

CRH1 型餐吧车位于 4 号、12 号车厢，如图 2-1 所示。

图 2-1 CRH1 型动车组列车设备设施示意图

2. 内部结构

CRH1 型餐吧车内部结构如图 2-2 所示，一般分为厨房区、酒吧服务区、酒吧外储藏区，设有餐桌（坐式、立式）、椅子、吧台、展示柜、咖啡机、微波炉、冷藏箱、储藏柜、电磁炉、水槽、垃圾箱、售货车。其中，售货车配有防撞条和制动装置。

图 2-2 CRH1 型动车组餐车内部结构

（二）CRH2 型餐吧车

1. 编挂位置

CRH2 型餐吧车位于 5 号车厢，如图 2-3 所示。

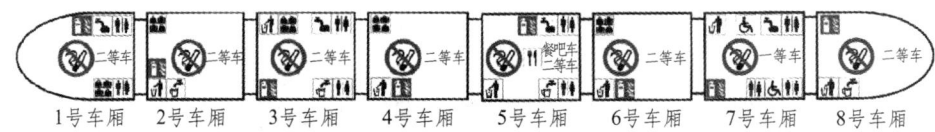

图 2-3 CRH2 型动车组列车设备设施示意图

2. 内部结构

CRH2 型餐吧车内部结构如图 2-4 所示，设有餐吧柜台。设有立式餐桌可供旅客在饮食中站立使用，餐饮区备有 4 张固定桌子和 16 张椅子，供旅客餐饮就座。左侧（车辆前方位部位）设有水龙头的单盆水槽及热水器。柜台侧设置有冷藏陈列柜。背面备有冷餐桌，其上方设有微波炉、控制功放、监控扬声器、220 V 电源插座、陈列柜开关、脚灯开关、荧光灯及其开关、插座、配电盘及橱柜。售货车配有防撞条和制动装置。

图 2-4 CRH2 型动车组餐车内部结构

(三) CRH3 型餐吧车

1. 编挂位置

CRH3 型餐吧车位于 4 号车厢，如图 2-5 所示。

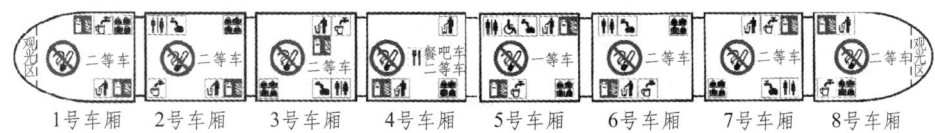

图 2-5　CRH3 型动车组列车设备设施示意图

2. 内部结构

CRH3 型餐吧车内部结构如图 2-6 所示。该车厢为二等座与餐车的合造车，餐吧车主要设备有：餐桌、倚靠栏、吧台、展示柜、微波炉、冷藏柜、储藏柜、冷冻柜、保温柜、电器控制柜、电茶炉、水槽、售货车、垃圾桶等。售货车配有防撞条和制动装置。

图 2-6　CRH3 型动车组餐车内部结构

(四) CRH5 型餐吧车

1. 编挂位置

CRH5 型餐吧车位于单组车体 6 号车，重联时为 6 号、14 号，如图 2-7 所示。

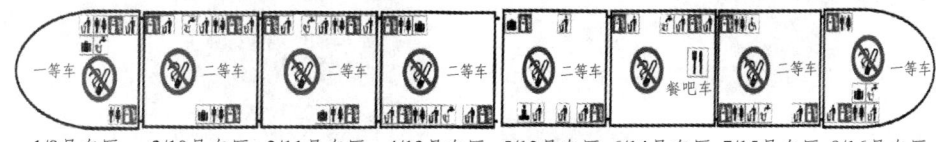

图 2-7　CRH5 型动车组列车设备设施示意图

2. 内部结构

CRH5 型餐吧车内部结构如图 2-8 所示，包括配餐区和休闲区。餐吧车的主要设备有：餐桌、倚靠栏、吧台、展示柜、微波炉、冷藏柜、电茶炉、水槽、售货车、垃圾桶等。售货车配有防撞条和制动装置。

图 2-8 CRH5 型动车组餐车内部结构

（五）CRH380A 型餐吧车

1. 编挂位置

CRH380A 型餐吧车位于单组车体 5 号车，重联时为 5 号、13 号车，如图 2-9 所示。

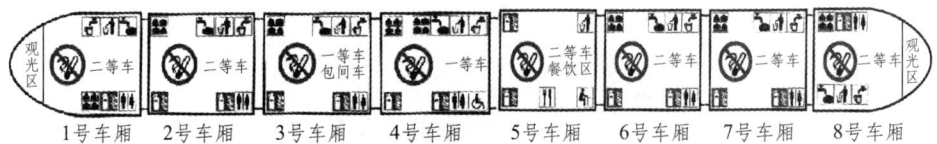

图 2-9 CRH380A 型动车组列车设备设施示意图

2. 内部结构

CRH380A 型餐吧车内部结构如图 2-10 所示，与 5 号车的小卖部相邻。餐厅配备 4 张固定桌子、2 个二人座椅、2 个单人座椅，供旅客入座就餐。与餐厅相邻的走廊设走廊扶手、吧台、吧桌等设施，供旅客休息时使用。售货车配有防撞条和制动装置。

图 2-10 CRH380A 型动车组餐车内部结构

（六）CRH380AL 型餐吧车

1. 编挂位置

CRH380AL 型餐吧车位于 9 号车厢，如图 2-11 所示。

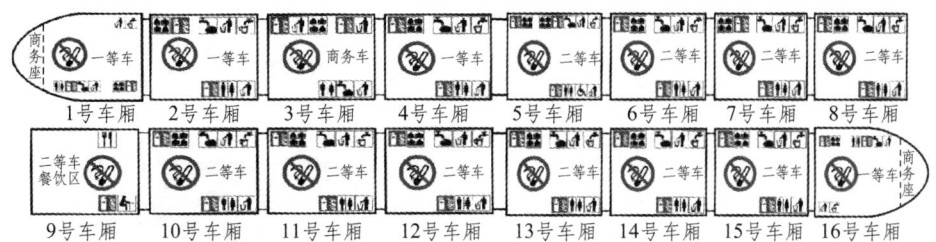

图 2-11 CRH380AL 型动车组列车设备设施示意图

2. 内部结构

CRH380AL 型餐吧车内部结构如图 2-12 所示,定员 38 人,设有 10 个餐桌。与餐厅相邻的走廊设走廊扶手、吧台、吧桌等设施,供旅客休息时使用。厨房区域包括:展示柜、微波炉、冷藏柜、电茶炉、水槽、售货车、垃圾桶等。同时,设有乘务室和监控室。售货车配有防撞条和制动装置。

图 2-12 CRH380AL 型动车组餐车内部结构

(七) CRH380B 型餐吧车

1. 编挂位置

CRH380B 型餐吧车位于 5 号、13 号车厢,如图 2-13 所示。

图 2-13 CRH380B 型动车组列车设备设施示意图

2. 内部图片

CRH380B 型餐吧车内部结构如图 2-14 所示。该车厢为餐座合造车,包括大供餐能力厨房和独立乘务员室。餐车设有餐桌、倚靠栏、吧台、微波炉、冷藏柜、储物柜、电茶炉、水槽、售货车、展示柜、保温柜、消毒柜、垃圾箱。售货车配有防撞条和制动装置。

图 2-14 CRH380B 型动车组餐车内部结构

（八）CRH380BL、CRH380CL 型餐吧车

1. 编挂位置

CRH380BL、CRH380CL 型餐吧车位于 9 号车厢，如图 2-15 所示。

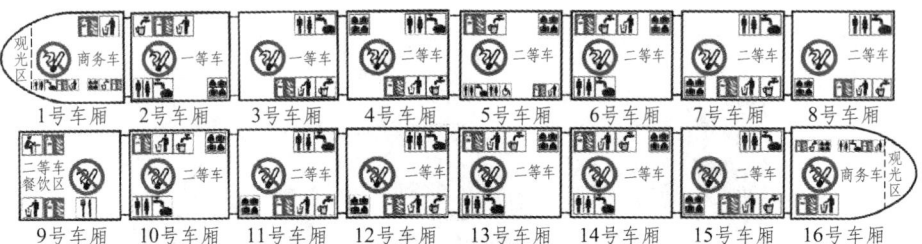

图 2-15 CRH380BL、CRH380CL 型动车组列车设备设施示意图

2. 内部结构

CRH380BL、CRH380CL 型餐吧车内部结构如图 2-16 所示，设有餐桌、倚靠栏、吧台、微波炉、冷藏柜、储物柜、电茶炉、水槽、售货车、展示柜、保温柜、消毒柜、垃圾箱。售货车配有防撞条和制动装置。

图 2-16 CRH380BL、CRH380CL 型动车组餐车内部结构

(九)复兴号 CR400 型餐吧车

1. 编挂位置

(1) 复兴号 CR400AF、CR400BF 型餐吧车位于 5 号车厢,如图 2-17 所示。

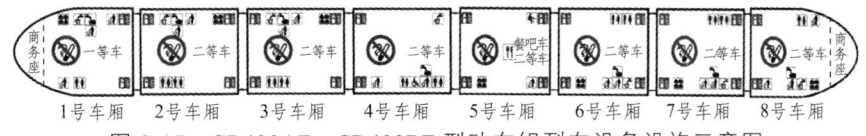

图 2-17　CR400AF、CR400BF 型动车组列车设备设施示意图

(2) 复兴号 CR400BF-A 型餐吧车位于 9 号车厢,如图 2-18 所示。

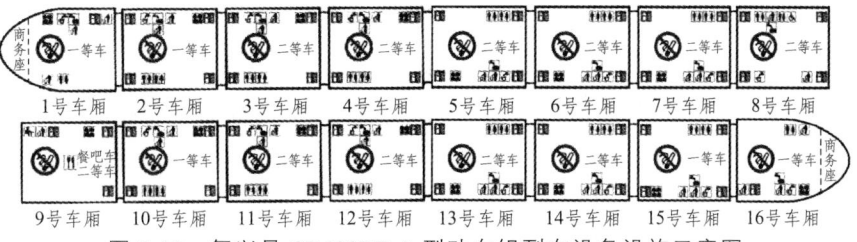

图 2-18　复兴号 CR400BF-A 型动车组列车设备设施示意图

(3) 复兴号 CR400BF-B 型餐吧车位于 9 号车厢,如图 2-19 所示。

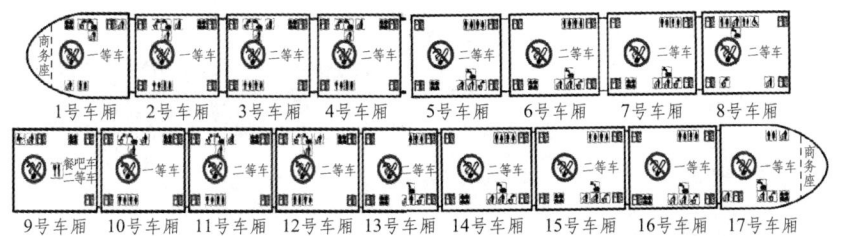

图 2-19　复兴号 CR400BF-B 型动车组列车设备设施示意图

2. 内部结构

复兴号 CR400AF、CR400BF 型餐吧车内部结构如图 2-20 所示,该车厢为餐座合造车。设有雅致的吧台,有多种食物、饮品等,供旅客选择,餐车不另设餐桌餐椅,只设有 63 个二等座。厨房区域包括:展示柜、微波炉、冷藏柜、电茶炉、水槽、售货车、垃圾桶等。售货车配有防撞条和制动装置。

图 2-20　CR400AF、CR400BF 型动车组餐车内部结构

二、动车组列车餐吧车基本设备

我国高铁餐吧车车型不同,其内部设施设备也会有所不同。通常,动车组列车餐吧车内设有一个大吧台,供服务人员使用。餐吧车内无明火,不设炉灶,采用微波炉加热餐盒。常用设备包括:餐桌、倚靠栏、洗池柜、陈列柜、冷藏柜、储藏柜、冷冻柜、保温柜、电器控制柜、电茶炉、水槽、垃圾桶、售货车等。售货车配有防撞条和制动装置。根据餐车基本设备使用情况可分成多个模块单元,具体情况如下:

(一)洗池模块

动车组列车餐吧车洗池模块如图 2-21 所示。

动车组列车餐吧车厨房侧墙侧设有洗池柜,洗池柜为整体式,设置外装式水龙头;洗池柜内一端设置 40L 抽屉式垃圾箱,另一端嵌有消毒柜;洗池柜台面上设有电开水炉,为厨房提供开水;洗池柜上部设有吊柜(见图 2-22),用于厨具和物品的存储,吊柜下表面设有照明用 LED 灯,洗池旁的操作台可以用来配置或准备食物;厨房侧墙侧设有 500W 和 1 400W 两个备用插座。

图 2-21 动车组列车餐吧车洗池模块

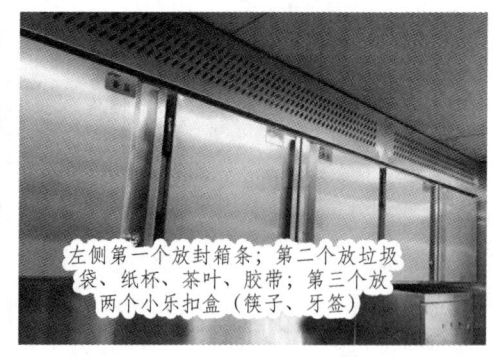

左侧第一个放封箱条;第二个放垃圾袋、纸杯、茶叶、胶带;第三个放两个小乐扣盒(筷子、牙签)

图 2-22 吊柜

(二)加热区橱柜及微波炉、小推车模块

动车组列车餐吧车厨房内设有微波炉柜(见图 2-23),用于放置微波炉。柜体下部为储物柜,上部为小吊柜,吊柜内设有微波炉散热用风机,微波炉后侧设有隔热板。微波炉厨房端部设有小推车柜,上部为储藏柜,柜体下部设有两个小推车。小推车高 970 mm、长 620 mm、宽 300 mm,置于小推车柜下部。小推车采用铝合金制作,前后均设门,上面设饮料存放架,内部设隔板用于餐食盒饭的存放,小推车滚轮设脚踏锁定和解除功能,小推车 4 个角设置防撞角。厨房内设有 4 个微波炉,置于微波炉柜中,用于食品的快速加热。小推车如图 2-24 所示。

 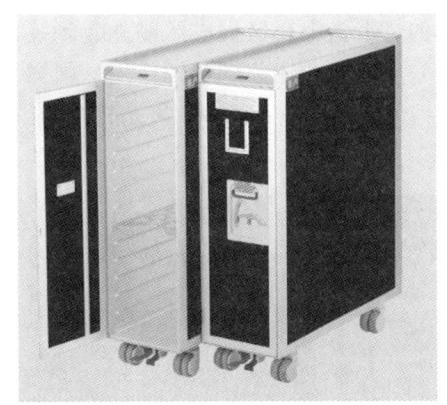

图 2-23 微波炉柜　　　　　　图 2-24 小推车

(三) 冷藏、冷冻、保温及展示模块

冷藏柜的冷藏温度可在 2 ℃～8 ℃ 调节。冷藏柜采用整体式独立制冷系统，设电子式温度控制器。电子式温度控制器安装在冷藏柜上部挡板上，接线盒设在柜体上部。冷冻柜的温度通常控制住 －18 ℃～－14 ℃，用来存放专门需要冷冻的食品。冷冻柜的制冷机组位于上部。冷藏柜、冷冻柜如图 2-25 所示。

保温柜的温度可在 60 ℃～110 ℃ 调节，用于保存加热后的食品，保温柜设电子式温度控制器。电子式温度控制器安装在保温柜上部挡板上，接线盒设在柜体上部。保温柜如图 2-26 所示。

展示柜为独立制冷系统的整体式展示柜，展示温度可在 2 ℃～8 ℃ 调节，内部设 LED 照明。展示柜设电子式温度控制器，电子式温度控制器安装在展示柜上部挡板上，接线盒设在柜体上部。展示柜如图 2-27 所示。

图 2-25 冷藏柜、冷冻柜　　　图 2-26 保温柜　　　图 2-27 展示柜

(四) 吧台模块

吧台包含上下两个色丽石台面，餐服人员可以在此区域向旅客提供食品和饮料；装在柜

台内部的灯带为吧台区提供照明并起到装饰效果。吧台区扶手除了为在此接受餐饮服务的旅客提供安全保障，还起到装饰作用。同样，储物柜和废物抽屉上都装有撞击锁定机构，关闭储物柜门或滑入废物抽屉时，撞击锁弹簧卡销锁定机构必须卡住锁定。吧台如图2-28、图2-29所示。

图 2-28　吧台外侧

图 2-29　吧台内侧

第二节　动车组列车餐吧车电器设备安全操作

一、动车组列车餐吧车电器设备使用要求

（1）电气化厨房设备的安全操作，直接影响人身安全、设备的可靠性及使用寿命。因此，设备操作人员必须经过操作培训，并经考试合格后才能上岗操作。

（2）动车组列车运行过程中，随车机械师应对电气化厨房设备进行定时巡视，发现使用人员未按安全操作规定使用设备时，应及时予以制止和纠正。

（3）在使用餐吧车电气化厨房设备操作前，应先确认电源控制柜技术状态，各设备开关是否在正常位，指示灯显示是否正常。

（4）动车组列车运行过程中和列车入库停留期间，无人操作设备时，应及时将各设备开关关闭或放置在零挡位，切断电源控制柜总电源，锁闭电源柜，做到人走电断，防止发生意外。

（5）电气化厨房设备必须在明显位置粘贴操作说明和安全操作规程。

（6）动车组列车餐吧车内使用的电器，不能超过列车规定的额定功率。餐饮公司不得擅自增大用电设备的功率以防过载。

（7）动车组列车餐吧车配备的冰箱、电烤箱、微波炉、电磁炉等电器及各车厢的电茶炉插座、插头安装应牢固，保持清洁，周围不得放置杂物。

（8）厨房设备只能采用棉布蘸水（洗涤剂）清洁，不得使用金属工具刷扫。

（9）安全使用电源，正确使用电器设备。电器元件安装牢固，接线及插座无松动，按钮开关、指示灯作用良好；不乱接电源和增加电器设备，不超过允许负载。配电室（箱）、电气控制柜应锁闭，禁止堆放物品。不能用水冲刷车内地板、连接处和车内电器设备。

二、动车组列车餐吧车常用电器设备安全操作

(一)微波炉安全操作

1. 微波炉概述(见图2-30)

图2-30 微波炉

动车组列车餐吧车配备的微波炉是用来为广大旅客加热餐食的主要电器,其工作时上下微波同时加热食品,可使食品快速均匀受热。微波炉设有手动烹调和程序加热烹调两种模式,既能满足灵活性,又能快捷便利地用于相同加热情况的操作。同时还具有预设记忆,常用菜单一次按键即可。微波炉工作过程中可自动诊断故障并显示代码,使用一段时间后会提醒用户做维护、清理工作。微波炉外观结构如图2-31所示。

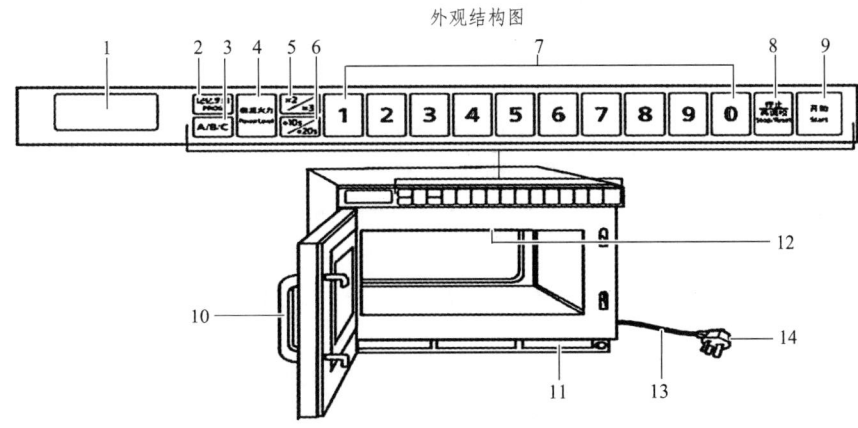

图2-31 微波炉外观结构示意图

注:1.数字显示窗口;2.Prog(程序)按钮;3.换挡(A/B/C)按钮;4.微波火力选择按钮;
5.双重/三重分量按钮;6. +10 s/+20 s按钮;7.数字/记忆按钮·时间输入;
8.停止/复位按钮;9.开始按钮;10.炉门把手;11.空气过滤器;
12.防溅挡板(内壁顶部);13.电源线;14.电源插头

2. 微波炉安全操作要点

(1)微波炉烹调时不得使用金属网架及其他金属和带金、银边的器皿,仅可使用陶瓷、耐热玻璃、耐热塑料等器皿。

(2)烹调前应先放入转盘支承及玻璃转盘,再将盛好食物的器皿放在玻璃转盘上进行烹调。

（3）不得直接加热装在密封容器内的液体和其他食物，以免发生爆炸。使用保鲜纸遮盖食物烹调时，需将保鲜纸一角摺上，方便蒸汽逸出。

（4）当食物在塑料、纸或其他可燃材料制成的简易容器中加热或烹调时，应随时注意，防止起火。

（5）烹调少量食物时，要多观察，防止过热起火。不得用微波炉煎、炸食物。微波炉内无食物时，不得让微波炉处于工作状态，以免损坏设备。

（6）从微波炉内拿出食物和器皿时，应当使用锅夹或戴上隔热手套，以免被高温烫伤。

（7）烹调过程中发生冒烟或起火现象时，应立即切断电源，不得立即打开炉门，避免遇空气加大火势。

（8）微波炉内禁止加热不符合微波炉烹饪要求的食品，不得加热和存放任何物品。

（9）微波炉炉门或门封损坏以及设备出现异常时，应及时向随车机械师反映情况，不得继续使用。

（10）不得用水直接冲洗微波炉，以免发生危险；不得堵塞微波炉进风口，必须保证通风好；注意保护微波炉面板，防止重力碰撞；不得将微波炉空转，避免影响产品性能，引起火情。

（11）使用时，必须有专人操作并看守，关闭炉门后，再启动微波炉；操作完毕后，应先将火力调节旋钮放置于零挡位，再关闭供电电源；每次工作后应清洁炉体，防止任何液体侵入机器内部，造成电气短路，损坏微波炉；使用完毕后，应立即拔下电插座，使微波炉处于断电状态。

（二）消毒柜安全操作

（1）不得用水冲洗消毒柜。

（2）将餐具洗净后才能放入柜内消毒。放入餐具后，应将门关紧，并检查门是否关好。

（3）使用中不得触摸门体玻璃表面，以免烫伤。消毒柜工作结束，不得立即触摸内部或消毒物品，需经 20 min 冷却后方可拿取消毒物品。

（4）消毒过程中柜内有高浓度臭氧，工作中如突然断电，不得打开柜门，避免对人体造成伤害。

（5）清洁保养时应切断电源。不得使用汽油、酒精及其他有机溶剂和去污粉。紫外线灯管或臭氧发生器严禁进水。

（6）使用中出现异常和发生故障时，需及时向随车机械师反映情况。确认设备状态良好后方准继续使用。

（三）电冰箱安全操作

（1）电冰箱必须由经过培训并考试合格的人员进行操作。

（2）必须严格执行交接制度。接班人员需确认各部状态良好后，方准进行正常操作。

（3）应避免频繁启动电冰箱，每两次启动冰箱的时间间隔不得少于 5 min，使用中避免长时间开启冰箱门。

（4）箱内存放物品，应在内腔四周留出不少于 3 cm 的空隙。存放物品时，应轻拿轻放，轻开轻关。

（5）冰箱不得冷藏过热物品。需存放过热物品时，应先在箱外自然冷却达到室温后，方准放入箱内。

（6）若蒸发器冰层较厚，不得用敲击方法解开冰块，必须停机，待冰块完全融化后，再启动使用。

（7）应定期清除冰箱内污物，保持冰箱排水孔畅通。

（8）发生设备故障时，应首先切断电源并及时通知随车机械师，不得擅自拆卸冰箱配件和打开控制箱。确认故障排除后，方准继续使用。

（四）电磁炉安全操作

（1）不能用水直接冲洗电磁炉，以免发生危险。

（2）不得堵塞电磁炉进风口，须保证通风良好。

（3）电磁炉有锅具自动识别功能，要使用含有导磁性材料的锅具，且与电磁炉匹配。否则，将影响热效率甚至不能工作。

（4）注意保护电磁炉面板，防止重力碰撞。不得将空锅放于电磁炉上，避免因误操作空锅干烧，影响产品性能，引起火情。

（5）不得使用电磁炉油炸食品。

（6）不得将铁片及罐头类密封物品放置在电磁炉面板上直接加热，避免因高温受热膨胀发生危险。

（7）指示灯常亮时，表示工作正常。

若指示灯闪烁：

① 表示锅具不能被识别，此时要慢调挡位直到工作；

② 电磁炉进行自动保护状态，如电源超电压、过热，须待数分钟后方可使用。

（8）工作时或锅体移开一段时间内，台面仍有余热，请勿用手触摸，小心烫伤。

（9）操作完毕后，应先将火力调节旋钮放置于零挡位，再关闭供电电源。

（10）每次工作后应清洁炉灶，防止任何液体侵入机器内部，造成电气短路，损坏电磁炉。

（五）电开水炉安全操作

（1）动车组餐吧车内的电开水炉必须由经过培训考试合格的人员进行操作。

（2）必须严格执行交接制度。接班人员需确认各部状态良好后，方准进行正常操作。

（3）操作时，首先确认电开水炉供水系统各阀门状态良好，位置正确，开水炉内不缺水方准合闸供电。在使用期间，操作人员需随时监视其工作状态，离开时应将电开水炉断电。

（4）正常情况下，应将控制开关放置在正常使用位，同时严密监视电开水炉水位。当水位过低或听到报警时，应立即切断电源。

（5）发生设备故障时，应首先切断电源并及时向车辆乘务员反映情况，不得擅自拆卸电开水炉配件和打开控制箱。确认故障排除后，方准继续使用。

（6）应经常保持电开水炉清洁，严禁用水冲刷炉体。不得在电开水炉上堆（存）放各种杂物。需保持电开水炉排水系统清洁、通畅。

复习思考题

1. 简述动车组列车餐吧车的分类及编挂位置。
2. 简述动车组列车餐吧车的构造及设备设施的组成。
3. 简述动车组列车餐吧车常用设备设施的安全操作要求。

第三章　动车组列车餐饮基础知识

【学习目标】

1. 了解各类食物的营养知识，熟悉特殊人群的膳食特点，能根据旅客的膳食需求信息供应膳食。
2. 掌握中、西餐基础知识，能熟练地运用菜品知识为旅客服务。
3. 了解我国主要少数民族及主要客源国的饮食文化。
4. 掌握饮料基础知识，能熟练地运用相关饮料知识为旅客服务。

【知识要点】

1. 人体所需营养素的构成。
2. 人体所需食物的种类。
3. 特殊顾客的膳食特点。
4. 中餐菜品的特点。
5. 中国八大菜系的特点及代表名菜。
6. 我国少数民族的饮食习惯。
7. 我国主要客源国的饮食习惯。
8. 西餐的特点及分类。
9. 酒水的类型及代表名酒。
10. 酒水的质量鉴别方式。
11. 茶叶的种类及代表名茶。
12. 茶叶的储存方法。
13. 软饮料的种类。

第一节　食品营养常识

高速铁路餐吧车供应的基本任务是保证广大旅客在旅途中的饮食需要，根据人体日常所需热能平衡膳食、营养配餐。高铁餐吧车服务人员主要为旅客提供就餐服务，了解各类食品、饮品营养知识，可以帮助餐饮服务人员更好地为旅客提供优质服务。

一、营养与营养素

食物能不断地供给人体所必需的物质，以维持正常发育、供给能力，维持健康及修补损失等，这些作用的总和，就是营养。

食物内所含的能供给人体营养的有效成分，称为营养素，即为人体提供能量、构成机体、修补组织及调节生理机能的化学成分。人体所必需的营养素主要包括七大类：糖类、脂肪、蛋白质、无机盐（矿物质）、维生素、水、膳食纤维。其中，糖类、脂肪、蛋白质、水、膳食纤维在食物中存在和摄入的量较大，称为宏量营养素或常量营养素；维生素和无机盐在膳食中仅需要很少的量，所以称为微量营养素。这些营养素是由化学元素碳、氢、氧、磷、钾、钠、钙、镁、铁等组成。

不同的营养素对人体有不同的作用。

（一）糖 类

糖类又称碳水化合物，是人体不可或缺的主要营养素，是供应人体热量、供给脑组织能量的唯一来源，具有保护肝脏、促进消化、增进食欲的生理功能。糖类可分为：单糖（葡萄糖、果糖、半乳糖）、双糖（蔗糖、麦芽糖、乳糖）、多糖（淀粉、糖原）。它广泛存在于米、面、薯类、豆类、各种杂粮、水果中，是人类最重要、最经济的食物。这类食物每日提供的热量应占总热量的 60%~65%。任何碳水化合物到体内经过生化反应最终都会分解为糖。多糖类的纤维组织，能够起到帮助排便的作用，但是，食糖容易使血甘油三酯升高，肝炎病人多食更是有害而无益。

（二）脂 肪

脂肪是存储和供给能量的主要营养素，能促进脂溶性维生素的吸收。每克脂肪所提供的热量为同等重量碳水化合物或蛋白质的两倍。机体细胞膜、神经组织、激素的构成都离不开它。脂肪是热的不良导体，皮下脂肪层可以防止体内热量过分散失，起到保暖隔热的作用，增强御寒能力。此外，还能保护内脏、关节、各种组织，缓和外力的冲击、压迫。

（三）蛋白质

蛋白质是一种胶质状物质，是一种复杂的化合物，是维持生命不可缺少的物质。人体的组织、器官由细胞构成，细胞结构的主要成分是蛋白质。机体的生长、组织的修复、各种酶和激素对体内生化反应的调节、抵御疾病的抗体的组成、维持渗透压、传递遗传信息，都是蛋白质在起作用。婴幼儿生长迅速，对蛋白质的需要量高于成人，平均每天每千克体重需要 2 g 以上。肉、蛋、奶、豆类均含有大量的优质蛋白质，是每日必须摄入的营养素。

（四）无机盐（矿物质）

无机盐（矿物质）是人体主要组成物质，能够调节体内酸碱平衡。矿物质共41种，碳、氢、氧、氮约占人体总重量的 96%，钙、磷、钾、钠、氯、镁、硫占3.95%，其他则为微量元素，常被人们提到的有铁、锌、铜、硒、碘等。每种元素均有其重要的、独特的、不可替代的作用，各元素间又有密切联系，都有着重要的生理功能：① 构成骨骼的主要成分；② 维持神经、肌肉正常生理功能；③ 组成酶的成分；④ 维持渗透压，保持酸碱平衡。许多疾病都与矿物质缺乏相关，如缺钙与佝偻病，缺铁与贫血，缺锌、缺碘与生长发育缓慢相关等，因此应引起足够的重视。

（五）维生素

维生素是人与动物为维持正常生理功能而必须从食物中获得的一类微量有机物质，在人体生长、代谢、发育过程中发挥着重要的作用。维生素既不参与构成人体细胞，也不为人体提供能量，但是能促进体内钙和碳的吸收，在物质代谢中有重要作用。

（六）水

水是生命的源泉，人体对水的需要仅次于氧气，是维持生命必需的物质。机体的物质代谢、生理活动都离不开水的参与。人体细胞的重要成分是水，正常成人身体中的水分大约占体重的70%，婴儿身体中的水分大约占体重的80%，老年人身体中的水分大约占体重的55%。每天每千克体重需水100~150 mL。人如果不摄入某一种维生素或矿物质，也许还能继续活几周或带病活上若干年，但人如果缺水，却只能活几天。水有利于体内化学反应的进行，能促进消化、吸收、分泌、排泄等，对于维持人体温度的稳定有很大作用。

（七）膳食纤维

膳食纤维是功能性食物的重要基料，可分为水溶性膳食纤维和非水溶性膳食纤维。水溶性膳食纤维可以进入血液循环，降低血浆胆固醇水平，改善血糖生成反应，影响营养素的吸收速度和吸收部位。非水溶性膳食纤维不被人体消化吸收，只停留在肠道内，可刺激消化液的产生和促进肠道蠕动，控制体重和减肥，吸收水分以利于排便，预防大肠肿瘤，对肠道菌群的建立也有着促进作用。

二、正常人体所需要的能量

一切生命活动都需要能量的支持，人体的呼吸、心跳、劳动、体育活动等生理活动都需要消耗能量，能量支持主要来源于食物，食物中的碳水化合物（糖类）、脂肪、蛋白质被称为"产能营养素"或"热源质"。它们经过消化吸收后，在组织细胞内进行生物气化反应，释放出能量，再转化成机体所需的各种"能"。其中约50%以上转变成维持体温的能量，其余的转变为化学能、机械能、分泌能、神经传导能等，这些统称为生理氧化能。谷物类和薯类食物含碳水化合物较多，是膳食能量最经济的来源；油料作物富含脂肪，动物性食物一般比植物性食物含有更多的脂肪和蛋白质，但大豆和坚果类除外，它们含有丰富的油脂和蛋白质。

若人体每日摄入的能量不足，机体会运用自身储备的能量甚至消耗自身组织以满足生命活动的能量需要。人长期处于饥饿状态，在一定时期内机体会出现基础代谢降低、体力活动减少和体重下降，以减少能量的消耗，使机体产生对于能量摄入的适应状态。此时，能量代谢由负平衡达到新的低水平上的平衡，其结果就是引起儿童生长发育停滞，成人身体消瘦和身体机能下降。

一般来讲，人体膳食摄入量要充足、品种多样，其要求一日三餐能吃到20种以上的食物，如一般轻体力劳动者，每日约摄入 20 种各类食物 1 500 g，才能基本保证平衡膳食的数量要求。具体摄入量及品种如表 3-1 所示。

表 3-1 建议每人每日平均摄入食物种类及数量

食物类别	品种数	摄入量/g
粮谷类及薯类	3	400～500
干豆、鲜豆及豆制品	1～2	50～80
蛋及蛋制品	1	50
畜肉及禽肉	1～2	50～80
乳及乳制品	1	250
蔬菜及其制品	3～4	350～400
水果	1～2	200
菌、藻类食品	1	30～50
硬果类食品	1～2	20
植物油	1	15～20
食盐	1	10
水产品	1	50～100（一周内）
动物内脏	1	50（一周内）

三、各类食物的营养价值及营养配餐

（一）各类食物的营养价值

由于各种食物所富含的能量和营养素的种类、数量不尽相同，所以满足人体营养需求的程度也不相同，因此营养价值会有高低之分。根据原料的性质和来源，通常可以将食物分为三大类。

1. 植物性食物的营养价值

中国自古就是一个农业大国，除部分少数民族外，均以食用植物性食物为主。植物性食物是指以植物的种子、果实或部分组织为原料，直接或加工以后为人体提供能量或物质来源的食物。植物性食物除了能够提供人体所必需的碳水化合物、蛋白质、脂肪三大营养素以外，大多数的维生素、矿物质和膳食纤维也是通过植物性食物来获得的。常食用的植物性食物有谷物类、豆类及其制品、水果蔬菜制品等。

1）谷物类

（1）谷物类的营养价值。

谷物是庄稼和粮食的总称，它包括稻米、小麦、玉米等及其他杂粮植物性食物，通过加工成为主食。

谷物类所含的营养素主要是碳水化合物，其主要成分是淀粉，平均含量约占碳水化合物的 90%，消化利用率很高；其次是蛋白质，一般为 7.5%～15.0%。燕麦和青稞的蛋白质含量分别可达 15%和 13%。由于谷类是我国居民的传统主食，所以目前它仍是我国居民膳食蛋白质的主要来源。谷类赖氨酸的含量较低，尤其是小米和小麦中赖氨酸最少。马铃薯蛋白质中赖氨酸很丰富。玉米蛋白质中缺乏赖氨酸和色氨酸，而小米和马铃薯中色氨酸较多。因此，把多种粮食混合食用，可以吸收多种不同的蛋白质，提高谷物类蛋白质的营养价值。谷物类中脂肪含量一般都不高，约占 2%。

谷类含无机盐 1.5%～5.5%，以谷皮和糊粉层含量最多，其中约一半为磷。谷物的钙含量并不高，每 100 克含 40～80 mg，而含铁更少，每 100 克含 1.5～3.0 mg。谷物类是我国居民膳食中维生素的重要来源。谷物类还含有泛酸、尼克酸、硫胺素和核黄素。在小米和黄玉米中，还含有少量的胡萝卜素和维生素 E。

（2）谷物类的健康食用方法。

由于谷物是我国居民多种营养物质的主要来源，因此膳食中谷物是不可或缺的。这一点对于处于生长发育阶段的少年儿童来说，尤为重要。

精制大米和面粉，由于其谷胚和谷皮被碾磨掉了，以致维生素含量明显减少。为提高膳食中谷类的营养价值，可以采取多种粮食混合食用，如谷类与豆类和薯类混合食用，这样能达到蛋白质的互补作用和氨基酸平衡。为了减少谷类 B 族维生素和无机盐的丢失，粮食碾磨和加工不可过度精细。

2）豆类及其制品

（1）豆类的营养价值。

豆类作物种类繁多，主要有大豆、绿豆、赤豆、豌豆、蚕豆、菜豆、扁豆等。豆类作物的种子含有大量的淀粉、蛋白质和脂肪，营养丰富。

黄豆被誉为"植物肉"，豆类及豆制品蛋白质含量很高，一般为 20%～40%，以大豆含量最高。有人计算，1 kg 黄豆中的蛋白质含量相当于 1 kg 以上瘦肉或 3 kg 鸡蛋或 12 kg 牛奶的蛋白质含量。豆类及豆制品的蛋白质不仅含量高，而且质量好。豆类蛋白质的氨基酸组成与动物蛋白质相似。其中，谷类食物中较为缺乏的赖氨酸在豆类中含量丰富，接近人体需要，因此豆类适宜与谷物类搭配食用。

豆类的脂肪含量因种类不同而有很大差距，其中大豆含 18%左右，其他豆类仅含有 1%左右。大豆脂肪多由不饱和脂肪酸组成，易于消化吸收，并含有丰富的亚麻油酸和磷脂，是优质脂肪，因此，黄豆和豆油常被推荐为预防冠心病、高血压、动脉粥样硬化等疾病的理想食品。

豆类所含氨基酸的组成接近人体的需要，是人们膳食中蛋白质的主要来源。豆类中含糖量以赤豆、绿豆、蚕豆、豌豆含量高，为 50%～60%，大豆含糖量较少，约为 25%。因此，豆类供给的热量也相当高。豆类中维生素以 B 族维生素最多，比谷类含量高。此外，还有少量的胡萝卜素。豆类富含钙、磷、铁、钾、镁等无机盐，是膳食中难得的高钾、高镁、低钠食品。

大豆异黄酮是异黄酮类化合物中的一种，主要存在于豆科植物中。大豆异黄酮是大豆生长中形成的一类次级代谢产物，由于它是从植物中提取的，与雌激素有相似性结构，因此又被称为植物雌激素，能够弥补 30 岁以后女性雌性激素分泌不足的缺陷，改善皮肤水分及弹性状况，缓解更年期综合征和改善骨质疏散，使女性再现青春魅力。大豆异黄酮的雌激素作用影响激素分泌、代谢生物学活性、蛋白质合成、生长因子活性，是天然的癌症化学预防剂。

【阅读资料 3-1】

不同豆类的营养价值

1. 红豆

红豆补心脏，被李时珍称为"心之谷"。红豆含有较多的膳食纤维，具有润肠通便、降血压、降血脂、解毒抗癌、预防结石、健美减肥的作用，同时有良好的利尿作用。

2. 绿豆

绿豆汤是防暑佳品。绿豆对清热解毒、消解嘴唇干燥、嘴部生疮、痱子、暗疮等特别有效，多食还可以保持眼睛免遭病菌侵害，达到明目美眼的功效。

3. 黑豆

黑豆所含的铁元素比一般豆类都高，多食可增强体质，抗衰老，令头发乌黑亮丽。黑豆还可以润肤。多食黑豆有利于胃肠道的消化和吸收。

4. 豌豆

中医认为，豌豆性味甘平，有补中益气、利小便的功效。此外，豌豆还含有丰富的维生素 A 原，食用后可在体内转化为维生素 A，有润肤的作用，皮肤干燥者应该多吃。但豌豆吃多了容易腹胀，消化不良者不宜大量食用。

（本资料由作者根据相关资料改编。）

（2）豆制品的营养价值。

豆制品是以大豆、小豆、绿豆、豌豆、蚕豆等豆类为主要原料，经加工而成的食品。大多数豆制品是由大豆的豆浆凝固而成的豆腐及其再制品。人们常食用的豆制品有：豆腐、豆腐丝、豆腐干、豆浆、豆腐脑、腐竹、豆芽菜等。大豆经过加工后，不但蛋白质含量不减，而且还能提高其消化吸收率。加工后的各种豆制品口味多样，可促进食欲。豆芽菜中还含有丰富的维生素 C，在缺菜的冬春季节可起到调剂的作用。

豆制品的营养价值较高，主要包括：蛋白质，氨基酸（与动物蛋白相似），钙、磷、铁等矿物质，维生素 B1、B2 及纤维素。豆制品中不含胆固醇，因此，有人提倡肥胖、动脉硬化、高脂血症、高血压、冠心病等患者应多吃豆类或豆制品。

3）水果蔬菜制品

（1）果蔬的主要营养成分及特点。

果蔬是膳食中的重要组成部分，我国居民的蔬菜每日人均摄入量为 276.2 g，水果每天人均摄入量为 45 g。蔬菜、水果水分含量高，蛋白质和脂肪含量低，维生素 C、胡萝卜素、无机盐和膳食纤维含量十分丰富。蔬菜、水果还含有各种色素、有机酸、芳香物质等成分，黄酮含量丰富，可预防多种疾病。

蔬菜是维生素和矿物质的主要来源。此外，它们还含有较多的纤维素、果胶和有机酸，能刺激胃肠蠕动和消化液的分泌，因此还能促进食欲和帮助消化。蔬菜在人体内的最终代谢产物呈碱性，故称"碱性食品"，对维持体内的酸碱平衡起到重要作用。同时，蔬菜中丰富的维生素、矿物质微量元素及相关的植物化学、酶等都是有效的抗氧化剂，所以蔬菜不仅是低糖、低盐、低脂的健康食物，同时还能有效地减轻环境污染对人体的损害，预防各种疾病。

蔬菜、水果种类繁多。蔬菜按其结构及其可食部分，可分为叶菜类、根茎类、瓜茄类和鲜豆类，所含的营养成分因其种类不同，差异也较大。水果类可分为鲜果、干果、坚果和野果。水果与蔬菜一样，主要提供维生素和矿物质。水果也属于碱性食品。

新鲜水果的水分含量较高，营养素含量相对较低。其中，蛋白质、脂肪含量均不超过1%，碳水化合物含量差异较大，低者为6%，高者可达28%。矿物质含量除个别水果外，相差不大。维生素B1和维生素B2含量也不高，胡萝卜素和维生素C的含量因品种不同而异，其中含胡萝卜素最高的水果为柑、橘、杏和鲜枣；含维生素C丰富的水果为草莓、橙、柑等。水果中的碳水化合物主要以双糖或单糖形式存在，所以食之甘甜。

干果是由新鲜水果经过加工晒干制成的，如葡萄干、杏干和柿饼等。由于加工的影响，维生素损失较多，尤其是维生素C，但干果便于储运，并别具风味，有一定的食用价值。

坚果，是闭果的一个分类，果皮坚硬，内含1粒或者多粒种子，如板栗、杏仁等的果实。坚果是植物的精华部分，营养丰富，含蛋白质、油脂、矿物质、维生素较高，对人体生长发育、增强体质、预防疾病有极好的功效。

坚果中含有蛋白质、脂肪、碳水化合物，还含有维生素（B族维生素、维生素E等）、微量元素（磷、钙、锌、铁）、膳食纤维等。另外，坚果中还含有单不饱和脂肪酸、多不饱和脂肪酸，包括亚麻酸、亚油酸等人体的必需脂肪酸。坚果对人体健康的好处主要表现在以下几个方面：首先，降低心脏性猝死率。其次，补脑益智。脑细胞由60%的不饱和脂肪酸和35%的蛋白质构成。坚果类食物中含有大量的不饱和脂肪酸，还含有15%～20%的优质蛋白质和十几种重要的氨基酸，这些氨基酸都是构成脑神经细胞的主要成分。最后，坚果可以提高视力。因为咀嚼强度对提高视力起着一定的作用，所以多吃坚果可以提高视力。

【阅读资料3-2】

常用蔬菜、水果的主要营养价值

1. 叶菜类

叶菜类蔬菜主要包括白菜、菠菜、油菜、韭菜、苋菜等，是胡萝卜素、维生素B2、维生素C和矿物质及膳食纤维的良好来源。绿叶蔬菜和橙色蔬菜营养素含量较为丰富，特别是胡萝卜素的含量较高，维生素B2的含量虽不很丰富，但在人们的膳食中食物仍是维生素B2的主要来源。国内一些营养调查报告表明，维生素B2缺乏症的发生，往往同食用绿叶蔬菜不足有关。叶菜类蔬菜蛋白质含量较低，一般为1%～2%，脂肪含量不足1%，碳水化合物含量为2%～4%，膳食纤维约1.5%。

2. 根茎类

根茎类蔬菜主要包括萝卜、胡萝卜、荸荠、藕、山药、芋艿、葱、蒜、竹笋等。根茎类的蛋白质含量为1%～2%，脂肪含量不足0.5%，碳水化合物含量相差较大，低者5%左右，高者可达20%以上。膳食纤维的含量较叶菜类低，约1%；胡萝卜含胡萝卜素最高，每100 g中胡萝卜素含量可达4 130μg；硒的含量以大蒜、芋艿、洋葱、马铃薯等最高。

3. 瓜茄类

瓜茄类蔬菜包括冬瓜、南瓜、丝瓜、黄瓜、茄子、番茄、辣椒等。瓜茄类水分含量高，营养素含量相对较低。其中，蛋白质含量为0.4%～1.3%，脂肪微量，碳水化合物为0.5%～3.0%。

4. 鲜豆类

鲜豆类蔬菜包括毛豆、豇豆、四季豆、扁豆、豌豆等。与其他蔬菜相比，其营养素含量相对较高。蛋白质含量为2%～14%，平均4%左右，其中毛豆和上海出产的发芽豆可达12%以上。脂肪含量不高，除毛豆外，均在0.5%以下；碳水化合物为4%左右，膳食纤维为1%～3%，胡萝卜素含量普遍较高。此外，还含有丰富的钾、钙、铁、锌、硒等。铁的含量以发芽豆、刀豆、蚕豆、毛豆较高，锌的含量以蚕豆、豌豆和芸豆较高，硒的含量以玉豆、龙豆、毛豆、豆角和蚕豆较高，维生素B2的含量与绿叶蔬菜相似。

5. 菌藻类

菌藻类食物包括食用菌和藻类食物。食用菌是指供人类食用的真菌，有500多个品种，常见的有蘑菇、香菇、银耳、木耳等品种。藻类是无胚、自养，以孢子进行繁殖的低等植物，供人类食用的有海带、紫菜、发菜等。

菌藻类食物富含蛋白质、膳食纤维、碳水化合物、维生素和微量元素。蛋白质含量以发菜、香菇和蘑菇最为丰富，在20%以上。蛋白质氨基酸组成比较均衡，必需氨基酸含量占蛋白质总量的60%以上。脂肪含量低，约1%左右。碳水化合物含量为20%～35%，银耳和发菜中的含量较高，达35%左右。胡萝卜素含量差别较大，在紫菜和蘑菇中含量丰富，其他菌藻中较低。维生素B1和维生素B2的含量也比较高。微量元素含量丰富，尤其是铁、锌和硒，其含量约是其他食物的数倍甚至十余倍。海产植物中，如海带、紫菜等中还含丰富的碘。

6. 鲜果类

鲜果种类很多，主要有苹果、橘子、桃、梨、杏、葡萄、香蕉和菠萝等。新鲜水果的水分含量较高，营养素含量相对较低，蛋白质、脂肪含量均不超过1%，碳水化合物含量差异较大，低者为6%，高者可达28%。矿物质含量除个别水果外，相差不大。维生素B1和维生素B2含量也不高，胡萝卜素和维生素C含量因品种不同而异，其中含胡萝卜素最高的水果为柑、橘、杏和鲜枣；含维生素C丰富的水果为鲜枣、草莓、橙、柑、柿等。水果中的碳水化合物主要以双糖或单糖形式存在，所以食之甘甜。

7. 干果类

干果由新鲜水果经过加工晒干制成，如葡萄干、杏干、蜜枣和柿饼等。由于加工的影响，维生素损失较多，尤其是维生素C。但干果便于储运，并别具风味，有一定的食用价值。

8. 坚果

坚果以种仁为食用部分，因外覆木质或革质硬壳，故称坚果。坚果是植物的精华部分，营养较丰富，含蛋白质、油脂、矿物质、维生素较高，对人体生长发育、增强体质、预防疾病有极好的功效。

坚果中含有蛋白质、脂肪、碳水化合物，还含有维生素（B族维生素、维生素E等）、微量元素（磷、钙、锌、铁）、膳食纤维等。另外，坚果中还含有单不饱和脂肪酸、多不饱和脂肪酸，包括亚麻酸、亚油酸等人体的必需脂肪酸。

9. 野果、野菜类

野果、野菜在我国分布十分广泛，这类资源亟待开发利用。某些野菜如苦菜含有丰富的胡萝卜素、维生素B2和叶酸，矿物质含量也较高。野果含有丰富的维生素C、有机酸和生物类黄酮，如沙棘、金樱子、猕猴桃、刺梨、番石榴等。

（本资料由作者根据相关资料改编。）

（2）果蔬的健康食用方法。

① 蔬菜。

蔬菜需要加工才能够食用，如果加工（如清洗、烹调等）不当，其中的营养素就很容易流失。蔬菜应先洗后切，因为蔬菜中含有大量的维生素 C，而维生素 C 又是水溶性维生素，很容易溶解于水中。如果把整个菜放入水中清洗，然后再切，这样就可以减少维生素 C 和其他水溶性维生素的流失。一些带皮的蔬菜最好连皮一起吃，如茄子、萝卜等。因为皮中的维生素含量比肉中的含量高，所以建议大家吃的时候不要削皮。这样既保证了营养素不流失又节省了时间。在蔬菜烹调过程中，最好用大火去炒，因为蔬菜加热的时间越长，其中的营养素流失就越多。例如水溶性维生素等，它们怕热，所以烹调的时间越短越好。蔬菜只有生吃的时候，才能更有效地接触人体黏膜细胞，进而更好地吸收。同时，生蔬菜中的营养物质含量，不仅远远超过熟蔬菜，而且具有阻止上皮细胞发生恶变的作用，进而阻断致癌物质与宿主细胞的结合。如生蔬菜中的β-胡萝卜素、木质素、挥发油、酶等，被人体吸收后可以激发巨噬细胞的活力，增强免疫力，把已经癌变的细胞吞噬掉，起到积极的抗癌作用。

② 水果。

一般的水果都是生食，不经过加工，洗干净就直接吃。这样可以减少维生素的损失，弥补蔬菜的不足。因此，最好把水果也作为膳食结构的组成部分，每餐都安排一份水果，借以补充维生素特别是维生素 C，这对提高每餐的整体营养质量大有裨益。不少家庭习惯一天吃一次水果，显然在早餐时食用更理想。因为早餐较为简便，很少有菜肴佐餐，更需要水果来提供维生素。另外，经过一夜熟睡，胃肠道已经清空，水果中的膳食纤维更能起到"清道夫"的作用，清除肠壁上的有害物质，消除肠道患肿瘤的风险。膳食纤维还有调节、改善血糖和血脂、提高人体免疫力的功能。

2. 动物性食物的营养价值

动物性食物包括畜禽肉、禽蛋类、水产品、奶类及其制品等。动物性食物是人体优质蛋白、脂类、脂溶性维生素和矿物质的主要来源。

1）禽畜肉

从食物角度讲，肉类是指来源于热血动物且适合人类食用的所有部分的总称。肉类食物中含有丰富的脂肪、蛋白质、矿物质和维生素。它不仅包括动物的骨骼肌肉，还包括许多可食用的器官和脏器组织，营养价值较高，饱腹作用强。但是碳水化合物较植物性食物少，不含植物纤维素。

（1）禽畜肉的主要营养成分及特点。

① 碳水化合物。

禽畜肉的碳水化合物含量比较低，一般为 1%～5%。动物肌肉中含有肌糖原，当动物死亡时，肌糖原会转化成乳酸。乳酸的产生使肉中的酸性增强，pH 下降，使组织蛋白酶的活性增强。因为动物存活时，pH 较高，抑制了这种酶的活性。组织蛋白酶让肉中的蛋白质部分水解，从而使肉逐渐变软，恢复保水能力，进而使肉味鲜嫩，更合人的胃口。动物被宰杀后，其肉的这一变化过程，为肉的存熟期。但要使这一过程完美地进行，则需要在一定的条件下保存生肉，包括控制并保持冷藏温度，但存储时间不能过长或过短。

② 蛋白质。

畜禽肉提供的蛋白质对人体有着重要的生物学意义。构成蛋白质的氨基酸,共有 20 多种,其中有 8 种是人体不能自身合成的,必须靠摄取含有这 8 种氨基酸的食物来获得。而畜禽肉中的蛋白质是完全蛋白质,可以提供人体所需要的全部种类的氨基酸。当肉类蛋白质在人体内被消化时,分解出来的氨基酸即可被吸收。与肉类蛋白质相比,植物类食物所提供的蛋白质有时则不如肉类蛋白质的氨基酸成分那么全面。畜禽肉中的蛋白质含量为 10%~20%,因动物的种类、年龄、肥瘦程度以及部位而异。一般的瘦猪肉的蛋白质含量 10%~17%,肥猪肉则只有 2.2%;瘦牛肉为 20%左右,肥牛肉为 15.1%;瘦羊肉为 17.3%,肥羊肉为 9.3%;兔肉为 21.2%;鸡肉为 23.3%;鸭肉为 16.5%;鹅肉为 10.8%。其中,兔肉高蛋白,低脂肪(0.4%),且胆固醇含量低,非常适合患高血压、心脏病及动脉粥样硬化病症的人食用。除肉外,动物的内脏作为肉类食物的另一部分,也能提供蛋白质。猪、羊、牛的肝脏,蛋白质含量约为 21%;鸡、鸭、鹅的肝脏,蛋白质含量为 16%~18%。

③ 脂肪。

脂肪是肉的所有成分中,所占比例变化范围最大的,平均含量为 10%~30%。常见的肉类的脂肪含量平均值为:猪肉 20%~35%,牛肉 10%~20%,牛犊肉 5%~10%,绵羊肉 10%~20%。畜类脂肪中饱和脂肪酸高于禽类脂肪。脂肪的主要成分包括甘油三酯、脂肪酸及少量的卵磷脂、胆固醇、游离脂肪酸、脂溶性色素等。含大量脂肪的 100 g 肥猪肉,可提供 830 千卡的热量。因动物脂肪的熔点相对较高,故不易被人体消化和吸收。脂肪及脑、肝、肾等内脏,都有高含量的胆固醇,对高血脂或动脉粥样硬化的患者有害。

④ 矿物质。

矿物质的含量一般为 0.8%~12%,瘦肉中的含量高于肥肉,内脏中的含量高于瘦肉。

铁的含量为 5 mg/100 g 左右,以猪肝最为丰富。畜禽肉中的铁主要以血红素的形式存在,消化吸收率很高。内脏中还含有丰富的锌和硒。牛肾和猪肾的硒含量是其他一般食品的数十倍。此外,畜禽肉还含有较多的磷、硫、钾、钠、铜等。钙的含量虽然不高,但是利用率很高。

禽类的肝脏中富含多种矿物质,且平均水平高于禽肉。肝脏和血液中铁的含量十分丰富,高达 10~30 mg/100 g 以上,可谓铁的最佳膳食来源。禽类的心脏和胗也是含矿物质非常丰富的食物。

⑤ 维生素。

畜禽肉可提供多种维生素,主要以 B 族维生素和维生素 A 为主。禽肉中还含有较多的维生素 E。内脏中维生素的含量比肌肉中的多,其中肝脏中的含量最为丰富,富含维生素 A 和维生素 B2。维生素 A 的含量以牛肝和羊肝为最高,维生素 B2 含量则以猪肝中最丰富。

(2)禽畜肉的健康食用方法。

① 远离腌腊熏烤肉。

腌腊熏烤类熟食制作过程中,煤炭、汽油、柴油、柴木等燃料及肉中脂肪在不完全燃烧的过程中,容易产生对健康不利的物质,甚至会致癌,所以要尽量少吃或不吃。

② 肉类搭配豆类。

豆制品中含有大量的卵磷脂,可以乳化血浆,使胆固醇与脂肪的颗粒变小,悬浮在血浆中,不易向血管壁沉积,能防止硬化斑块的形成。

③ 吃肉喝汤两者兼顾。

有人认为，炖肉的汤是最有营养的，喝汤可以充分摄取肉中的养分。但实际上，炖汤时仍然有很大一部分营养物质不能从组织细胞中渗出，因而喝汤和吃肉应该一起进行才能更好地吸收营养。

2）蛋类

常见的蛋类包括鸡蛋、鸭蛋、鹅蛋、鹌鹑蛋及其加工制成的咸蛋、松花蛋等。蛋类中的营养素含量不仅丰富，而且质量好，是一类营养价值较高的食品。

（1）蛋的结构。

各种禽蛋的结构都很相似，主要由蛋壳、蛋清、蛋黄三部分组成。蛋壳位于蛋的最外层，在蛋壳最外面有一层水溶性胶状黏蛋白，能防止微生物进入蛋内和蛋内水分及二氧化碳过度向外蒸发。在储存过程中要防潮，不能水洗或雨淋，否则很快会变质腐败。新生下来的蛋，蛋壳表面附着着这层膜，外观呈霜状、无光泽。根据此特征，可鉴定蛋的新鲜程度。若蛋壳外表面呈霜状，无光泽且清洁，则表明蛋是新鲜的；若蛋壳外表面无霜状物，且油光发亮不清洁，则说明蛋已不新鲜。蛋壳的颜色由白到棕色，深度因禽畜的品种而异。颜色与蛋的营养价值无关。蛋清包括两部分，外层为中等黏度的稀蛋清，内层包围在蛋黄周围的为稠蛋清。蛋黄表面包有蛋黄膜，有两条韧带将蛋黄固定在蛋的中央。

（2）蛋类中含有的主要营养成分及特点。

① 蛋白质。

据分析，蛋类蛋白质含量一般在10%以上，100 g 鸡蛋含有 12.8 g 蛋白质，蛋清中略低，蛋黄中较高，人体对鸡蛋蛋白质的吸收率可高达 98%。蛋清当中所含的蛋白质超过 40 种，其中主要包括为卵白蛋白、卵球蛋白、卵胶黏蛋白等。蛋黄中的主要蛋白质是与脂类相结合的脂蛋白和磷蛋白，其中低密度脂蛋白占 65%，卵黄球蛋白占 10%，卵黄磷蛋白占 4%。鸡蛋蛋白含有人体所必需的 8 种氨基酸，而且氨基酸组成模式与合成人体组织蛋白质所需要模式极为近似，价值极高，且易消化吸收。

② 脂类。

蛋清中含脂肪极少，98%的脂肪存在于蛋黄当中。蛋黄中的脂肪几乎全部以与蛋白质结合的良好乳化形式存在，因而消化吸收率高。

胆固醇含量极高，主要集中在蛋黄，其中鹅蛋蛋黄含量最高，是猪肝的 7 倍、肥猪肉的 17 倍，加工成咸蛋或松花蛋后，胆固醇含量无明显变化。

③ 矿物质。

蛋类中的矿物质主要存在于蛋黄部分，蛋黄中含矿物质 1.0%～1.5%，其中磷最为丰富，蛋黄是多种微量元素的良好来源，包括铁、硫、镁、钾、钠等。蛋类中含的铁元素数量较高，但因卵黄磷蛋白对铁的吸收具有干扰作用，其吸收率只有 3%左右。

④ 维生素和其他微量活性物质。

蛋类中维生素含量十分丰富，且品种较为完整，包括所有的 B 族维生素、维生素 A、维生素 D、维生素 E、维生素 K 和微量的维生素 C。其中，维生素 A、D、B1 和 B2 都存在于蛋黄中。鸭蛋和鹅蛋的维生素含量总体而言高于鸡蛋。此外，维生素 D 的含量随季节、饲料组成和禽类受光照的时间不同而有一定的变化。

【阅读资料3-3】

各种蛋类的主要营养价值

1. 鸡蛋

鸡蛋是家鸡的卵,又名鸡子、鸡卵,由于含有丰富的营养,被人们称为"人类最理想的营养库"。鸡蛋含有的18种氨基酸中,包括人体所需的8种必需氨基酸,与人体蛋白质组成最为接近,人体对其蛋白质的吸收率最高。为了使鸡蛋的营养能充分地被人体吸收,老年人食用鸡蛋时,在制作方法上要合理得当,不宜吃生鸡蛋。生鸡蛋不卫生,且不易吸收。鸡蛋不宜煮得过老,加热过长蛋白质会变性。不宜油煎、油炸。油脂过多,产生热量较高,较易形成肥胖,应采用蒸、煮等方法。对于健康的老年人,每天只吃一个鸡蛋,并不会增加血液中的胆固醇浓度。每100 g鸡蛋(可食部分)含胆固醇585 mg。对于高脂血症、高血压者,每周食用1~2个鸡蛋就可以了。

2. 鸭蛋

鸭蛋和鸡蛋一样,既是营养丰富的食品,又可做食疗之用。鸭蛋性味甘、咸、凉、无毒,有滋阴清热之功效。鸭蛋还含有18种氨基酸,属于完全蛋白质。与其他蛋类相比,鸭蛋所含矿物质及维生素E较多,有利于低磷、低钙者食用。由于鸭蛋较粗,且有腥味,不宜炒食或煮食,一般多将其制成咸鸭蛋来食用,但患有高血压、心脏病、肾病者不宜食用。

3. 鹅蛋

鹅蛋,又称为家雁蛋,其外形大于其他蛋类,吃起来有腥味,有益气补虚、和胃止渴之功效。鹅蛋在各种蛋类中脂肪及胆固醇含量最高,产生的热量也高于其他蛋类。患肥胖症的人不宜长期食用。

4. 鹌鹑蛋

鹌鹑蛋又名鹑鸟蛋、鹌鹑卵。鹌鹑蛋虽小,但营养价值很高,是食物中的珍品,含有丰富的脑磷脂、卵磷脂。含有18种氨基酸,属于完全蛋白质,其中铁、钾及维生素A的含量高于其他蛋类,具有补益气血,强身健脑之功效,是良好营养补品。经常服用鹌鹑蛋对贫血、营养不良、神经衰弱、高血压、血管硬化患者可起到滋补、调养作用。

5. 松花蛋

松花蛋,又称皮蛋、变蛋、彩蛋,是鲜鸭蛋在氢氧化钠等碱性物质的作用下形成的再制蛋。因碱性物质的作用,其呈半透明状,并产生松花斑纹而得名。其特点是蛋清透明,蛋黄呈金黄色,外硬内软,清心爽口,滋味纯香,不加烹调即可食用,是我国的传统食品,又是下酒的冷盘佳肴。松花蛋营养丰富,其胆固醇及矿物质含量较高,维生素含量较少。松花蛋有泻热醒酒之功效,可治泻痢、醉酒、清热解毒。血压高者常食用可降低血压,冠心病、高脂血症、肥胖病者则不宜经常食用。

(本资料由作者根据相关资料改写。)

(3)蛋类的健康吃法。

烹调蛋类时,温度不超过100 ℃,对蛋的营养价值影响很小,仅对B族维生素有一些损失。如用不同的烹调方法时,维生素B2的损失率为:荷包13%、油炸16%、炒10%。煮蛋时蛋白质变得软且松散,容易消化吸收,利用率较高。烹调过程中的加热不仅具有杀菌作用,而且有提高消化吸收率的作用，因为生蛋清中存在的抗生物素和抗胰蛋白酶经加热后被破坏了。

皮蛋在制作过程中加入烧碱产生一系列化学变化，使蛋清呈暗褐色透明体，蛋黄呈褐色。由于烧碱的作用，使 B 族维生素被破坏，但维生素 A、维生素 D 保存尚好。

3）水产类

水产动物种类繁多，全世界仅鱼类就有 2.5 万～3.0 万种，海产鱼类超过 1.6 万种。水产食用资源与人类饮食关系密切。这些丰富的海洋资源作为高生物价值的蛋白、脂肪和脂溶性维生素来源，在人类的营养领域具有重要作用。

（1）水产品的分类。

① 鱼类。

按照鱼类的生活环境，可以将鱼分为海水鱼（如黄鱼、带鱼等）和淡水鱼（如鲤鱼、鲫鱼等）。根据生活的海水深度，海水鱼又可以分为深水鱼和浅水鱼。

② 软体动物类。

软体动物按其形态不同，可以分为双壳类软体动物和无壳类软体动物两大类。双壳类软体动物包括蛤类、牡蛎、扇贝等；无壳类软体动物包括章鱼、乌贼等。

（2）鱼类的主要营养成分及健康吃法。

鱼肉属于瘦肉型，100 g 鱼肉所含脂肪不足 2 g，而 100 g 香肠所含脂肪多于 10 g。即便最油腻的挪威鲑鱼，其所含的热量也比猪排少一半。鱼肉还是蛋白质的重要来源。鱼肉容易被人体吸收，100 g 鱼肉能保证人体每天所需的蛋白质的一半。鱼肉还供给人体所需要的维生素 A、维生素 D、维生素 E 等。鱼肉中还含有多种脂肪酸，这种物质能够防止血黏度增高，可有效防止心脏病的发生，并能强健大脑和神经组织及眼睛的视网膜。对孕妇和婴儿来说，这些脂肪酸更是不可缺少的。科学家的一项最新研究表明，脂肪酸还起到治疗慢性炎症、糖尿病和某些恶性肿瘤的作用。鱼肉含有叶酸、维生素 B2 等维生素，有滋补健胃、消肿、通乳、清热解毒、止嗽下气的功效。鱼肉含有丰富的镁元素，对心血管系统有很好的保护作用，有利于预防高血压、心肌梗死等心血管疾病。鱼肉中富含维生素 A、铁、钙、磷等，常吃鱼还有养肝补血、泽肤养发的功效。鱼肉含有大量的蛋白质。同时，鱼肉所含的蛋白质都是完全蛋白质，而且蛋白质所含必需氨基酸的量和比值最适合人体，容易被人体消化吸收。鱼肉的脂肪含量一般比较低，大多数只有 1%～4%，如黄鱼含 0.8%、带鱼含 3.8%、鲤鱼含 5%、鲫鱼含 1.1%、胖头鱼含 0.9%、墨斗鱼只含 0.7%。鱼肉的脂肪多由不饱和脂肪酸组成，不饱和脂肪酸的碳链较长，具有降低胆固醇的作用。鱼肉的无机盐、维生素含量较高。海水鱼和淡水鱼都含有丰富的碘，还含有磷、钙、铁等无机盐。鱼肉还含有大量的维生素 A、维生素 D、维生素 B1、尼克酸。这些都是人体需要的营养素。

鱼肉味道鲜美，不论是食肉还是作汤，都清鲜可口，但是鱼类因水分和蛋白质含量高，结组织少，较畜禽肉更易腐败变质，特别是青皮红肉鱼，如鲐鱼、金枪鱼等，极易氧化破坏，食用后对人体有害。因此，打捞的鱼类需及时保存或加工处理，防止腐败变质。保存处理一般采用低温或食盐来抑制组织蛋白酶的作用和微生物的生长繁殖。低温处理有冷却和冻结两种方式。冷却是用冰冷却鱼体使温度降到 -1 ℃ 左右，一般可保存 5～15 天。冻结是使鱼体在 -25 ℃～-40 ℃ 的环境中冷冻。此时，各组织酶和微生物均处于休眠状态，保藏期可达半年以上。以食盐保藏的海鱼，用盐量不应低于 15%。

此外，有些鱼具有极强的毒素，如河豚，虽肉质细嫩，味道鲜美，但其卵、卵巢、肝脏和血液中含有极毒的河豚毒素，若加工处理不善，可能引起食用者急性中毒而死亡。

（3）软体动物类的主要营养成分及健康吃法。

软体动物类含有丰富的蛋白质和微量元素，某些软体动物还含有较多的维生素 A 和维生素 E，但脂肪和碳水化合物含量普遍较低。蛋白质中含有全部的氨基酸，其中酪氨酸和色氨酸的含量比牛肉和鱼肉都高。贝类肉质中还含有丰富的牛磺酸。贝类中牛磺酸的含量普遍高于鱼类，其中尤以海螺、毛蚶和杂色蛤为最高。软体动物微量元素的含量以硒最为突出，其次是锌。此外还含有碘、铜、锰、镍等。

软体水产品适宜采用煮熟或者清蒸方式进行烹饪，可根据自己的口味选择不同的烹饪方式。

4）奶类及其制品

奶类是指动物的乳汁，是鲜奶及所有以奶为主要原料制成的产品的总称。经常食用的奶类食品有：原料奶、奶粉、酸奶、炼乳、黄油、干酪、雪糕、冰淇淋等。乳类及其制品几乎含有人体需要的所有营养素，除了维生素 C 含量较低外，其他营养素含量都比较丰富。某些乳制品加工除去了大量水分，故其营养素含量比鲜乳的要高。但某些营养素受加工的影响，相对含量有所下降。

（1）奶类的主要营养成分及组成特点。

① 蛋白质。

牛乳中的蛋白质含量比较恒定，约在 3% 左右，含氮物的 5% 为非蛋白氮。传统上将牛乳蛋白质划分为酪蛋白和乳清蛋白两类。酪蛋白约占牛乳蛋白质的 80%，乳清蛋白约占 20%。牛乳蛋白质为优质蛋白质，生物学价值为 85，容易被人体消化吸收。

羊奶的蛋白质含量为 1.5%，低于牛乳，蛋白质当中酪蛋白的含量较牛奶略低，其中所含的酪蛋白在胃中所形成的凝乳块较小而细软，更容易被消化。婴儿消化羊奶的消化率可达 94% 以上。

牦牛奶和水牛奶的蛋白质含量明显高于普通牛奶，在 4% 以上。

凡 20 ℃ 下于 pH4.6 沉淀的牛乳蛋白被称为酪蛋白，在制酸奶和乳酪时沉淀的蛋白质主要是酪蛋白。牛乳中 4/5 的蛋白质为酪蛋白，它赋予牛乳以独特的性质和营养。酪蛋白的特点是含有大量的磷酸基。乳清中的蛋白质属于乳清蛋白，在常温下，酪蛋白在 pH 4.6 时沉淀，而乳清蛋白仍然能够溶解于乳清之中。如果在 90 ℃ 下加热 5 min 再将 pH 调至 4.6，则乳清蛋白随着酪蛋白而沉淀。

② 脂类。

牛乳中所含的脂肪为 2.8% ~ 4.0%。乳脂肪以微细的脂肪球状态分散于牛乳汁中。羊奶中的脂大小仅为牛奶的脂肪球的 1/3，而且大小均一，容易被消化吸收。

乳牛为反刍动物，胃中分解纤维素和淀粉可产生挥发性脂肪酸，故牛乳脂肪的特点是含有一定量的中短链脂肪酸（如丁酸、乙酸、辛酸），其中丁酸是反刍动物乳脂中的特有脂肪酸。这种组成特点赋予乳脂肪以柔润的质地和特有的香气。

③ 碳水化合物。

乳类碳水化合物含量为 3.4% ~ 7.4%。人乳中含量最高，羊乳居中，牛乳最少。碳水化合物的主要形式为乳糖。

由于乳糖可促进钙等矿物质的吸收，也为婴儿肠道内双歧杆菌的生长所必需，对于婴幼的生长发育具有特殊的意义。但对于部分不经常饮奶的成年人来说，体内乳糖酶活性过低，大量食用乳制品可能引起乳糖不耐受。用固定化乳糖酶将乳糖水解为半乳糖和葡萄糖可以解决乳糖不耐受问题，同时可提高产品的甜度。

④ 矿物质。

牛乳中的矿物质主要包括钠、钾、钙、镁、氯、磷、硫、铜、铁等，大部分与有机酸结合形成盐类，少部分与蛋白质结合或吸附在脂肪球膜上。其中成碱性元素略多，因而牛乳为弱碱性食品。乳中的矿物质含量因品种、饲料、泌乳期等因素不同而有所差异，初乳中含量最高，常乳中含量略有下降。发酵乳中钙含量高并具有较高的生物利用率，是膳食中最好的天然钙来源。牛乳中，钠、钾和氯离子基本上完全存在于溶液中，而钙和磷分布在溶液和胶体中。

⑤ 维生素。

牛乳中几乎含有所有种类的维生素，包括维生素 A、维生素 D、维生素 E、维生素 K、各种 B 族维生素和微量的维生素 C。只是这些维生素的含量差异较大。总的来说，牛奶是 B 族维生素的良好来源，特别是维生素 B2。

由于羊的饲料中青草比例较大，故而羊奶中的维生素 A 含量高于牛奶。羊奶中多数 B 族维生素含量比较丰富，但叶酸及维生素 B12 含量低。如果作为婴幼儿的主食，容易造成婴幼儿生长迟缓及贫血，所以不适合 1 岁以下婴幼儿作为主食。对于成年人来说，由于饮食品种丰富，叶酸及维生素 B12 有其他来源供应，故而可以放心饮用羊奶。

（2）乳制品含有的主要营养成分及特点。

① 炼乳。

炼乳为浓缩奶的一种，分为淡炼乳和甜炼乳。新鲜奶经低温真空条件下浓缩，除去约 2/3 的水分，再经灭菌而成，称淡炼乳。因受加工的影响，维生素遭受一定的破坏，因此常用维生素加以强化，按适当的比例冲稀后，营养价值基本与鲜奶相同。淡炼乳在胃酸作用下，可形成凝块，便于消化吸收，适合婴幼儿和对鲜奶过敏者食用。

甜炼乳是在鲜奶中加约 15% 的蔗糖后按上述工艺制成。其中，糖含量可达 45% 左右，利用其渗透压的作用抑制微生物的繁殖。因糖分过高，需经大量水冲淡，营养成分相对下降，不宜于婴幼儿食用。

② 奶粉。

奶粉是经脱水干燥制成的粉。根据食用目的，可制成全脂奶粉、脱脂奶粉、调制奶粉等。

全脂奶粉是将鲜奶浓缩除去 70%～80% 的水分后，经喷雾干燥或热滚筒法脱水制成的。喷雾干燥法所制奶粉粉粒小，溶解度高，无异味，营养成分损失少，营养价值较高。热滚筒法生产的奶粉颗粒较大，不均，溶解度小，营养素损失较多。一般全脂奶粉的营养成分约为鲜奶的 8 倍左右。

脱脂奶粉是将鲜奶脱去脂肪，再经上述方法制成的奶粉。此种奶粉含脂肪仅为 1.3%，脱脂过程使脂溶性维生素损失较多，其他营养成分变化不大。脱脂奶粉一般供腹泻婴幼儿及需要少油膳食的患者食用。

调制奶粉又称"母乳化奶粉"，是以牛奶为基础，参照人乳组成的模式和特点，进行调整和改善，使其更适合婴幼儿的生理特点和需要。调制奶粉主要是减少了牛乳粉中酪蛋白、甘油三酯、钙、磷和钠的含量，添加了乳清蛋白、亚油酸和乳糖，并强化了维生素 A、维生素 D、维生素 B1、维生素 B2、维生素 C、叶酸和微量元素铁、铜、锌、锰等。

③ 酸奶。

酸奶是在消毒鲜奶中接种乳酸杆菌并使其在控制条件下生长繁殖而制成的。牛奶经乳酸菌发酵后，游离的氨基酸和肽增加，因此更易被消化吸收。乳糖减少，使乳糖酶活性低的成人易于接受。维生素 A、维生素 B1、维生素 B2 等的含量与鲜奶含量相似，但叶酸含量却增加了 1 倍。此外，酸奶的酸度增加，有利于维生素的保护。乳酸菌进入肠道可抑制一些腐败菌的生长，调整肠道菌群，防止腐败菌类对人体的不良作用。

④ 干酪。

干酪也称奶酪，是一种营养价值很高的发酵乳制品，是在原料乳中加入适当量的乳酸菌发酵剂或凝乳酶，使蛋白质发生凝固，并加盐，压榨排除乳清之后的产品。

奶酪中含有原料中的各种维生素，其中脂溶性的维生素大多保留在蛋白质凝块当中，而水溶性的维生素部分损失了，但含量仍不低于原料牛奶。原料乳中微量的维生素 C 几乎全部损失。干酪外皮部分 B 族维生素的含量高于中心部分。

⑤ 乳饮料。

乳饮料包括乳饮料、乳酸饮料、乳酸菌饮料等，严格来说不属于乳制品范畴，其主要原料为水和牛乳。

乳饮料、乳酸饮料和乳酸菌饮料均为蛋白质含量≥1.0 的含乳饮料。其配料为水、糖或甜味剂、果汁、有机酸、香精等。乳酸饮料中不含活乳酸菌，但添加有乳酸使其具有一定酸味；乳酸菌饮料中应含有活乳酸菌，为发酵乳加水和其他成分配制而成。

总的说来，乳饮料的营养价值低于液态乳类产品，蛋白质含量约为牛奶的 1/3，但因其风味多样、味甜可口，受到儿童和青年的喜爱。

（3）乳类及其制品的合理利用。

鲜奶水分含量高，营养素种类齐全，十分有利于微生物生长繁殖，因此须经严格消毒灭菌后方可食用。消毒方法常用煮沸法和巴氏消毒法。煮沸法是将奶直接煮沸，设备要求简单，但对奶的理化性质影响较大，营养成分有一定损失，多在家庭使用。大规模生产时采用巴氏消毒法。巴氏消毒常用两种方法，即低温长时消毒法和高温短时消毒法，前者将牛奶在 63 ℃下加热 30 min；后者在 90 ℃下加热 1 s。正确地进行巴氏消毒对奶的组成和性质均无明显影响，但对热不稳定的维生素如维生素 C 可损失 20%～25%。

此外，奶应避光保存，以保护其中的维生素。研究发现，鲜牛奶经日光照射 1 min 后，B 族维生素很快消失，维生素 C 也所剩无几。即使在微弱的阳光下，经 6 h 照射后，B 族维生素也仅剩一半，而在避光器皿中保存的牛奶不仅维生素没有消失，还能保持牛奶特有的鲜味。

3. 其他制品的营养价值

调料、食用油脂等其他食品不仅满足了食物烹调加工以及人们饮食习惯的需要，而且也是补充人体营养素的一个重要途径，其中有些食品还具有重要的保健功能。了解这些食品的组成特点和营养价值等，对合理选择和利用这些食品具有重要意义。

1）调料及其营养价值

（1）调料的种类。

① 咸味调料。

咸味自古就被列为五味之一。烹饪中，咸味是主味，是绝大多数复合味的基础味，有百味之主之说，不仅一般菜品离不开咸味，就是糖醋味、酸辣味等也要加入适量的咸味才能使其滋味浓郁适口。咸味调料包括：酱油、食盐、酱甜味调料。

② 甜味调料。

甜味在烹饪中可单独用于调制甜味食品，也可以参与调剂多种复合味型，使食品甘美可口，还可用于矫味（去苦、去腥等），并有一定的解腻作用。甜味调料包括：蜂蜜、食糖、饴糖。

③ 酸味调料。

酸味为五味之一，在烹饪中应用得十分广泛，但一般不宜单独使用。酸有收敛固涩的效用，可助肠胃消化，还能去鱼腥、解油腻，提味增鲜，生香发色，开胃爽口，增强食欲，尤宜在春季食用。酸味调料包括：醋、番茄酱。

④ 辣味调料。

辣味实际上是触觉痛感而非味觉。不过由于习惯，所以也把它当作一味调料。其功能是促进食味紧张、增进食欲。辣味调料包括：花椒、辣椒、姜、葱、蒜。

⑤ 鲜味调料。

鲜味是人们饮食中努力追求的一种美味，它能使人产生舒服愉快的感觉。鲜味主要来自氨基酸、核苷酸和琥珀酸，其大多存在于肉畜、鱼鲜、禽蛋等主料中。鲜味调料包括：鱼露、味精、蚝油。

（2）主要调料的特点及营养价值。

① 盐。

咸味是食物最基本的味道，而膳食中咸味的来源主要是食盐。食盐按照来源可以分为海盐、井盐、矿盐和池盐；按加工精度，可以分为粗盐（原盐）、洗涤盐和精盐（再制盐）。粗盐中含有氯化镁、氯化钾、硫酸镁、硫酸钙以及多种微量元素，因而具有一定的苦味。粗盐经饱和盐水洗涤除去其中杂质后称为洗涤盐，经过蒸发结晶可制成精盐。精盐的氯化钠含量达90%以上，色泽洁白，颗粒细小，坚硬干燥。食盐的主要成分是氯化钠，同时含有少量水分和杂质及其他铁、磷、碘等元素，尤其是碘元素，可以有效预防碘营养的缺乏。

盐每日必用，使用数量基本恒定，是营养强化的绝佳载体之一。目前，已经开发出来的营养型盐制品包括钙强化营养盐、锌强化营养盐、硒强化营养盐、维生素A盐等及复合元素强化盐，还有富含多种矿物质的竹盐等。但其中钙和锌的强化数量较低，按每日摄入8g食盐计算，低于每日推荐摄入量的1/3。

健康人群每日摄入6g食盐即可完全满足机体对钠的需要。摄入食盐过量，与高血压病的发生具有相关性。由于我国居民平均摄盐量远高于推荐数值，因此在日常生活当中应当注意控制食盐数量。已经患有高血压病、心血管疾病、糖尿病、肾脏疾病和肥胖等疾病的患者应当选择低钠盐，并注意调味清淡。

② 酱油和酱类调味品。

酱油和酱是以小麦、大豆及其制品为主要原料，经发酵酿制而成的。酱油品种繁多，可以分为风味酱油、营养酱油、固体酱油三大类。酱类包括以豆类和面粉大米等为原料发酵制成的各种半固体咸味调味料。按照原料的不同，可分为以豆类为主制成的豆酱（大酱）、豆类和面粉混合制作的黄酱、以面粉为主的甜面酱、以蚕豆为主的蚕豆酱和豆瓣酱、大豆和大米制成的日本酱等。此外，在酱中加入其他成分可以制成各种花色酱，如加入肉末和辣椒的牛肉酱等。

酱油及酱类调味品营养极其丰富，主要营养成分包括氨基酸、可溶性蛋白质、糖类、酸类等。氨基酸是由蛋白质分解而来的产物，酱油中含18种氨基酸，它包括了人体8种必需氨基酸，它们对人体有着极其重要的生理功能。酱油能产生一种天然的防氧化成分，它有助于减少自由基对人体的损害，其功效比常见的维生素C和维生素E等防氧化剂高十几倍。还原糖也是酱油的一种主要营养成分。淀粉质原料受淀粉酶作用，水解为糊精、双糖与单糖等物质，均具还原性，它是人体热能的重要来源，人体活动中60%~70%的热能由它供给，它是构成机体的一种重要物质，并参与细胞的许多生命过程。

③ 醋。

醋是一种常用的调味品，按原料可以分为粮食醋和水果醋；按照生产工艺可以分为酿造醋、配制醋和调味醋；按颜色可以分为黑醋和白醋。目前，大多数食醋都属于以酿造醋为基础调味制成的复合调味酿造醋。粮食醋的主要原料是大米、高粱、麦芽、豆类等加上麸皮。通过蒸煮使淀粉糊化，在霉菌分泌的淀粉酶作用下转变为小分子糊精、麦芽、糖和葡萄糖，再经酵母发酵，转变成酒精，经醋酸发酵产生有机酸。其中加入少量盐、糖、鲜味剂和各种香辛料，可以制成各种调味醋。

粮食醋的主要成分是醋酸，还含有丰富的钙、氨基酸、琥珀酸、葡萄酸、苹果酸、乳酸、B族维生素及盐类等对身体有益的营养成分。

与酱油相比，醋中蛋白质、脂肪和碳水化合物的含量都不高，但含有较为丰富的钙和铁。

水果醋的主要原料是水果，如苹果、葡萄、柠檬、菠萝、柿子、香蕉、草莓等水果，它是利用现代生物技术酿制而成的一种营养丰富、风味优良的酸味调味品。它兼有水果和食醋的营养保健功能，是集营养、保健、食疗等功能于一体的新型饮品。科学研究发现，水果醋具有多种功能。水果醋含有10种以上的有机酸和人体所需的多种氨基酸、醋酸等有机酸有助于人体三羧酸循环的正常进行，从而使有氧代谢顺畅，有利于清除沉积的乳酸，起到消除疲劳的作用。

④ 糖和甜味剂。

食品中天然含有的各种单糖和双糖都具有甜味，其中以果糖最高，蔗糖次之，乳糖甜度最低。日常使用的食糖的主要成分为蔗糖，是食品中甜味的主要来源。食品用蔗糖主要分为白糖、红糖两类，其中白糖又分为白砂糖和绵白糖两类。白砂糖纯度最高，达99%以上，颗粒均匀为结晶状，颜色洁白，甜味纯正，常用于烹调中。适当食用白糖有补中益气、和胃润肺、养阴止汗的功效；绵白糖的纯度仅为96%左右，是人们喜欢的一种食用糖，其质地绵软、细腻，但吸湿性较强，容易结块。红糖中蔗糖的含量为84%~87%，保留了较多蔗糖的营养成分，也更容易被人体消化吸收，因此能快速补充体力、增加活力，所以又被称为"东方的巧克力"。其中不仅含有可提供热量的碳水化合物，还含有人体生长发育不可缺少的苹果酸、核黄素、胡萝卜素、烟酸和锰、锌、铬等微量元素。

木糖醇、山梨醇、甘露醇等糖醇类物质为糖类加氢制成，为保健型甜味剂，不会升高血糖，不引起龋齿，保持了糖类的基本物理性质，已经成为糖尿病病人、减肥者广泛食用的甜食，并用于口香糖、糖果等食品当中。

⑤ 味精和鸡精。

鲜味是引起强烈食欲的可口滋味。食品中鲜味的主要来源是氨基酸、肽类、核苷酸和有机酸及其盐类，其中味精是最主要的鲜味调味品，它是咸味的助味剂，也有调和其他味道、掩盖不良味道的作用。

味精即谷氨酸单钠结晶而成的晶体，是以粮食为原料，经谷氨酸细菌发酵生产出来的天然物质，作为蛋白质的氨基酸成分之一，存在于几乎所有的食品当中。目前，市场上销售的"鸡精""牛肉精"等复合鲜味调味品中含有味精、鲜味核苷酸、糖、盐、肉类提取物、蛋类提取物、香辛料和淀粉等成分，调味后能赋予食品以复杂而自然的美味，增加食品鲜味的浓厚感和饱满度，消除硫黄和腥臭等异味。需要注意的是，核苷酸类物质容易被食品中的磷酸酯酶分解，因此最好在菜肴加热完成之后，再加入这类含有鲜核苷酸的调味品。

2）食用油

（1）食用油的种类。

根据原料来源、加工工艺及品质等，可将食用油分为植物油和动物油。常见的植物油包括：豆油、花生油、菜籽油、橄榄油、玉米油、瓜子油、芝麻油、核桃油等；常见的动物油包括：猪油、牛油、羊油、鱼油等。

（2）常用食用油的营养价值及其特点。

① 大豆油。

大豆油富含卵磷脂、不饱和脂肪酸，易于消化吸收。卵磷脂被誉为与蛋白质、维生素并列的三大营养素之一，可以增强脑细胞活性，帮助维持脑细胞的结构，减缓记忆力衰退，对增强记忆力有很大帮助。而不饱和脂肪酸可以降低胆固醇，保护血液循环畅通。不饱和脂肪酸在高温下易产生油烟和有毒物质，因此，在食用的时候要掌握正确的操作方法，注意安全。

② 橄榄油。

橄榄油含有丰富的不饱和脂肪酸、矿物质和维生素。橄榄油中含有不饱和脂肪酸，可以降低低密度胆固醇，不会伤害到人体的其他有益成分。橄榄油被认为是"迄今所发现的油脂中最适合人体营养的油脂"，具有非常高的营养价值，其中的抗氧化成分，还可以防止许多慢性疾病。同时，由于橄榄油在生产过程中未经过任何化学处理，其天然的营养成分保持得非常完好。

③ 菜籽油。

菜籽油取自油菜籽。人体对菜籽油的消化吸收率较高，但部分菜籽油中含有相对较高的芥酸，影响其营养价值。其脂肪酸的组成受气候、品种等的影响较大，如一般寒带地区芥酸含量较低，亚油酸含量相对较高，气温较高地区则相反。

④ 花生油。

花生富含脂肪，卵磷脂，维生素A、B、E、K，以及锌、钙、磷、铁等元素，营养丰富。花生油成分中80%以上都是不饱和脂肪酸，包括人体所必需的亚油酸、亚麻酸等多种不饱和脂肪酸。其中，微量元素锌的含量也是食用油类中最高的，每100克花生油含锌元素8.48 mg，是菜籽油的16倍，豆油的7倍。

⑤ 玉米油。

玉米油是从玉米胚芽中提炼出的食用油，玉米胚芽油中含有大量的亚油酸。亚油酸有"美肌酸"之称，不但具有强身健体的作用，而且还具有很好的美容作用，是皮肤滋润、充盈不可缺少的一种物质。玉米油中富含人体必需的不饱和脂肪酸，对血液中的胆固醇有溶解作用，能降低血压，软化血管，增加人体肌肉和心脏血管系统的机能，改善动脉硬化的症状，对老年性动脉硬化、糖尿病等有积极的防治作用。玉米油中除了含有较高的维生素 E 外，还含有维生素 A、维生素 D 等多种维生素。儿童食用玉米油，比较容易消化吸收。

⑥ 葵花籽油。

葵花籽油是为数不多的亚油酸油脂之一。因此，有人将它与玉米油列为"健康保健油脂"。食用葵花油，对高血压病人，肥胖人群和脑栓塞、心肌梗塞、肾病患者都有较好疗效。葵花籽油富含不饱和脂肪酸，可以降低胆固醇，有助于防治动脉硬化、高血压、冠心病等。葵花籽中富含丰富的铁、锌、锰等微量元素，具有预防贫血的作用。此外，葵花籽还富含维生素 B1、维生素 E，可安定情绪，防止细胞衰老，预防成人疾病，治疗失眠，增强记忆力，对癌症、高血压和神经衰弱有一定的预防功效。

⑦ 芝麻油。

芝麻油也叫香油，它是以芝麻为原料加工制取的食用植物油，是消费者喜爱的调味品。芝麻油中含有 40% 左右的亚油酸不饱和脂肪酸，容易被人体分解吸收和利用，以促进胆固醇的代谢，并有助于消除动脉血管壁上的沉积物，从而起到软化血管、防治动脉硬化的作用。长期食用香油还可以明显降低高血压病的发生率。芝麻油中富含丰富的维生素 E，有利于维持细胞膜的完整和正常功能，也可减少体内脂质的积累。此外，芝麻油中还含有木酚类和生育酚类抗氧化物质，能有效清除细胞内的自由基，延缓细胞衰老。中老年人久用香油，可以祛斑，尤其可以祛除老年斑。另外，还可以预防脱发和过早出现白发。

（3）食用油的健康吃法。

食用油是必需脂肪酸的重要来源，为了满足人体的需要，在膳食中不应低于总脂肪来源的 50%。因食用油中含有较多的不饱和脂肪酸，易发生酸败，产生一些对人体有害的物质，所以食用油不宜长时间储存。

（二）合理营养与实现合理营养的基本措施

合理营养就是使人体的营养生理需求和人体通过膳食摄入的各种营养素之间建立一种平衡关系。

实现合理营养的基本措施：

（1）合理的膳食制度。

（2）合理制定食谱。

（3）选择合理的烹调制作技术。

（三）特殊顾客的膳食特点

1. 老年人的膳食特点

（1）降低热能供应。

（2）适当供给富含优质蛋白质的食物。优质蛋白质应占蛋白质总量的 50%，如大豆类、乳类、瘦肉、蛋类等，同时也可避免胆固醇、饱和脂肪酸的过多摄入。

（3）增加无机盐和各种维生素的供应，特别是选择含钙，含维生素 A、D、B、E、B2、C 丰富的食物，还需多吃杂粮、蔬菜、水果等。

（4）减少脂肪的摄入量，尽量用植物油。

（5）定时定量进餐，克服偏食、暴食等不良习惯。

（6）烹调方法要适合老年人：易咀嚼，易消化，口味宜清淡，减少食盐用量。

2. 儿童（3~12岁的小孩为儿童）的膳食特点

（1）供给优质蛋白质，应多供给动物性食物或豆类蛋白。

（2）供给含钙、含铁高的食物，如海带、紫菜、虾皮、骨汤、肝脏、动物血、瘦肉、海产品等。

（3）适量食用新鲜菜果，以补充维生素和其他无机盐的需要；烹调要做到色美味香，以提高其进食兴趣；主副食要合理搭配，力求营养平衡；食物要质地细软，易于消化。

3. 孕妇、乳母的膳食特点

（1）孕妇的膳食特点。

妊娠初期（前3个月）主要是在成人膳食的基础上适当加以调整，为减轻妊娠反应，要坚持少油腻、味清淡。

妊娠中期（4~7个月）多供给营养丰富的食物，如蛋、奶、瘦肉、鱼、豆类、蔬菜、水果，以补充足够的钙、磷、铁及优质蛋白。

妊娠末期（最后2个月）应增加膳食品种，粗粮、细粮、豆类及其制品、动物性食物以及菜果要进行合理搭配，做到膳食多样化。

（2）乳母的膳食特点。

① 保证蛋白质和钙的供给。选用动物性食物和大豆制品作为优质蛋白质的来源，在炖骨头汤和制作排骨、鱼类等菜肴时，适当加醋，有利于钙的溶出和吸收。

② 保证维生素E和膳食纤维的供给，多食鲜菜、鲜果。

③ 适当食用含脂肪酸的油脂、类脂、无机盐的食物，如芝麻、花生、核桃等硬果。

④ 采用炖、煮、熬、蒸等不易损害各种营养成分的烹调方法，不宜使用油炸、煎、烤等损害营养成分的烹调方法。

第二节 中餐基础知识

中国地域辽阔，人口众多，不同的民族、不同的地理环境、不同的生活习惯和不同的文化形成了众多不同的菜肴风味及著名流派。中国烹饪技术精湛，品种花样繁多，被当今世界公认为三大烹饪（中国烹饪、法国烹饪和土耳其烹饪）流派之一。了解一定的中国菜点知识是确保一流服务的重要前提。

一、中餐菜品的特点

中餐菜品素来注重色、香、味、意、形、养，尤其讲究滋味。它们之间具有内在联系，相辅相成，融为一体，使人们在进餐时得到视觉、嗅觉、触觉和味觉的综合享受。中餐菜品善于选用多种原料，采取恰当合理的佐料配比，巧妙运用刀工与火候，将菜肴做得有滋有味，丰富多彩，故而人们对中国菜赞不绝口，百吃不厌。

（一）食材六品

1. 色

有些食材是为了装点菜肴的颜色，如在鱼翅羹里加一点藏红花。一般来说，在中餐的习俗中，任何点缀的东西都是可以食用的。

2. 香

一些食材可以起到增加香味的作用。事实上，胡椒、茴香等一些香辛料主要是去除食材的腥、膻或异味。也有一些特色菜肴，如叫花鸡，其用荷叶包裹，令鸡肉闻起来有一股清香。

3. 味

部分食材可以增强食物的味道，如在饺子中加入虾肉，使饺子更加鲜美。

4. 意

食材的名称、形状可代表菜肴意境。古时候，科举考生在赶考的时候要吃红色鲤鱼，意为"鲤鱼跳龙门"。

5. 形

形的美感主要指食品的造型带来的审美反应。

6. 养

一些食材本身就有丰富的营养价值，甚至还有药用性，如红枣猪手汤的部分食材富含动物胶，对产妇有很多益处。

（二）烹饪特点

烹饪是制作菜肴的一项专门技术，原料经过烹调后形成适合于人们不同口味要求的菜肴。也就是说，通过烹调对原料起到了杀菌、消毒的作用，使食物中的营养得到充分分解，形成了便于人体消化、吸收的食品。原材料通过烹调后变得芳香可口，具有复合的美味，色泽更加鲜艳，形状更加美观，增添了诱发人们食欲的效果。中国烹饪具有如下特点：

1. 选料讲究

中国可用于烹饪的原料多达万种以上，常用的约有3 000多种。烹饪原料可分为主配料、调味料和佐助料三大类。厨师选择原料都非常讲究，质量上力求鲜活，规格方面，不同的菜肴有不同的要求，总的选料标准是既美味又养生。

2. 刀工精细

中国烹饪的工艺流程有初加工、细加工两道工序。其中，细加工中的刀工是很重要的一环，因为精细的刀工能使原料受热均匀、成熟度一样，使原料中的各种滋味在加热中析出、渗透、融合，构成新的美味。因此，我国厨师在加工原料时历来讲究大小、精细、薄厚一致。孔子曾说过"割不正不食"。"割"乃当今的刀工也。我国历代厨师，自有钢刀以后，创造了劈、切、锲、斩、削、刻、剥等数十种运刀技法，再将原料切制成丝、片、条、块、丁、段、粒、茸、末或麦穗形、核桃形、荔枝形、蓑衣形、菊花形、松塔形等上百种各异的造型。这种刀工赋予菜肴以艺术形象，不仅美化了菜肴，也有助于人体消化与吸收，利于养生。很多名菜都是烹调技术与艺术造型的精妙结合，给人以美的享受。

3. 配料巧妙

中国烹饪特别讲究滋味，既重视烹饪原料的本味，又重视调料的辅味。就是说，菜肴的烹制，除了选择好主要原料，还要做好辅料的拼配，使五味调和、色泽鲜明和谐、菜肴丰富多彩。

4. 烹调方法多样

中国菜肴的烹调方法多达几十种，如炸、溜、滑、爆、炒、汆、烹、焖、炖、煎、烤、涮、蒸、煮、熏、炝、腌等，又有冷菜、热菜、大菜、小菜、甜菜、汤菜之分，由此形成了中国菜肴丰富的品种。

5. 精于运用火候

中国烹调善于用火，火力的大小和加热时间的长短，是决定菜肴质量好坏的一个重要环节。中国菜肴在烹制过程中，对火候的运用相当考究。火候通常分为旺火、中火、小火、微火，依据火力强弱等因素又分为猛火、冲火、旺火、慢火、文火等。中国烹饪针对不同的原料，选用适当的火力、火候，配合使用挂糊、上浆、拍粉、勾芡、淋汁等技法，加之旺火、少油、成菜快速的炒法，可产生蛋白质变性、淀粉糊化、多糖裂解、纤维软化等效应，从而使肉料菜品柔嫩、蔬菜菜品爽脆，使菜肴形成酥、脆、柔、嫩、软、烂、腴、滑、粉、糯、挺等不同特点，产生令人口齿舒适的触觉效果。

6. 讲究盛装器皿

中国菜肴的盛装器皿也非常讲究。早在清代，学者袁枚在《随园食单》中就专列了"器具须知"一节。其中载道："宜碗者碗，宜盘者盘，宜大者大，宜小者小，参错其间，方觉生色……大抵物贵者器宜大，贱者器宜小。煎炒宜盘，汤羹宜碗。煎炒宜铁锅，煨煮宜砂罐……"这段话讲出了餐具配用的原则，即用精美的盛器，衬托着色、香、味、形、养俱佳的菜肴，形成了形象各异的菜肴形态，使精美绝伦的中国菜肴更具特色。

二、中国菜系及代表名菜

中国菜由地方菜、宫廷菜、少数民族菜、清真菜和素菜等构成。"菜系"一词出现于20世纪50年代。要作为一个菜系，它必须在原材料的选择上有其特殊的要求，在烹饪技艺上形成独特的风格，在菜肴品种上要达到一定的数量并带有某一些地方（民族或宗教）的浓厚风味。那么中国究竟有几大菜系呢？由于对菜系的理解不同，至今还没有形成统一的看法。常见的划分方法有四种：一是四大菜系，即苏菜、川菜、粤菜、鲁菜；二是五大菜系，即川菜、鲁菜、京菜、粤菜、苏菜；三是八大菜系，即鲁菜、川菜、粤菜、苏菜、浙菜、徽菜、湘菜、闽菜；四是十大菜系，即上述八大菜系再加上沪菜、京菜。但是大家公认的影响最大的还是八大菜系。

（一）鲁　菜

山东省位于华北平原东部，黄河下游，濒临渤海、黄海，居住有汉、回、满等民族。古为齐鲁之邦，今简称鲁，所以山东菜又称鲁菜。

山东海岸线长 2 000 多千米，沿海盛产海鲜水产，如莱州湾对虾、荣城干贝、鲍鱼、海参、加吉鱼、黄鱼、海螺、琼脂等。山东内陆的黄河鲤鱼、微山湖的田螺，也颇有盛名。山东胶州大白菜、章丘大葱、平度鲜姜、胶东改良猪、湖滨区寒羊、鲁西大黄牛、龙口粉丝、烟台苹果、肥城桃、沙窝板栗、汶上荸荠等都远近闻名。调味品中，山东乐口醋为醋中上品，临沂豆豉为调味佳品，还有曲阜香椿、济宁玉堂酱菜、潍县萝卜都是有名的腌菜。

鲁菜选料讲究，刀工精细，重视火候，以爆、炒、炸、扒为主。鲁菜讲究丰满实惠，烹调方法全面，口味上注重保持和突出原料本身的鲜味，以清淡鲜嫩为主，汤醇味正，原汁原味。鲁菜的特点：选料精，制作细，宴会以丰盛实惠著称。

鲁菜精于制汤，十分讲究清汤、奶汤的调制。名菜有清汤燕菜、清汤银耳、清氽赤鳞鱼、汤爆双脆等数十种之多，是高级宴会的珍馐美味。鲁菜还善以葱香调味。葱是必备调料，既能提味，又能畅通顺气，还有抑菌和健胃的功效。

鲁菜作为地方菜系的雏形，可以追溯到春秋战国时期。春秋战国时，鲁地就以治馔著名，历经汉唐，成为"北菜"的主角。宋代所谓"北食"，主要指鲁菜。元明清均为御膳支柱，现代仿膳仍保留鲁菜特色。鲁菜主要由济南和胶东地方菜组成，既有沿海地带菜肴，也有内陆菜肴。

济南菜形成的时间较早，其原料多用禽畜，制作精细，以清、鲜、脆、嫩、纯著称，擅长爆、炒、扒、锅塌，调味上以咸味为主、酸味为辅。

胶东菜有沿海特点，起源于福山。胶东北临渤海，东临黄海，又是黄河下游，盛产海参、鱼翅、海贝类、鱼虾类等海产品，烹调方法多用蒸、煮、炒、熘等。风味特点是注意原味，口味清淡，以鲜为主。

鲁菜代表名菜：葱烧海参、烩乌鱼蛋汤、蟹黄鱼翅、油爆双脆、德州扒鸡、一品豆腐、清汤西施舌、奶汤核桃肉、糖醋黄河鲤鱼、九转大肠、清汤银耳、油焖大虾、醋椒鱼、糟熘鱼片、酱爆里脊丝（京酱肉丝）、木须肉、糖醋里脊、红烧大虾、葱椒鱼等。

（二）川　菜

四川菜简称川菜。四川位于我国西南，长江上游，气候温和，物产资源丰富，自古就有"天府之国"的美称。在川西高原，广大农民惯养猪、牛、羊、鸭、鸡等家禽，肉食原料品种多、质地好。江河之中盛产的东坡墨鱼、江团、肥头，被称为川江三大名鱼。四川多野生植物，且有橘柑、银耳、冬虫夏草等山珍。川内酿造业的不断发展，生产了成都大王酱油、保宁醋、涪陵榨菜、郫县豆瓣、潼川豆豉、汉源花椒油、夹江豆腐乳、宜宾芽菜、资中冬尖、二荆条辣椒、自贡井盐等众多调味品。这些风味独特的作料和调味品，为烹调独具风味的川菜，提供了得天独厚的条件。

川菜的形成和成熟较早，宋、明两代风格较为突出，清代时已形成了一个地方风味十分浓郁的菜系。川菜由成都、重庆两地的地方菜组成，还包括乐山、江津、自贡、合川等地的地方菜。

川菜的最大特点是十分注重调味，多用三椒，即花椒、辣椒、胡椒，以麻、辣、鲜、香为特色。川菜原料多选家常食材，宴客偶用山珍、江鲜，善用小炒、干煸、干烧、烩等烹调法。川菜以"味"闻名，味型较多，富于变化，以鱼香、红油、怪味、麻辣为特色。川菜的风格朴实而又清新，具有浓厚的乡土气息。川菜在口味上特别讲究色、香、味、形，兼有南北之长，以味的多、广、厚著称。历来有"七味"（甜、酸、麻、辣、苦、香、咸）、"八滋"（干烧、酸、辣、鱼香、干煸、怪味、椒麻、红油）之说。川菜具有取材广泛、调味多样、菜式适应性强三个特征，素有"一菜一格，百菜百味"之美称，在国际上有"食在中国，味在四川"的说法。

川菜代表名菜：鱼香肉丝、宫保鸡丁、麻婆豆腐、回锅肉、夫妻肺片、干烧岩鲤、芙蓉鱼翅、樟茶鸭子、虫草鸭子、粉蒸肉、扣肉、豆瓣鲫鱼、棒棒鸡、怪味鸡、毛肚火锅、干煸牛肉丝、灯影牛肉、担担面、赖汤圆、龙抄手等。

（三）粤　菜

广东菜简称粤菜，发源于岭南。广东是我国南方最重要的经济省份，全省高温多雨，河流众多，珠江流域，沃野千里，一年三熟，盛产稻米、甘蔗、小麦、花生等。香蕉、柑橘、荔枝、菠萝、咖啡、可可、胡椒的产量居全国首位。广东水产资源丰富，有名贵的海龟、玳瑁、湛江龙虾、虎门明虾、金厢鱿鱼、石门蚝以及各种海鱼。

粤菜取百家之长，用料广博，用料庞杂，无论是天上飞的，还是地上走的、水里游的，无一例外都成了粤菜中的美味。粤菜善于在模仿中创新，依食客喜好而烹制。在烹调上以炒、爆为主，兼有烩、煎、烤，讲究清而不淡，鲜而不俗，嫩而不生，油而不腻，有"六味"（酸、甜、苦、辣、咸、鲜）之说。粤菜的特点是，丰富精细的选材和清淡的口味。粤菜可选原料多，自然也就精细。粤菜讲究原料的季节性，"不时不吃"。这既符合广东的气候特点，又符合现代营养学的要求，是一种科学的饮食文化。

粤菜由广州菜（也称广府菜）、潮州菜（也称潮汕菜）、东江菜（也称客家菜）三种地方风味组成，三种风味各具特色。粤菜虽起步较晚，但影响深远，世界各国的中餐馆，多数是以粤菜风味为主。

广州菜包括珠江三角洲和肇庆、韶关、湛江等地的名食在内，地域很广。广州菜用料庞杂，选料精细，烹调技艺集南北之长，善于变化和创新，品种多样。其风味特点是，讲究清淡，鲜而不俗，嫩而不生，油而不腻。

潮汕菜包括潮州和汕头，古属闽地，所以潮汕菜汇闽粤之长，以烹制海鲜见长，以汤菜最具特色。潮汕菜刀工精巧，口味清纯，注意保持主料的原有鲜味。蔬菜荤做，使之有味谓之"素而不斋"。潮汕菜特别强调味，以味为本，以味见长，以味取胜。菜肴上席有自己的习惯，如主菜安排在上半席，喜宴的首菜和尾菜均为甜菜，取其"从头甜到尾"的意思。另外，潮州的功夫茶也天下闻名。近年来，潮汕菜在国内大为流行。

东江菜又称客家菜。客家人聚居在广东东江山区一带，其祖辈原是中原人，因避战乱而南迁，烹饪方法尚保留了一些中原固有的特点，原料多用肉类，少用水产。菜肴的特点是，主料突出，讲究香浓，下油重，味偏咸，有独特的乡土风味。

粤菜代表名菜：龙虎斗、烤乳猪、白切鸡、咕噜肉、白云猪手、烧鹅、白灼虾、红烧乳鸽、广州文昌鸡、麒麟鲈鱼、蜜汁叉烧、上汤焗龙虾、清蒸石斑鱼、鲍汁扣辽参、椰汁冰糖燕窝、龙虾烩鲍鱼、干炒牛河、煲仔饭、豉汁蒸排骨、香煎芙蓉蛋、鱼香茄子煲、太爷鸡、香芋扣肉、潮州卤水拼盘、卤鹅肝、芙蓉虾、客家酿豆腐、盆菜等。

（四）苏　菜

江苏菜简称苏菜。江苏是我国江南的鱼米之乡，土地肥沃，湖泊密布，农牧副产发达，兼有海洋渔业。著名的食品原料有太湖银鱼、长江鲥鱼和刀鱼，皆肉质鲜嫩，为鱼中上品；凤尾鱼，鱼子饱满，可做成罐头；阳澄湖大闸蟹，青背白肚，个大味美，向为珍品；连云港对虾，个大肉美；吕四文蛤，味道极佳；高邮鲜鸭蛋，蛋白细嫩，蛋黄鲜红，富有油脂；两淮鳝鱼、鳜鱼、青鱼、鲈鱼皆为佳肴原料；黄鱼、带鱼、墨鱼、膏蟹为舟山群岛名产；现今又有甲鱼、基围虾、青鱼、草鱼、鲤鱼的大量养殖。著名的食品有：无锡的肉骨头、镇江肴肉、太仓肉松、南京板鸭、靖江肉脯、扬州酱菜、无锡油面筋等。著名的植物水产有：太湖莼菜、淮安蒲菜、宝应藕、青浦茭白、仪征菜薹以及枸杞头、马兰头、苜蓿、蓬蒿菜、大青菜等。著名的优质调味料有：淮北海盐、镇江香醋、苏州虾子酱油等。

江苏菜主要由金陵、淮扬、苏锡、徐海四个地方风味菜组成。江苏菜的特点是，兼合南北口味，用料以水鲜为主，汇江河湖海特产为一体，禽蛋蔬菜四季常新，刀工精细，注重火候，擅长炖、焖、蒸、烧、重视调汤，保持原汁，风味清鲜，浓而不腻，淡而不薄，酥松脱骨而不失其味。

金陵菜又称"京苏大菜"，是指以南京为中心的地方风味菜。金陵菜以口味和醇、玲珑细巧为特色，兼取四方之美，适应八方之味。其中，盐水鸭是南京人居家宴客所必备，尤以三秋丹桂飘香时所制的"清而脂，肥而不腻"的桂花鸭最为爽口。

淮扬菜以扬州、两淮为中心，以大运河为主干，南至镇江，北至盐城。扬州菜的特点是，选料严格，刀工精细，主料突出，原汁原汤，清淡适口，讲究火工，擅长炖焖，甜咸适中，鲜而平和，南北皆宜，适应性广。

苏锡菜起源于船菜，以苏州、无锡为代表。苏锡菜调味重糖，口味趋甜，注重造型，配色绚丽，清新爽适，善于调味。

徐海菜是指自徐州沿东陇海线至连云港一带的地方风味菜。就其本源而言，它的许多名菜都与彭祖有关。徐海地区果蔬、海产丰富。徐海菜以鲜咸为主，五味兼蓄，风格淳朴，注重实惠。

苏菜代表名菜：松鼠鳜鱼、常熟叫花鸡、无锡排骨、扬州炒饭、清炖蟹粉狮子头、煮干丝、三套鸭、水晶肴肉、狮子头、文思豆腐等。

（五）浙　菜

浙江菜简称浙菜。浙江历史悠久，是中国古代文明的发祥地之一，被称为"丝绸之府""鱼米之乡"。浙江特产更是丰富，有嘉兴肉粽、杭州西湖龙井、金华火腿、缙云烧饼、义乌蜜枣、临安山核桃、东坞山豆腐皮、萧山鸡、六月红河蟹、新昌小京生花生、新昌春饼、绍兴黄酒、绍兴茴香豆、黄岩蜜橘、奉化芋艿头、奉化水蜜桃、邱隘雪菜、宁波汤圆、三门青蟹、宁波红膏炝蟹、楼茂记香干、宁波臭冬瓜、永康鹅肥肝、杭州炖菜、富春江鲥鱼、杭州塘栖枇杷、绍兴梅干菜。

浙菜由杭州、宁波、绍兴、温州风味四个分支构成。其中，杭州菜最负盛名。杭州菜重视原料的鲜、活、嫩，以鱼、虾、时令蔬菜为主，讲究刀工，口味清淡，突出本味。宁波菜咸鲜合一，以烹制海鲜见长，讲究鲜嫩软滑，重原味，强调入味。绍兴菜擅长烹制河鲜家禽，菜品强调入口香绵酥糯，汤浓味重，富有乡村风味。温州菜也称"瓯菜"，以海鲜入馔为主，口味清新，淡而不薄，烹调讲究"二轻一重"，即轻油、轻芡、重刀工。浙江菜具有色彩鲜明，味美滑嫩，脆软清爽，菜式小巧玲珑，清俊秀丽，以炖、炸、焖、蒸见长，重原汁原味。

浙菜代表名菜：龙井虾仁、西湖醋鱼、东坡肉、冰糖甲鱼、西湖莼菜汤、虾爆鳝背、炸响铃、蜜汁火方、牡蛎跑蛋、蜜汁灌藕、嘉兴粽子、宁波汤团。

（六）徽　菜

徽菜是安徽菜的简称。安徽是中国史前文明的重要发源地之一，文化底蕴深厚，历史悠久，物产丰富。主要特产有：黄山猕猴桃、徽州贡菊、徽菜、怀远石榴、固镇石雕茶壶、沱湖螃蟹、富岱杨梅、黄山蕨菜、金丝琥珀蜜枣、芜湖腐乳、笔山芽尖、芝麻香菜、芜湖瓜子、芜湖彩松花皮蛋、芜湖"三刀"、颍州樱桃、太和贡椿、太和樱桃、灵芝仙茶、女山湖银鱼、凤阳酿豆腐、滁菊、琅琊酥糖、八公山豆腐、口子酒、临涣酱培包瓜、滁州茶叶、淮南猪、顶雪贡糕、桐城丝枣、凉亭雪枣、龙凤贡面、肖家桥油酥饼、六安瓜片、大别山竹笋等。

徽菜由皖南菜、沿江菜、沿淮菜三个分支组成，皖南菜是徽菜的典型代表。徽菜以烹制山珍著称，精于烧、炖、焖、蒸，而少爆炒，讲究火工，芡大，朴素实惠，突出三重，即重油、重色、重火工，口味以咸、鲜、香为主。

沿江菜以烹制河鲜、家禽见长，讲究刀口，注意形色。擅长用糖调味，用烟熏制。咸中带辣，汤汁口重色浓，并惯用香菜佐味配色。

徽菜代表名菜：无为熏鸡、葡萄鱼、软炸石鸡、八公山豆腐、红烧头尾、清炖马蹄鳖、黄山炖鸽、腌鲜鳜鱼、毛峰熏、问政山笋等。

（七）湘　菜

湘菜是湖南菜的简称。湖南省以长江南岸洞庭湖之南而得名，先秦两汉时期为楚国境地，历史悠久，物产富饶，是著名的"鱼米之乡"。湖南特产丰富，主要有长沙臭豆腐、剁辣椒、湖南腊肉、酱板鸭、临武鸭、湖南米酒、茶籽油、槟榔、湘莲、湘茶、油茶、苎麻、柑桔、湘黄鸡、溆浦鹅、安化腊肉、手撕鸭脖、宁乡猪、湖粉、湖南米粉、干辣椒、卤豆腐、干豆腐、霉豆腐、臭豆腐、血丸子、红薯干、干竹笋等。

湘菜主要由湘江流域、洞庭湖和湘西山区三种地域风味组成。其特点是，用料广泛，制作精细，品种多样，油重色浓；口味咸香酸辣，姜豉突出，丰富大方；制作上以煨、炖、腊、蒸、炒等技法见长。

湘菜代表名菜：东安子鸡、腊味合蒸、发丝百合、油淋子鸡、麻辣子鸡、霸王别姬、剁椒鱼头、一鸭四吃、清蒸甲鱼、油辣冬笋尖、冰糖湘莲、板栗烧菜心等。

（八）闽　菜

闽菜是福建菜的简称。福建地处东南沿海，物产丰富。莆田特产有鳗鱼、对虾、梭子蟹、丁昌鱼、龙眼、荔枝、枇杷、文旦柚等。龙岩特产有连城地瓜干、连城白鹜鸭、连城兰花、龙岩花生、长汀豆腐干、上杭萝卜干、武平猪胆干、永定菜干、河田鸡等。泉州特产有安溪乌龙茶（安溪铁观音）、老范志万应神曲、永春老醋、源和堂蜜饯等。漳州特产有青梅、芦柑、荔枝、天宝香蕉、龙眼、平和蜜柚、菠萝等水果及各种海产干货等。厦门特产有各种亚热带瓜果、鱼皮花生、津果、厦门珠绣、香菇肉酱、厦门药酒、海产干货等。南平特产有武夷岩茶（大红袍）、竹笋、香菇、莲子等。宁德特产有茶叶、食用菌、四季柚、槟榔芋、晚熟荔枝、晚熟龙眼、油奈、无核柿、板栗、大黄鱼、石斑鱼、对虾、二都蚶、剑蛏等。

闽菜由福州、泉州、厦门等地的地方菜发展而成，其中以福州菜为主。福州菜多以海鲜为原料，素以选料精细、刀工严谨见长，讲究火候，色调美观，常用红糟调味。烹调擅长炒、蒸、炖、煮、煨、熘、煎、汆、尤重汤汁等，味道以清鲜、酸、甜、咸、香著称。

闽菜代表名菜：佛跳墙、醉糟鸡、通心河鳗、太极明虾、肉米鱼唇、鸡丝燕窝、高汤鱼翅、茸汤广肚、闽生果、菊花鱼球、白炒鲜竹蛏、生炒黄螺片等。

三、我国部分少数民族的饮食习惯[①]

（一）东北部分少数民族饮食习俗礼仪

1. 满　族

满族是中国最古老的民族之一，分布于全国各地，其中主要分布在辽宁、吉林、黑龙江三省，尤以辽宁省最多。其余大部分分布在河北、内蒙古、宁夏、甘肃、新疆、山东、福建等省区，一小部分散居于北京、天津、上海、西安、成都、广州等大中城市，形成大分散之中有小聚居的特点。现在的主要聚居区已建立岫岩、凤城、新宾、青龙、丰宁等满族自治县，还有若干个满族乡。2010 年全国第六次人口普查资料显示，满族总人口为 1 038.8 万人，占全国总人口的 0.779 4%。

满族有自己的语言、文字。满语属阿尔泰语系——通古斯语族，目前除了黑龙江省黑河市瑷珲镇和富裕县还有人能讲满语外，其他区域已普遍使用汉语和汉文。满族信仰萨满教（"萨满教"是通古斯语，译为"疯狂的人"，汉译为巫师），崇拜祖先，历来信奉佛教。满族大多受汉文化的影响，节日与汉族接近。重视过农历新年、农历正月十五灯节、正月二十五添仓节、农历二月二是锁龙的日子、农历五月初五端午节、农历六月六虫王节、农历八月十五中秋节等。节日期间一般都要举行珍珠球、跳马、跳骆驼和滑冰等传统体育活动。

（1）饮食习俗礼仪。

满族的传统主食有煮饽饽（饺子）、米饭、秫米水饭、高粱米豆干饭、豆糕、酸汤子等。尤其喜欢吃粘食和甜味食品，如饽饽、粘豆包、年糕等。流传至今的"萨其玛""驴打滚""绿豆糕"都是满族传统点心。火锅、全羊席、酱肉是满族人传统的吃肉方法。酸菜是满族人喜

[①] 姜若愚，鞠海虹. 中国民族民俗[M]. 2 版. 北京：高等教育出版社，2008.

欢的素食，或炒或炖或凉拌，喜食血肠、白肉和猪肉酸菜炖粉条。蔬菜随季节不同而变化，杂以野菜（蒿蒿、蒙菜等）及菌类。满族先人好渔猎，祭祀时除用家禽、家畜肉外，还有鹿、獐、狍、雁、鱼等。设大宴时多用烤全羊。满族人逢年过节吃饺子，农历除夕必须吃手扒肉。而最能代表满族饮食文化的莫过于"满汉全席"了。这种宫廷佳宴至今已有200多年的历史，又称满汉燕翅烧烤全席，因清朝中叶满、汉官员经常互相宴请而形成，烹调方法以烧、烤、煮、蒸见长，以干鲜果品、蜜饯为主要配料的菜肴也必不可少，主食以满族饽饽为主。

（2）禁忌。

满族人不吃狗肉，不打狗，不使用狗皮做的取暖物品，不当着主人面赶狗，更不说狗的坏话。另外，满族人还不打喜鹊、乌鸦。忌在索罗杆（神杆）上拴牲口。满族将西墙作为供奉祖先的神圣部位，不准在此挂衣物，张贴年画。忌讳人们尤其是女人随便坐卧西炕，特别忌在西炕上生孩子。满族忌讳婴儿头未睡成扁形，特别是女孩，如果枕骨部位没有睡扁，会被视为"丑姑娘"。不许从锅灶、火塘的三脚架上越过，不能用脚蹬踏或者随便坐在锅灶上或火塘边；不准在锅灶口或火塘上烤脚、袜子、鞋靴；禁止将吃剩下的食物、骨头、鱼刺等扔进锅灶或火塘里。服孝中的男子不剃发，女子不簪花，三年内不穿红。

2. 朝鲜族

朝鲜族主要聚居于吉林、黑龙江、辽宁以及内蒙古四省区，尤以吉林最多，达60%以上。朝鲜族最大的聚居区是吉林省延边朝鲜族自治州、长白朝鲜族自治县。我国朝鲜族人口约183.1万人（2010年第六次全国人口普查）。朝鲜族信仰宗教的人很少，主要信奉天主教、基督教和佛教。

朝鲜族的传统节日与汉族基本相同，主要的节日有春节、老人节、清明节、端午节、上元节（元宵节）、中秋节等。尤以农历正月初一最为隆重。此外还有三个家庭节日，即婴儿生日节、"回甲节"（诞辰60周年纪念日）、"回婚节"（结婚60周年纪念日）。朝鲜族比较讲究卫生，讲究礼貌，注重举止，特别是敬老美德受到各民族人民的称赞。

（1）饮食习俗礼仪。

朝鲜族以大米和小米为主食。以米饭为主，其次为用大米制作的打糕苏叶饼、汤饺子、赤豆包。调味品爱用辣椒和豆酱。喜辣、酸、甜和冷食。喜欢吃"辣泡菜"、打糕、冷面、大酱汤、辣椒和狗肉，天然野生的桔梗和蕨菜也是他们的佳肴。其中，最有名的是打糕、冷面、泡菜。朝鲜族的饮食特点之一是每餐必喝汤，最讲究的是汤浓味重的浓白汤。

朝鲜族一向崇尚礼仪，注重节令。每逢年节和喜庆的日子，饮食更加讲究，所有的菜肴和糕饼，都要用辣椒丝、鸡蛋片、紫菜丝、绿葱丝或松仁米、胡桃仁等加以点缀。除了传统节日外，小儿周岁、结婚、老人六十大寿，都要大摆筵席，宴请宾客。筵席的传统菜点不仅花样繁多，造型也优美华丽，好多食品都要做成鸟兽形。所有礼仪筵席，以祝贺老人六十大寿的"花甲"席最为讲究和隆重。

正月十五元宵节，有吃五谷饭、喝耳明酒的习俗。吃五谷饭意味着五谷丰登。喝"耳明酒"是朝鲜族的风俗。正月十五早晨，空腹喝耳明酒以祝耳聪，此酒并非特制，凡是在正月十五早晨喝的酒都叫"耳明酒"。传说此日喝耳明酒可使人耳聪目明，一年不闹耳病，常闻喜讯。

冬至，朝鲜族有吃小豆粥的习惯。称小豆粥为"粤古郎粥"，此粥是用小豆、大米、糯米做成的。他们认为冬至不吃小豆粥，老得快，鬼闹身，小病不断。

餐桌上，匙箸、饭汤的摆法都有固定的位置。如匙箸应摆在用餐者的右侧，饭摆在桌面的左侧，汤碗摆在右侧，带汤的菜肴摆在近处，不带汤的菜肴摆在其次的位置上，调味品摆在中心等。用餐时，晚辈对长辈必须用敬语，吃饭时要先给老人盛，并为其摆单桌，长辈动筷后其余人才能就餐。吃饭时，匙要放在汤碗里，若放在桌上则表示已吃完。

（2）禁忌。

① 忌称朝鲜族为"鲜族"。

② 婚丧、佳节不杀狗、不食狗肉。

③ 朝鲜族人非常尊重老人。晚辈不能在长辈面前喝酒、吸烟；吸烟时，年轻人不得向老人借火，更不能接火，否则便被认为是一种不敬的行为；为老人专用的单人饭桌，忌讳年轻人使用；与老人一起走路时，忌讳年轻人走在老人的前面；晚辈对长辈说话或平辈之间初次相见忌不使用敬语。

④ 朝鲜族热情好客，对客人的光临十分高兴，不过男客要进客房、女客要进灶间，忌进儿女的卧室；在朝鲜族家里做客，主人不能先于客人放筷，遇有稀客来临，主人必以酒相待；忌家中女眷，尤其年轻女眷与男客人同席饮酒；客人在吃完饭后要在碗里留点食物，忌吃得很干净，会让主人误会准备不足。

3. 赫哲族

赫哲族是我国东北地区一个古老的少数民族，是我国北方现存的唯一的渔猎民族。赫哲族与满族同源，他的先民可以上溯先秦时代的肃慎人。

赫哲族有自己的民族语言——赫哲语，属阿尔泰语系满——通古斯语族，没有本民族的文字，因长期与汉族交错杂居，大多数通用汉文。

据2010年全国第六次人口普查统计数字显示，我国共有赫哲族人5 354人，是我国人口最少的民族之一，仅高于高山族、珞巴族和塔塔尔族。主要分布在黑龙江省同江市、饶河县、抚远市。少数人散居在桦川、依兰、富饶三县的一些村镇和佳木斯市。同江市街津口赫哲族乡是全国四处赫哲族聚居地之一。

赫哲族流行多神崇拜。过去曾信仰萨满教，相信神的存在，也有熊与虎的图腾信仰。宗教形式主要表现为祖先崇拜和自然崇拜。

赫哲族的节日受满、汉民族的影响，传统节日包括：赫哲年（春节）、元宵节、二月二、端午节、乌日贡节（农历五月十五）、中秋节。赫哲年是最隆重的节日，一些人家做"吐伙宴"面饼、稠李子饼和稀粥分送与邻居。而乌日贡则是内容最丰富的节日，不仅进行文艺演出，还进行射箭、叉草球、拔河、摔跤、游泳、"鹿毛球"、划船、扳腕、叉鱼等表演和比赛来庆祝丰收。赫哲人注重礼仪，有尊老敬长的良好社会风尚。晚辈出门回来，与长辈相见时，要向长辈行跪拜礼，依次向父母、兄嫂问安，以示敬重。长辈吻小辈的额头，以示亲热爱护。

（1）饮食习俗礼仪。

赫哲族的饮食以鱼、兽肉和野菜为主，小米是副食。作为一个渔猎民族，赫哲族主要以鱼为食。赫哲族人喜爱吃鱼，尤其喜爱吃生鱼。从鱼皮、鱼子到鱼肉、鱼脆骨都有生吃的妙法。鱼松是每餐必上的一道菜。对客人以礼相待,必留吃饭喝酒。对客人须奉上鱼头,以示尊敬,上桌的鱼菜,总是把鱼头朝着客人。吃菜时,总是用筷子点点鱼头,示意让客人吃。

(2)禁忌。

赫哲人的禁忌主要表现在捕鱼和狩猎生产活动中,捕鱼、狩猎的时候不准说怪话、谎话;狩猎的人相遇,一定要请到自己的住处吃一顿饭等。

(二)西北部分少数民族饮食习俗礼仪

1. 回 族

回族也是我国主要少数民族之一。回族现有人口约1 058.61万人(2010年第六次全国人口普查),仅次于壮族。回族是中国分布最广的少数民族之一,主要聚居在宁夏回族自治区以及甘肃、青海、新疆、河南、河北、山东、云南等地,其余散居在全国各地。

回族通用汉语,使用汉文,但在日常用语和宗教活动用语中夹杂着阿拉伯语或波斯语词汇。回族信仰伊斯兰教,许多风俗和生活习惯都与宗教信仰有密切的关系。回族有三大节日,即开斋节、古尔邦节、圣纪节。

(1)饮食习俗礼仪。

回族人不吃马、驴、骡、狗肉,不吃动物的血和自死的动物,尤其禁食猪肉。

回族的食俗有鲜明的民族特点。在回族主食中,面食多于米食。面食是回族喜爱的一种饭食,品种多、花样新、味道香、技术精湛,显示了回族人民的聪明才智。回族的面食制作方法丰富多彩,以煮、蒸、炸、烙、烤、煎、炒、熬等为主,其技术精湛,名目繁多,别具一番风味,香、甜、咸、辣、酸、软、硬、酥、脆、黏,富有回族特色。油香是回族人民喜欢的一种传统食品,油香以色红、味美、醇香、酥软闻名遐迩。

馓子是回民待客、过节送礼的传统食品,其入口酥脆,味道香甜。其他传统食品还有麻花、卷煎饼、酥合子、卷果、油糕、油圈、烫面炸糕、炸春卷、油炸江米面麻团等。

具有回族风味的烙、蒸、煎、烤等食品品种较多,比较有名的有宁夏回族的馄馍、干粮馍,甘肃平凉回族的干面锅块,河北的咸酥烧饼、甜咸烧饼,陕西的煎饼,以及整个北方回族盛行的糖火烧、咸火烧、肉火烧、烧麦、糖酥馍等。回族的面条、面片做法也多种多样,名目繁多,如甘肃兰州的牛肉拉面,宁夏同心县的揪面,吴忠的炒糊饽,辽宁、黑龙江等地的押面、油拉面、水拉面等。

在日常生活中,回族不饮酒。茶是回族人喜欢的一种传统饮料。城市的回族人,早上有饮用奶茶的习惯。西北回族人喜欢喝茶,并有喝早茶的习惯,尤爱八宝茶和盖碗茶。各地同胞都爱喝盖碗茶,有红糖砖茶、白糖清茶、冰糖锅锅茶等不同种类。饮茶十分重视其保健功效,如八宝茶,即除了放茶外,还放白糖、红糖、红枣、核桃仁、桂圆肉、芝麻、葡萄干、枸杞等,还有三香茶、白四品(青茶、白糖、柿饼、红枣)、红四品(砖茶、红糖、红枣、果干)等。实践证明,回族的八宝盖碗茶注重科学配方,是很好的养生饮品之一。

回族人热情好客,总以好茶好饭款待客人,还以给客人加菜加饭为敬。回族人给客人倒茶、端茶等都使用右手,客人要双手相接,否则视为无礼。

（2）禁忌。

① 禁食猪、狗、驴、骡、马以及自死的牲畜、动物和非伊斯兰教徒宰杀的牲畜；禁止抽烟喝酒等。

② 就餐时，不要将信奉伊斯兰教的民族成员与其他民族成员安排在一起；长辈要坐正席，晚辈不能同长辈同坐在炕上，须坐在炕沿或地上的凳子上；有回族在座，严禁一切与猪肉有关的食品上桌；舀水、舀饭均不得往外舀；禁用食物开玩笑，也不能用禁食的东西做比喻。

③ 外出须戴帽子，忌露顶和在人前袒胸露臂。

④ 妇女在孕育期还有许多避讳和禁忌。在饮食上尤其注意的是不让孕妇吃兔子肉；也不允许孕妇平时随意讥笑别人的小孩，更不能笑有生理缺陷的小孩。

2. 维吾尔族

维吾尔族是一个多源民族，总人口为1 006.93万人（2010年第六次全国人口普查），主要分布在新疆维吾尔自治区，其中80%居住在南疆的喀什、和田和阿克苏。

维吾尔族有自己的语言文字，维吾尔语属于阿尔泰语系突厥语族。维吾尔族信奉伊斯兰教。同其他信仰伊斯兰教的民族一样，特别重视三大宗教节日。传统节日有：肉孜节、古尔邦节、诺鲁孜节等。

维吾尔族人注重社交礼仪，平时待人接物，或在路上遇到长者或朋友，习惯把右手按在胸口。汉族人与维吾尔族人相见时，只要握手即可。维吾尔族人尊敬长者，走路让长者走在前面，谈话让长者先谈。

（1）饮食习俗礼仪。

维吾尔族以面粉、玉米、大米为主食，喜食牛、羊肉，很少吃蔬菜，夏季多伴食瓜果。每人每年食用干鲜瓜果达一二百斤。待客、节日和喜庆的日子，一般都吃抓饭和烤全羊。维吾尔族的主食花样繁多，最常见的有馕、羊肉抓饭、烤包子（维吾尔语称"沙木沙"）、面条等。还有很多著名的风味菜肴和小吃，如烤全羊、手抓羊肉、帕尔木丁、薄皮包子、烤羊肉串等。维吾尔族人喜欢喝熬煮奶茶和红茶。爱喝葡萄酒，酒量颇大。喝的酒大多都是自己家酿制的葡萄酒。饭前必须洗手。食物均用手抓着食用，没有用筷子的习惯。入座时让长者坐在上座，吃饭先端给长者。

如果家里来客人，全家都会出来欢迎，然后女主人以十分真诚的态度，用盘子端来茶水敬客。维吾尔族人总是请客人坐在靠大墙的一边，以表示尊敬。吃饭时，客人应跪坐，以表示对主人的尊敬。主人一般请客人动手先吃，出于礼貌，客人应回让主人。用抓饭来待客时，预先要剪好指甲，饭前饭后必须洗手。吃完饭后，由长者领念"都瓦"，待主人收拾完食具，客人才能离席。

（2）禁忌。

① 在饮食方面，维吾尔族人禁食猪肉、驴肉、狗肉、骡肉和自死的畜肉及一切动物的血。在南疆地区还禁食马肉、鸽子肉。

② 禁止穿袒胸露背和短小的衣服，上衣一般要过膝，裤腿达脚面，最忌户外着短裤；在公共场合忌光着上身，更不能穿着背心、裤衩到别人家里去。

③ 亲友相见要握手互道问候，然后双手摸须，躬身后退一步，右臂抚胸；妇女在问候之后要双手扶膝躬身道别；接受物品或请茶要用双手，忌用单手；不要和妇女开玩笑；忌背后议论别人的短处；在屋内对坐的姿式也有要求，一般要求跪坐（炕上或地毯上），忌双脚伸直，脚底朝人。

3. 蒙古族

蒙古族人口约598.18万人（2010第六次全国人口普查），主要聚居在内蒙古自治区，其余分布在新疆、辽宁、吉林、黑龙江、甘肃、青海等省、自治区的各蒙古自治州、县，在宁夏、河北、河南、四川、云南、北京等省、自治区、直辖市，也有少数聚居式散居的蒙古族。

蒙古族有自己的语言文字。蒙古语属于阿尔泰语系蒙古语族。蒙古族早先信仰萨满教，现多信奉藏传佛教。蒙古族最主要的传统节日是过年，虽然蒙古族年节与汉族年节一致，并吸收了一些汉族节俗，如吃五更饺子、放鞭炮等，但也有很多蒙古族传统习俗，如除夕吃"手扒肉"，以示合家团圆。初一凌晨晚辈向长辈敬"辞岁酒"，亲朋间互赠哈达，恭贺新年吉祥如意。蒙古族另外一个重大节日是"那达慕"大会，每年6月至9月是牧闲季节，举行欢庆丰收的盛大娱乐聚会，原来主要活动包括蒙古族男子传统的三项竞技运动——摔跤、赛马和射箭，后来随着时代的发展，逐渐演变成今天的多种文化体育娱乐内容的盛大庆典活动。此外，还有中元节、端午节、重阳节、敖包节、马奶节、剪羊毛节等。

蒙古族人性格豪爽，待人热情，讲究社交礼仪。不论认识与否，一见面总会热情问候，并把右手放在胸前，微微躬身，以示有礼。传统礼节主要有献哈达、递鼻烟壶、装烟和请安等，现今又增加了鞠躬礼和握手礼。

（1）饮食习俗礼仪。

蒙古族的饮食大致分四类：面食、肉食、奶食、茶食。农区多以谷物蔬菜为主食，以肉食为辅。饮食习惯为先白后红。白指白食，乳及乳制品；红指红食，肉及肉制品。蒙古族以白为尊，视乳为高贵吉祥之物。白食主要有奶豆腐、奶皮子、奶干、奶酪、奶油、酸奶等。红食主要以牛羊为主，喜将新鲜骨头带肉一起煮熟后用手拿着吃，俗称"手扒肉"。最著名的有蒙古族全羊席。全羊席是热情好客的蒙古族同胞庆祝重大节日和婚娶等喜庆之日款待尊贵客人的传统食品。接待贵宾或喜庆时要摆全羊席，有烤、煮两种。其中请客人吃羊头和羊尾巴是最隆重的招待。

奶茶是蒙古族同胞最喜好且不可缺少的饮料。俗话说，牧区"宁可一日无餐，不可一日无茶"。奶酒也是蒙古族同胞的传统饮品，它的酿酒原料是马奶，故称"马奶酒"。

炒米是蒙古族同胞的主食。牧民每日两顿茶一顿饭，茶茶不离炒米，不可一日无茶，也不可一日无米，炒米的原料是糜米，俗称"蒙古米"。肉干炒米具有方便、快捷又特别耐饥的特点，因而成为蒙古族生活、生产、旅行不可或缺的食品。

蒙古族尊重长者，也希望受到别人的尊重。接受长者赠予的东西，必须屈身去接或跪下一条腿伸右手接。到蒙古族人家里做客，必须敬重主人。进蒙古包前，要将鞭子放在门外，如果带进门，则被看作是对主人的不敬。进门要从左边走进，入包后在主人的陪同下坐在右边，不能坐西面。坐下后，不要自己动手，须等候主人招待。当主人端来茶酒时，不得拒绝，应欠身去接。在食用白食时，一般都有"德吉"的礼仪，也就是把第一杯或碗的食物首先让客人品尝的礼节。接送礼品、茶酒都不能用单手，更不能用左手。客人就座后，主人按浅茶满酒的礼仪热情敬献上奶茶和美酒,并用哈达托着献给客人,客人应一饮而尽,以表示对主人的尊重。如果实在吃不惯,也不能拒绝,应尝一尝,并点头称是以表谢意。

(2)禁忌。

① 认为火神或土神是驱妖避邪的圣洁物,忌在火上烤脚、烤鞋袜,不得跨越或踢火,不得往火上摔东西,扔脏物,也不得用刀碰火。

② 认为水是纯洁之神,忌在河中沐浴,更不许洗女人衣服或向河流中扔脏物。

(三)西南部分少数民族饮食习俗礼仪

1. 苗 族

苗族人口约有942.6万人(2010年第六次全国人口普查),分布在湖南、湖北、贵州、四川、重庆、云南、广西、海南等八个省、区、市,其中贵州最多。在这八省、区、市中都有苗族的自治州、县。苗族各分布区基本是连成一片的,同时在一些地方与其他民族形成区域性的犬牙交错式的杂居格局。苗族主要居住在山区,在黔东南和湘鄂渝的交界地带(以湘西为主),有较大的聚居区。

苗族语言一般认为属汉藏语系苗瑶语族苗语支。苗语分为东部(湘西)、中部(黔东)和西部(川黔滇)三大方言。大方言中还有7支小的分支方言,18种土语。中华人民共和国成立后,政府组织语言学家为苗族三大方言各创立了拼音文字,并通用汉文。苗族人民主要信仰自然崇拜、图腾崇拜、祖先崇拜等原始宗教形式,迷信鬼神、盛行巫术。苗族的传统节日有苗年、"牯藏节"、芦笙节等。苗年是苗乡最重要的节日,而牯藏节是苗乡盛大的传统祭祀节日。

(1)饮食习俗礼仪。

在大多数地区,苗族的主食是大米、小米或苞谷,辅以麦子、高粱、薯类、大豆等。同时糯米食品最受苗族人喜爱。每逢节日等重大活动,都要舂糯米糍粑、蒸糯米饭。副食主要有各种蔬菜瓜果以及家禽、家畜和鱼。苗族人普遍喜食酸辣味道,家里有各种酸菜、腌菜。苗族人喜欢饮酒,大部分人家都能自己酿酒,以酒解除疲劳,以酒示敬,以酒祭祖,以酒待客,以酒传情,以酒表喜庆,以酒烘染气氛,有着丰富的、情趣盎然的敬酒和饮酒风俗。

若客人来访,必会杀鸡宰鹅盛情款待;若是远道而来的贵客,有的地方还要在寨前摆酒迎候。苗族人在吃鸡时,鸡头要敬给客人中的长者,鸡腿要赐给年龄最小的客人。有的地方还有分食鸡心的习俗,即由家里年纪最大的主人用筷子把鸡心或鸭心给客人,但客人不能自己吃掉,必须把鸡心平分给在座的老人。有的地方还敬"牛角酒""梳子肉",客人如一一接受,主人最高兴。如客人酒量小,不喜欢吃肥肉,可说明情况,主人不勉强,但不吃饱喝足,则被视为看不起主人。

(2)禁忌。

① 有些苗族地区,忌随时洗刷饮甑、饭包、饭盆,只能在吃新米时洗,以示去旧米迎新米;随时洗刷会洗去家财,饭不够吃;在山上饮生水忌直接饮用,须先打草标,以示杀死病鬼;忌动他人放于路边的衣物;忌孩子在家中乱耍小弓箭;忌跨小孩头顶;忌妇女与长辈同坐一条长凳。

② 父母或同村人去世,一个月内忌食辣椒。

③ 产妇忌吃老母黄牛肉、母猪肉、公鸡肉、小鱼、蔬菜、辣椒等；有些苗族地区，忌孕妇与孕妇会面，忌去别的产妇家，否则会被认为延长产期。

2. 彝 族

彝族，是我国少数民族中人口较多的民族，人口为 871.44 万人（2010 年第六次全国人口普查），主要分布在云南、四川、贵州三省和广西壮族自治区。四川省凉山彝族自治州、云南省楚雄彝族自治州和红河哈尼族彝族自治州是彝族人口最为集中的地区。其中大小凉山是最大的彝族聚居区。大分散、小聚居是彝族居住的主要特点。

彝族有自己的语言和文字，彝族语言属于汉藏语系，藏缅语族，彝语支。彝族流行崇奉多神，主要是万物有灵的自然崇拜和祖先崇拜。祭祀称为毕摩。彝族的节日主要有"火把节""彝族年"跳公节、插花节、密枝节等。"火把节"是彝族地区最普遍又最隆重的传统节日。

（1）饮食习俗礼仪。

大多数彝族习惯于日食三餐，以玉米、荞麦、大麦、小麦、洋芋等为主食，稻米很少。宁安河、大渡河流域的彝族，早餐多为疙瘩饭，午餐以粑粑作为主食，备有酒菜。在所有的粑粑中，以荞麦面做的粑粑最富有特色。传说，荞面粑粑有消食、化积、止汗、消炎的功效，并可以久存不变质。贵州威宁荞酥已成为当地久负盛名的传统小吃。

肉食主要有猪肉、羊肉、牛肉、鸡肉等，喜欢将之切成拳头大小煮食，主要做成"坨坨肉"、牛汤锅、羊汤锅、烤羊、烤小猪。山地还盛产蘑菇、木耳、核桃。蔬菜除了鲜吃外，大部分都做成酸菜。酸菜分成干酸菜和泡酸菜两种。

彝族的日常饮料有酒、茶。以酒待客，民间素有"汉人贵茶，彝人贵酒"之说，喜欢喝"转转酒"。行酒的次序依据彝谚"耕地由下而上，端酒以上而下"。先上座而后下座，"酒是老年人的，肉是年轻人的"，端酒给贵宾后，要先给老年人或长辈，次给年轻人，人人有份，有"无酒不成敬意"之说。如果主人敬酒不喝，则会被认为看不起主人。彝族饮茶每次只斟浅浅的半杯，徐徐而饮。

待客的饭菜以猪膘肥厚大为体面，吃饭中间，主妇要时时关注客人碗里的饭，未待客人吃光就要随时加添，以表示待客的至诚。吃饭时，长辈坐上方，晚辈依次围坐在两旁和下方，并为长辈添饭、夹菜、泡汤。

彝族常吃的典型食品有荞粑、彝族风味主食、面糊酸菜肉、彝族农家家常菜、白水煮乳猪、云南彝族传统佳肴、锅巴油粉、云南彝族风味名小吃。

【阅读资料 3-4】

"坨坨肉"和"转转酒"

"坨坨肉"是彝族招待贵宾的佳肴。四川凉山的彝族同胞，喜欢选用本地 20 斤左右的乳猪，宰杀去毛后，在火上翻转熏烤，切成二至四两一块的方块后放入锅内，用水煮熟后捞出晾凉，再放入木盆中，加上盐、花椒粉、辣椒粉、木姜粉、蒜泥等作料，搅拌后食用。因四川方言称"块"为"坨"，因此，附近的汉族称其为"坨坨肉"。

彝族在探亲访友、节日聚会、歌舞联欢时，常以酒交流感情。大家围成一圈，你一口，我一口，依次轮流传递酒碗。传递时要一手端碗，另一只手伸到前一只手的腕部，以表示尊敬。因为喝时把酒碗转圈传递，故称"转转酒"。有时，彝族还用"坛坛酒"待客。该酒是一种用玉米、高粱、荞麦等杂粮为原料并配以10多种中草药后，装入坛内酿造而成的。若客人到了，主人便捧出酒坛，开封后注入满坛冷开水，用弯形竹管或麦秆插入坛内，供大家吸吮。

（资料来源：姜若愚，鞠海虹.中国民族民俗 [M]. 2版. 北京：高等教育出版社，2008.）

（2）禁忌。

彝族民间禁忌很多，在社会生产生活各个方面都有表现，且各地有别。

① 巍山一带的彝族忌火把节次日下地干活，以防触怒火神带来不祥。

② 正月初一忌食荤、香油，串门，忌泼水吹水，以防财运丢失。有的地方禁食马、驴、骡等动物的肉。过年三天内忌新鲜蔬菜进屋，否则是对祖先最大的不敬。禁过年七天内推磨；禁平日反向推磨；忌推磨时磨心突断。二月八节女子不能参加；女子不能参加密枝节，节日期间不能出村串亲访友等；还约定俗成一些禁忌：不能爬、砍象征山神、土地、祖宗神的神树；禁爬坟头等。

③ 忌用餐后把汤匙扣于碗盆的边沿上。日常生活中，忌舀汤时反手用木勺，忌和燕麦面时顺时针方向搅动。忌人刚出远门便扫地。

④ 彝族人忌讳言死，而称"老了"。忌讳影子被人踩踏。禁止在放置祖筒的祖灵箐附近鸣枪行猎，或砍树烧荒。禁止在焚场或墓地打猪草、放牧。参加祈雨仪式时，禁止男子戴帽、女子打包头。祭祀及宰杀家禽、家畜时，忌外人在场。忌外人骑马进彝族寨子，到寨门的竹篱笆前必须下马。彝族禁忌在室内吹口哨、大声喧哗，尤其是夜间在别人家里。

⑤ 穿戴服饰时，禁忌被人触摸。彝族男子头上的"天菩萨"，严禁他人特别是小孩触摸。

⑥ 忌讳女人跨过男人的衣物，更不能从男子身上、头上跨过；忌讳女客上楼，妇女不能上房顶；忌讳妇女将自己的首饰、衣物送给别人。妇女忌食难产而死的家畜之肉。处于生育期的妇女忌吃公羊；生育时不许在室内饮酒、煎炒刺激物；产妇不出满月，一般不出门，也不得走进别人家。

⑦ 在彝族人家里做客，要坐在火塘的上方或右方；禁止跨越火塘或踩踏锅庄石。彝族人一般都用酒肉盛情款待客人。婚宴多用猪、鸡肉，一般不用羊肉。

3. 藏　族

藏族，是中华民族大家庭中的重要一员，源于古代氐羌，主要分布在约占全国面积 1/4 的青藏高原上，主要聚居在西藏自治区以及青海、甘肃、四川、云南等省。我国藏族人口约 628.22 万人（2010 年第六次全国人口普查），藏区经济以畜牧业和农业为主。

藏族大部分人信仰藏传佛教，也有少数人信仰原始本教。藏族有自己的语言和文字。藏语属汉藏语系，藏语支，分卫藏、康、安多三种方言。现行藏文是7世纪初根据古梵文和西域文字制定的拼音文字。藏族节日繁多，主要节日有藏历年、转山会、花灯节、雪顿节和望果节等。其中，藏历年是后藏一带最为隆重、最具有民族意义的节日。

（1）饮食习俗礼仪。

藏族的饮食习惯比较特殊。大部分藏族日食三餐，但在农忙或劳动强度较大时会日食四至五餐，饮食以粮为主，蔬菜为辅。大部分藏族以糌粑为主食，即把青稞炒熟后磨成细粉，特别是在牧区。食用糌粑时，要拌上浓茶或奶茶、酥油、奶渣、糖一起食用；糌粑既便于储藏又便于携带，食用时也很方便。在藏族地区，常常看见身上带有羊皮糌粑口袋的人，饿了随时可食用。将牛、羊血和碎牛羊肉灌入牛、羊的小肠中制成血肠。肉类的储存多用风干法，一般在入冬后宰杀的牛、羊肉一时食用不了，多切成条块，挂在通风之处，使其风干。冬季制作风干肉既可防腐，又可使肉中的血水冻附，以保持肉的新鲜色、味。

最常见的食品是从牛、羊奶中提炼的酥油，除饭菜用酥油外，还大量被用于制作酥油茶。酥油茶是用酥油与茶水、盐打制而成的，既可提供热量，又可生津、解渴，是高寒地区的一种饮料。酸奶、奶酪、奶疙瘩和奶渣等也是藏族经常制作和食用的奶制品。

藏族普遍喜欢饮用青稞制成的青稞酒，在节日或喜庆的日子尤甚。藏族的炊餐灶具自成一体。在藏族地区，家家都备有酥油茶筒、奶茶壶。大部分地区的藏族都以干牛粪为燃料，以铁三脚架为灶。云南藏族茶具、酒具、餐具喜用铜制。有些地区的藏族喜用木碗并漆上红、黄、橙色的油漆。比较讲究的还要在碗上包银。牧区的藏民都要随身佩带一把精制的藏刀，主要用来切割食物，还用于宰羊、剥皮、削帐篷橛子等。

藏族的典型饮食除糌粑、青稞酒、酥油茶外，还有很多，如足玛米饭，是藏族传统宴席食品，用足玛、大米、酥油等煮制而成。血肠，是藏族传统菜肴，是用牛（羊）血为主要原料制成的。

献哈达是藏族人民最普遍的一种礼节。在西藏，婚丧节庆、迎来送往、觐见佛像、送别远行等，都有献哈达的习惯，是对对方表示纯洁、诚心、忠诚、尊敬的意思。藏族在迎接客人时除用手蘸酒弹三下外，还要在五谷斗里抓一点青稞，向空中抛撒三次。酒席上，主人端起酒杯先饮一口，然后一饮而尽，主人饮完头杯酒后，大家才能自由饮用。饮茶时，客人必须等主人把茶捧到面前才能伸手接过饮用，否则认为失礼。吃饭时讲究食不满口，嚼不出声，喝不作响，拣食不越盘。用羊肉待客，以羊脊骨下部带尾巴的一块肉为贵，要敬给最尊敬的客人。制作时还要在尾巴肉上留一绺白毛，表示吉祥。

【阅读资料3-5】

如何吃糌粑、喝青稞酒

糌粑是藏族的主食，实际上就是青稞炒面。吃糌粑时，碗里要先放上一些酥油，再注入茶水，添上炒面，用手搅拌。搅拌时，先用中指将炒面向碗底轻捣，以免茶水溢出碗沿；然后转动碗，并用手指紧贴碗边把炒面压入茶水中；待炒面、茶水和酥油拌匀，能用手捏成团，就可以食用了。食用时，用手不断在碗里搅捏，揉成团，用手往嘴里送。

藏族喜欢用青稞酒待客。主人要给客人敬三杯酒，如果客人不会喝酒，就用无名指蘸点酒弹三下，主人见了，也就不再劝酒了。如果你酒量小，喝上一口就让主人添满，这样连喝两口，添满杯后一饮而尽。虽然喝得不多，主人也很高兴。假如你既不喝酒，也不弹酒，主人会端起酒杯，边跳舞，边唱敬酒歌，前来敬酒。如果客人还不喝，主人会一直唱下去，跳下去。

（资料来源：姜若愚，鞠海虹.中国民族民俗 [M]. 2 版. 北京：高等教育出版社，2008.）

（2）禁忌。

① 藏族同胞吃肉时不用筷子，而是将大块肉盛入盘中，用刀子割食；忌吃驴、马，最忌吃狗肉，凡盛过这些肉的器具便不再使用。每天早晨起床后及饭前都要念经，有男女分坐的习俗，男坐左，女坐右；有缺口或有裂缝的碗不能用来吃饭，也不能给客人倒茶；不能跨或踩吃饭的用具、锅碗、瓢盆等。

② 每当去亲朋好友家串门或探亲，藏族同胞会拿些酥油茶或青稞酒等物品作为礼物，主人在客人临走时把东西腾出来，不能全部腾空，必须留一点在里面或换一点自家的东西装上；家里人出远门、客人刚走、中午和太阳落山后及藏历大年初一不能扫地或倒垃圾。

③ 忌讳别人用手触摸头顶；禁忌在别人后背吐唾沫，拍手掌，指手画脚；脚不能对准他人，会被视为没教养，不礼貌。

（四）中南及东南部分少数民族饮食习俗礼仪

1. 壮族

壮族源于古代百越，是我国少数民族中人口数量最多的民族。现有人口数量约为16 926万人（2010年第六次全国人口普查），主要分布在广西壮族自治区的南宁、百色、河池、柳州四个地区，云南省文山壮族苗族自治州、广东连山壮族瑶族自治县、贵州黔东南苗族侗族自治州等地。壮族崇拜祖先，信仰多神。唐、宋以后，佛教、道教先后传入壮乡，对壮族文化影响较深。壮族有本民族的语言文字，壮语属汉藏语系，壮侗语族，壮傣语支，分南北两种方言。壮族有很多节日，几乎每个月都要过节，主要节日有"春节""歌圩节""陇端节""陀螺节"。但最隆重的还是春节。

（1）饮食习俗礼仪。

大米、玉米是壮族地区盛产的粮食，自然也就成为他们的主食。年节时用大米制成各种粉糕。多数地区的壮族习惯日食三餐，也有少数地区的壮族也吃四餐，即在中、晚餐之间加一顿小餐。早、中餐比较简单，一般吃稀饭，晚餐为正餐，多吃干饭，菜肴也较为丰富。日常所食蔬菜种类较多，且以水煮最为常见。口味麻辣偏酸，喜欢腌制的酸食。大部分壮族对任何禽畜肉都不禁吃，习惯将新鲜的鸡、鸭、鱼和蔬菜制成七八成熟，菜在热锅中稍煸炒后即出锅。猪肉是整块先煮，后切成一寸见方肉块，回锅加调料即成。壮族同胞对三七的食疗颇有研究，利用三七花、叶、根、须做菜。壮族有许多著名的菜肴和小吃，主要有生鱼片、火把肉、烤乳猪、白炒三七花田鸡、壮家烧鸭、盐风肝、脆溜蜂儿、油炸沙虫、五香豆虫、五色糯米饭、宁明壮粽、壮家酥鸡等。一般婚丧节庆、访亲待友都喜欢用糯米做成糍粑、火草粑、花米饭、甜酒等款待客人。

壮族自家还酿制米酒、红薯酒和木薯酒，度数都不太高，其中米酒是过节和待客的主要饮料，有的还在米酒中配以鸡胆称为鸡胆酒，配以鸡杂称为鸡杂酒，配以猪肝称为猪肝酒。饮鸡杂酒和猪肝酒时要一饮而尽，留在嘴里的鸡杂、猪肝则慢慢咀嚼，既可解酒，又可当菜。壮族妇女有嚼槟榔的习惯。

壮族是个好客的民族，过去到壮族村寨任何一家做客的客人都被认为是全寨的客人，往往几家轮流请吃饭，有时一餐饭就吃五六家。平时即有相互做客的习惯。客人到家，必在力所能及的情况下给客人以最好的食宿，对客人中的长者和新客尤其热情。用餐时，需等最年长的老人入席后才能开饭；长辈未动的菜，晚辈不得先吃；给长辈和客人端茶、盛饭，必须双手捧给，而且不能从客人面前递，也不能从背后递给长辈；先吃完的要逐个对长辈、客人说"慢吃"再离席，晚辈不能落在全桌人之后吃完饭。

（2）禁忌。

① 壮族人忌讳农历正月初一这天杀牲；正月初一至初三不可出村拜年。

② 火塘、灶塘是壮族家庭最神圣的地方，禁止用脚踩踏火塘上的三脚架以及灶台；禁止在灶上煮狗肉，有些地区的青年妇女忌食牛肉和狗肉；忌筷子跌落在地上，认为不吉利；吃饭时忌用嘴把饭吹凉，更忌把筷子插到碗里。

③ 壮族青年结婚，忌讳怀孕妇女参加，怀孕妇女尤其不能看新娘；特别是怀孕及生孩子尚未满月的妇女不能进入产妇家；妇女生孩子的头三天（有的是头七天）忌讳外人入内；家有产妇，要在门上悬挂柚子枝条或插一把刀，以示禁忌；不慎闯入产妇家者，必须给婴儿取一个名字，送婴儿一套衣服，一只鸡或相应的礼物，做孩子的干爹、干妈。忌从晾晒的妇女裤子下走过。

④ 登上壮族人家的竹楼，一般都要脱鞋。忌讳扛着锄头或其他农具的人进入自己家中，所以到了壮家门外要放下农具，脱掉斗笠、帽子。无论家人、客人，忌坐门槛中间；行商外出忌碗破；夜间行走禁止吹口哨。

2. 土家族

土家族人口总数达835.39万人（2010年第六次全国人口普查），主要分布在湖南省湘西土家族苗族自治州，湖北省恩施土家族苗族自治州，重庆市石柱、秀山、酉阳、黔江及黔东北沿河、印江等县。

土家族有自己的语言，属汉藏语系，大多数人通汉语，目前只有几个聚居区还保留着土家语。没有本民族文字，通用汉文。土家族崇拜自然，信奉万物有灵，敬奉祖先，信鬼尚巫。道教、佛教和基督教先后传入，对土家族均有一定影响。

土家族有着许多独特而多彩的民族节日。

赶年，是土家族最隆重、祭拜活动最丰富、民族特色最浓厚的一个节日。所谓"赶年"，顾名思义，就是向前赶过年。汉族过年，是腊月三十。土家族过年比汉族要提前一天。相传这一节日与土家族祖先为了抗击外来侵略、提前吃年饭以出征迎战有关。过"赶年"，要吃大肉、"合菜"等。

迎春，是湘西北地区土家族在立春之日举行的盛大集会，欢庆春天的降临。

元宵节，是土家族的隆重节日。白天，家家剁半边猪头敬祭"门神"，所谓"烧了门神纸，爷爷崽扒猪屡"。意思是从正月十六日开始，就要忙碌农事积肥等生产活动了。夜晚，玩灯、燃灯闹元宵，男女青年相约，热闹非凡等。

（1）饮食习俗礼仪。

土家族一般日食三餐，闲时减为两顿，农忙时加到四餐。日常主食以大米、高粱、红薯、杂豆、洋芋为主，加工花样颇多，吃法也很讲究。此外，苞谷饭也很常见，有时也吃豆饭，粑粑和团馓也是土家族季节性的主食。土家族最喜欢喝油茶汤和吃糯米粑。

土家族菜肴以酸辣为主，喜食辣椒、花椒、山胡椒。民间家家都有酸菜缸，用以腌泡酸菜，几乎餐餐不离酸菜。豆制品也很常见，如豆腐、豆豉、豆皮、豆腐乳等。尤其喜食合渣，即将黄豆磨细，浆渣不分，煮沸澄清，加菜叶煮熟即可食用。民间常把豆饭、苞谷饭加合渣汤一起食用。猪肉合菜则是年节必不可少的大菜。

土家族喜好饮酒，但不喜烈酒，无论过节或待客，酒都是必不可少的。其中常见的是用糯米、高粱酿制的甜酒和咂酒，度数不高，味道纯正。置办酒席，一般习惯于每桌九碗菜、七碗或十一碗菜。土家族置办酒席分水席（只有一碗水煮肉，其余均为素菜，多系正期前或过后办的席桌）、参席（有海味）、酥扣席（有一碗米面或油炸面而成的酥肉）和五品四衬（4个盘子、5个碗，均为荤菜）。入席时座位分辈分老少，上菜先后有序。为表示对客人尊敬和真诚，待客的肉要切成大片，酒要用大碗来装。若是逢年节到土家人家里做客，主人还会拿出糍粑去烤，烤好后，双手捧给客人。有的地方给客人吃糍粑还有些讲究，即把烤好的糍粑给客人后，客人不得吹拍火灰，要接过就咬，这时主人会抢回去吹打拍净，蘸上糖再给客人。

茶也是土家族生活必需品，有凉水甜酒茶、凉水蜂蜜茶、姜汤茶、锅巴茶、绿茶等。待客时，土家族人会拿出上等好茶款待远方客人，既显示出他们热情好客的习俗，又反映出土家族源远流长的茶文化。

（2）禁忌。

① 忌八和十上菜数字；忌用大海碗给客人盛饭；客人吃完饭后，最好将筷子并齐整，放于碗旁边，不能摆成十字架于碗上，土家族认为这是大不敬；吃饭时忌脚踏旁边人的座椅。

② 若客人已坐定，主人要走动，则只准从客人身后走，不宜走在客人前面，如果地方狭窄，必须走客人前面时，要说一声"得罪了"，否则是对客人的不敬；主客坐下后，年轻的客人不准在长者面前跷二郎腿。

③ 土家族敬火塘，火塘及其三脚架是每个家庭禁忌的中心所在，每逢有大的举动必须先恭恭敬敬地告之于火塘，平时不许对其有任何亵渎。

④ 土家族不许小孩和未上学的人吃鸡爪子，怕上了学读书时写字似鸡爪，写不好字；不能吃猪鼻子，说长大了，会像猪那样高声打鼾；不得吃敬奉神灵的肉、菜、饭等，否则，记忆不好；禁食狗肉；禁止吃猪尾巴，怕一生落后，事事掉队。

⑤ 土家族忌在室内吹口哨，特别是在夜间在别人家玩时更是忌讳此举，还禁忌在室内唱歌、讲粗话以及摆弄琴笛、锣、鼓等乐器。

⑥ 土家族不准男人与姑姐开玩笑，不容许外人（男性）和姑娘同坐一条板凳。不准妇女坐堂屋门槛，相传犯忌会辱没宗神，导致家中遭灾破财。

⑦ 鄂西土家族人忌讳"结烛"熄灭，每逢婚礼开始前，男方家要请两位儿女双全、勤劳节俭、善理家务的人，在大堂中同时点燃两支红蜡烛，插到神龛之上，俗称其为"结烛"。倘若"结烛"燃得不旺，或者中途有熄灭的现象发生，即会认为新人有灾祸，不能同舟共济、终生相伴，必须采取相应措施予以破解。

⑧ 鄂西土家族人待客要筛一碗鸡蛋茶，即在油茶汤里打几个荷包蛋，其俗规定鸡蛋茶内用三个或四个鸡蛋。

3. 黎　族

黎族源于古代百越，属于海岛农业民族。目前我国黎族总人口为 146.31 万人（2010 年第六次全国人口普查），主要聚居在海南省中部的琼中县、白沙县、昌江县、乐东县、陵水县、保亭县、东方市、五指山市（原通什市）、三亚市等六县三市之内，人口占黎族人口的绝大多数，其余散居在海南省的万宁、屯昌、澄迈、定安等县。

黎族有自己的语言，黎语属汉藏语系，壮侗语族，黎语支，不同地区方言不同。由于长期与汉族交往，不少黎族人都能兼说汉语。过去黎族没有本民族文字而使用汉字，1957 年制定以拉丁字母为基础的黎文。黎族没有形成统一的宗教，各地均以祖先崇拜为主，也有自然崇拜，个别地区还残留图腾崇拜的痕迹。黎族的主要传统节日有：春节、三月三、敬牛节。

（1）饮食习俗礼仪。

黎族习惯一日三餐，主食是大米，有时也吃番薯、玉米等杂粮，多以狩猎、采集所得为副食，只种少量蔬菜。做饭的方法一是用陶锅或铁锅煮，与汉族焖米饭的做法大体相同；另一种是颇有特色的野炊方法，即取下一节竹筒，装进适量的米和水，放在火堆里烤熟，用餐时剖开竹筒取出饭，这便是有名的"竹筒饭"。香糯米是黎族地区的特产，用香糯米焖饭有"一家香饭熟，百家闻香"的赞誉。若将瘦肉混合以香糯米和少量盐，放进竹筒烧成香糯饭，更是异香扑鼻，是招待宾客的珍美食品。

"雷公根"是一种黎族同胞经常食用的野菜，与河里的小鱼虾或肉骨同煮，是极为可口的佳肴；"雷公根"也可药用，能消炎解毒。

"祥"是黎族的风味佳肴，只有在节庆或贵客登门时才能吃到，分"鱼茶"和"肉茶"两种。

黎族人热爱生活，酒是人们日常生活中不可缺少的饮料。节日、婚娶、丧葬、入新屋、生育、社交和举行宗教仪式等活动，都要摆席设宴饮酒。所饮之酒大多是家酿的低度米酒、番薯酒和木薯酒等。用山兰米酿造的酒是远近闻名的佳酿，常作为贵重的礼品。黎族同胞平时都喜欢嚼槟榔，吃法是将槟榔削成瓣，用栳叶包住，配上石灰膏和烟丝，放入口中细嚼，可使人像喝了酒一样面色发红，精神焕发。常吃槟榔还有防病治病和美容的功效，故黎族同胞视槟榔为健体长寿食品。

黎族热情好客，客人来访，主人要在门口迎接，并拿出烟叶、烟筒、火种请客人在门外抽烟、休息，然后请客人入内饮酒。酒席上宾主对坐，若是男客，则先喝酒后吃饭，女客则先吃饭后喝酒。

【阅读资料3-6】

黎族喝酒三部曲

黎族喝酒有三个程序：

第一曲："贡敖"。黎语，意思是敬酒。主人拿起椰壳制成的酒勺，斟满每人面前的大碗。然后恭敬地将酒碗端起，举至前额处敬酒，最后，一饮而尽，接着席上的每个人也都要一口喝完。

第二曲："痹敖"。意思是喝醉酒。照例，由主人祝酒，带头喝第一碗，然后从左到右依次轮着喝。第一轮过后，紧接着开始第二轮酒，仍然必须一饮而尽。按照规矩，对饮要喝双碗,表示"好事成双"。若你喝的酒越多,黎族同胞就会越喜欢你。当然,遇到酒量不大的客人,黎胞兄弟也不会勉强劝酒。随着一而再,再而三地"干碗",酒席已达到了高潮。

第三曲:"旧吞丘"。意思是唱山歌。二曲过后,大家略有醉意,席间,黎族老伯便会乘着酒兴唱自编的山歌。你一曲,我一调,你做歌谜,我就班(猜),大家即兴而唱,满席欢歌笑语。

(资料来源:姜若愚,鞠海虹. 中国民族民俗[M]. 2版. 北京:高等教育出版社,2008.)

(2)禁忌。

① 除了在杀牲供奉祭祀祖先时,可提先辈的名字外,平时无论是自己还是别人都不能提及。部分地区还禁杀猫食猫。黎族忌头朝门口睡觉,如果客人无意中犯忌,主人会以为有祸临头。入屋门ането刀袋系腰间;须择良辰吉日迁入新屋;凡年初一至初五日不能秽语伤人,不能扫地。平日还禁忌敲打或踩踏三石灶。

② 吃新米时忌外人进屋和把新米给外人吃;忌给小孩吃山猪腰子或嘴唇肉;砍山上大树之日,家人不能纺纱、睡眠、梳头或吵架。

③ 孕妇禁忌规范:孕妇不得跨动物尸体;孕妇不能吃蛇肉、猴肉;丈夫不得安装刀把、锄头把、犁耙把。

④ 丧葬禁忌规定:家中有人死了,死者家属不能穿正面衣服,应把衣服反过来穿;不能洗头洗身;不能敲锣打鼓;不能放鞭炮;不能唱歌和吹奏乐器;不能下田劳动;众人不能在死者家中吃肉粥和米饭;夫(妇)故,未经埋葬,妻(夫)忌进别人家门。同时,丧偶之妻(夫)忌与子女共餐;出葬时,凡抬棺者,只能用左肩抬,且不能换肩;埋死人时,忌埋于他人坟前和遮盖他人坟墓;丧家未埋葬死人前,长子忌入别人屋里。

⑤ 婚姻禁忌规定:订婚时,忌用白鸡。

⑥ 生育禁忌规定:妇女分娩时,要在家门口挂树叶,禁止外人进屋,以免把鬼神带进去;分娩后2~3天内,产妇不得外出,不得洗身,不得和外人说话;产期一个月或100天内,产妇只能吃干饭配以生姜和田基草(公根草)等为菜,补以牛牯大力、千层血草一类的草药,禁吃鱼、蛋。

(五)接待少数民族客人用餐注意事项

(1)平等相待,不盯视、窃笑少数民族客人。
(2)友好热情,尊重少数民族客人的礼节、礼貌习惯。
(3)满足需要,依照少数民族客人的口味、喜好备餐。

四、中国主要客源国饮食习惯

(一)日本人主要饮食习惯

日本人的饮食习惯古代受中国、现代受欧美的影响较大,他们一日三餐,早餐主食为粥,午、晚餐主食为大米饭,晚餐为正餐。日本饮食注重食品营养,讲究菜点的色泽和形状,口味多为咸鲜,清淡少油,稍带甜酸和辣味。日本人爱吃鱼、海味、瘦猪肉、牛肉、鸡、鸭、鸡蛋和蔬菜、豆腐、紫菜，但不吃羊肉、猪内脏及肥猪肉。日本料理以鱼、虾、贝等海鲜品为烹饪主料，并有冷、热、生、熟各种食用方法。吃生鱼片时，要蘸酱油，并配上辣根。

日本人讲究茶道，餐前餐后都喜欢喝茶，特别喜欢喝清茶。

（二）美国人主要饮食习惯

美国人的饮食既有欧洲（特别是英国）的特点，也受亚洲、非洲的影响，并有印第安土著人的特点。他们一日三餐，早餐是普通西餐。午餐大多近乎快餐，晚餐为正餐。美国人重视营养搭配，要求量少而精，口味清淡，但喜欢咸中带甜的菜肴，美国人喜吃甜食，水果经常是菜肴中不可缺少的配料，普遍喜欢海味和蔬菜。

美国人一日三餐都要喝饮料，吃午餐和吃晚餐之前通常要喝点鸡尾酒。正餐中多配葡萄酒、啤酒或牛奶。

炸蘑菇和炸洋葱圈可作为开胃食品。美国人在吃主食之前一般都要吃色拉。牛排、猪排和鸡（鸡脯、鸡腿）、龙虾、贝壳类动物以及各种鱼类可作为主菜。炸土豆条深受美国人喜爱，且几乎成了必不可少的食物。美国人餐后喜吃甜品、喝茶或咖啡等。

美式早餐特别丰富，有蛋类、肉类、各式面包、果汁以及咖啡等。

美国人普遍忌吃动物内脏、狗肉、血制品等，忌吃丑陋、奇形怪状的动物，忌吃无鳞的鱼。

（三）俄罗斯人主要饮食习惯

俄罗斯人以面制品的烤食为主食，喜食牛肉、羊肉、禽类、蛋类及沙丁鱼、小青鱼、鱼子等水产品，喜食西红柿、洋葱、胡萝卜、土豆、黄瓜等蔬菜。俄罗斯人的口味浓重，喜咸、甜、酸、辣，不怕油腻。俄罗斯人的早餐是咖啡、牛奶、鸡蛋和面包；午餐为汤、主菜、蔬菜及面包；晚餐用餐时间长，开胃菜、鱼子酱以及白菜、汤、各类甜品等必不可少。

俄罗斯人喜欢饮酒，还喜欢各种冷饮和小吃，饮食量较大，且用餐节奏很快。

（四）加拿大人主要饮食习惯

加拿大人一日三餐，早餐很简单，午餐一般吃快餐。晚餐比较讲究，主要有牛奶、鱼、鸡，并配以土豆、胡萝卜、豆腐等蔬菜。日常蔬菜主要是生菜、青菜、洋葱、西红柿等。加拿大人口味喜清淡，特别爱吃鲜嫩食品，尤其是喜欢带血丝的牛排。加拿大人饮酒不多，习惯在吃饭时饮用矿泉水、果汁之类的饮料。

（五）德国人主要饮食习惯

德国人的主食为黑麦、小麦和土豆，最喜爱的食品是面包，还喜欢吃奶酪、香肠，配以生菜色拉和水果。德国人吃饭讲究实惠，早餐简单，晚餐是一天中最丰盛的一餐，以吃肉为主，一般都要有汤菜。德国人口味喜清淡、甜酸，不爱吃油腻食品，不爱吃辣。在饮料方面，德国人最爱喝啤酒，也爱喝葡萄酒，忌吃核桃。

（六）英国人主要饮食习惯

英国人的主要食品是肉类、鸡蛋、面食、牛奶以及乳制品、黄油等。英国菜讲究口味清淡，量少质精、花样繁多，并注意营养，肉类烹饪讲究火候。英国人喜欢家庭式用餐，一般家庭一日四餐，晚餐是一天中最丰盛、最讲究的一餐，一般有鸡、鸭、鱼、鸡蛋及黄瓜、生菜等，不喜欢吃动物内脏、海参和松花蛋。讲究饮用各种酒，并注意酒与相应食品的搭配。餐后要饮用甜酒或咖啡、红茶。

（七）法国人主要饮食习惯

法国人很讲究饮食，对于饮食的要求很高，既要求菜肴保持原汁、原味、原色，又讲究菜肴的精巧工艺和合理的营养成分。法国人口味浓重，不喜欢吃辣，但喜欢葱、蒜、丁香、香草等调料，喜欢吃兔肉、肉肠、海鲜品、鱼、蔬菜及各种水果等。法国人对饮料颇为讲究，餐前喝开胃酒，进餐中喝白葡萄酒、红葡萄酒，用餐结束再喝香槟酒，餐后用甜酒或白兰地，特别讲究菜肴与酒水的搭配。

（八）澳大利亚人主要饮食习惯

澳大利亚人讲究菜肴的色彩，菜品要量少质精，一般不喜太咸，爱甜酸味。主食乐于吃面食，爱吃鸡、鸭、鱼、海鲜品、牛肉、猪肉、蛋类等，也喜欢新鲜蔬菜。调料爱用番茄酱、味精、盐、酱油、葱、姜、胡椒粉等。澳大利亚人偏爱煎、炒、炸、烤等烹调方法制作的菜肴。

澳大利亚人喜欢喝啤酒和葡萄酒，对咖啡很热衷，也爱喝红茶和香片花茶。

（九）新加坡人主要饮食习惯

新加坡人爱吃海味食品。新加坡人讲究吉利用餐，注重菜品的营养成分，口味喜清淡，爱微甜，以米饭为主食，爱吃牛、羊、鸡、鱼、虾等，喜欢各种新鲜蔬菜，调料喜用香菜、胡椒、咖喱等。

（十）韩国人主要饮食习惯

韩国人对饮食很讲究，韩国菜的特点是"五味五色"，即由甜、酸、苦、辣、咸五味和红、白、黑、绿、黄五色调和而成。韩国人的日常饮食是米饭、泡菜、大酱、辣椒酱、咸菜、八珍菜（八珍菜的主料是绿豆芽、黄豆芽、水豆腐、干豆腐、粉条、椿梗、藏菜、蘑菇八种）和大酱汤。

韩国人特别喜欢吃辣椒。辣椒面、辣椒酱是平时不可缺少的调味料。韩国人爱吃牛肉、鸡肉和鱼，不喜欢吃羊肉、鸭以及油腻的食物。韩国人的饮食离不开腌制品，主要为泡菜和腌鱼。

韩国人喜爱喝汤。汤是韩国人饮食中的重要组成部分，是就餐时所不可缺少的，种类很多，主要有大酱汤等。韩国人常吃甜点、糕点和面食。

韩国人的日常饮品包括酒类和软饮料两大类，如清酒、甘酒、花茶和柿饼汁等。

（十一）泰国人主要饮食习惯

泰国人早餐喜欢东西合璧，吃猪油糕、甜面包、水饺、沙丁鱼、汤面、西式点心、多士煎蛋、喝鸡粥、牛奶或咖啡。泰国人的正餐以米饭为主食，佐以一道或两道咖喱料理、一条鱼、一份汤以及一份沙拉（生菜类）。用餐顺序没有讲究，随个人喜好。餐后点心通常是时令水果或用面粉、鸡蛋、椰奶、棕榈糖做成的各式甜点。泰国人爱吃鱼类，但不吃海参，喜欢喝葡萄酒、橘子汁。

泰国不同地区有不同的菜肴。东北方人爱吃的是糯米饭配烧鸡；而北方人则偏爱一种当地特有的酸肉，叫作"NAEM"；南方人深受马来西亚的影响，喜吃各种生猛海鲜。

第三节　西餐基础知识

西餐，顾名思义是西方国家的餐食，也就是西方人的饮食方式。广义的西餐是指欧美各国菜肴的总称。狭义的西餐是指由几个拉丁语系的国家所制作的菜肴组合而成的菜系。由于各国菜肴的烹调技艺和风味并不完全一样，因此，西餐大致可分为欧美式和俄式两大菜式。其中，欧美菜式包括法、意、英、美、德等菜式和少量的西班牙、葡萄牙、荷兰等地方菜。虽然西餐的菜式不同，品种繁多，但在用料和烹调操作等方面有一些共同的特点。

一、西餐的特点

（一）调料考究、品种多样

西餐的调料，香料品种繁多。烹制菜肴时常用的调料有橄榄油、黄油、番茄酱、沙拉酱等；香料有桂皮、丁香、甜紫苏、胡椒、芥末、咖喱粉、辣酱油、红椒粉、香草、薄荷、荷兰芹、蛇麻草、驴蹄草、马佐林、洋葱等；葡萄酒也常常被用作调料，讲究做什么菜用什么酒。

此外，西餐还多用奶制品，如从牛奶中分离出来的奶油，用奶油进一步分离而得到的黄油以及现在世界上已有的500多个品种的奶酪等。可见，西餐的调料十分考究，因而口味也更加香醇、浓郁。

（二）烹调方法独特别致

常用的西餐烹调方法有煎、焗、炒、炸、熏、烧、扒、烤、蒸、炖、烘、焖、烩、煨等，尤其是铁扒、铁板煎、烤、焗在烹调中更具特色，是许多高档菜肴的常用烹制法。如烤乳猪、铁扒牛柳，甚至在客前烹制，别有一番风格。

（三）沙司单独调制

沙司是英文 sauce 的音译，意思是调味的汁水。沙司是一种以番茄为主要原料辅以各种其他调味料制成的酱料，一般作为制作肉食和蔬菜的酱料，但最常作为意大利面等食品的调料。番茄沙司有多种口味,最常见的有大蒜口味、甜椒口味、辣椒口味、海鲜口味。个别地区称作番茄糊。番茄沙司一般作为酱料,但有别于番茄酱。番茄沙司不直接生吃,只作为调料使用。西餐菜式的变化,很多是因为使用了不同的沙司。由于西餐菜肴在形态上多以大块为主,大块原料在烹调时不易入味,所以大多要在菜肴熟后拌或浇上各种沙司。为此,厨房中设有专门的沙司制作师。不同的菜调制不同的沙司,在使用时有严格的区分。

(四)讲究营养成分

西菜每餐都有一定的搭配规格,兼具人体所需的各种营养成分。而且,对肉类菜肴,特别是牛肉、羊肉的老嫩程度很讲究(肉质越嫩,营养成分越高)。一般说来,肉类菜肴的成熟度可分为全熟、七成熟、五成熟、三成熟、一成熟五种。不同的客人对不同的菜肴的成熟度有不同的要求。

二、西餐的分类

(一)西餐基本菜式构成

西餐的午餐、晚餐,不论是宴会还是便餐,大多是由开胃品、汤、副菜、主菜、餐后甜点组成。

(1)开胃食品:包括冷盘、法式馅饼和牡蛎生吃等菜品,作用是激起就餐者的食欲。

(2)汤:分为浓汤和清汤。汤一般是热的,但也有冷冻的做法,如奶油浓汤。

(3)副菜:在汤和主菜之间提供。在现代西餐中,指小份的意大利面食、海鲜煎薄饼、精致色拉、小香肠或鱼(如未选作主菜)等菜肴。副菜不能太丰盛,以免抢去主菜的风头。

(4)主菜:一餐中最主要的菜肴。客人据此再挑别的菜品与之搭配。同样,厨师设计菜单时也应先确定主菜,再安排其他品种与之相配。

(5)餐后甜点:一餐中最后提供的甜品。

(二)西餐主要分类及特点

1. 法式菜肴

法国历来以"衣""食"著称于世,尤其以精于吃而闻名,法式大餐至今仍名列世界西菜之首。这不仅因为它的历史悠久,而且在于其烹饪技术务求精美于外,美味其中。

法式菜肴的特点:选料广泛,如蜗牛、马兰、百合、芦笋、大鹅肝等均是上好原料,加工精细、烹调考究,滋味有浓有淡,花色品种多;法式菜还注重鲜嫩,比较讲究吃半熟或生食,如煎牛肉、烤羊腿以半熟鲜嫩为特点;而牡蛎、蚝等海味,则喜欢生吃等。法式菜肴重视调味。调味品种多样,什么样的菜选用什么酒都有严格的规定,如喝清汤时搭配葡萄酒,食用海味时搭配白兰地,食用甜品时搭配各式甜酒或白兰地等。法国人也喜欢吃蔬菜,法式餐每道菜就必须配蔬菜,还爱吃新鲜水果和新鲜奶酪。此外,法式菜肴之所以享有盛名,还在于其有许多客前烹制表演,如青椒牛扒、苏珊特煎饼燃焰等。

主要的法式名菜：焗蜗牛、鹅肝酱、牡蛎杯、马赛鱼羹、巴黎龙虾、沙浪牛排、红酒山鸡、沙福罗鸡、鸡肝牛排、洋葱汤等。

2. 意式菜肴

在罗马帝国时代，意大利曾是欧洲的政治、经济、文化的中心。随着时代的变革，意大利虽然在后来的发展中落后了，但就西餐烹饪来讲，意大利却是西餐鼻祖，其菜可以与法国菜、英国菜相媲美。

意式菜肴与法式菜肴的烹调技术着重食物本质，因而菜肴味浓，讲究原汁原味。烧烤菜较少，多炒、煎、炸、红烩、红焖等。

意大利人喜食面食，面食的做法、吃法甚多。通常把各种面条（通心粉、实心粉）、馄饨、面疙瘩作为餐中的菜肴。其中，仅是面条品种就达40余种，长、短、粗、细、空心、圆形、扇形、弯曲等各类形状皆有，烹制方法也五花八门。意大利人还喜食意式馄饨、意式饺子等。此外，意大利的番茄酱、腌腊品、奶酪等也较著名。

主要的意式菜肴名菜：奶酪焗通心粉、意大利馄饨、通心粉素菜汤、铁扒干贝、蘑菇焗鳟鱼、比萨饼等。

3. 英式菜肴

英式菜肴简洁与礼仪并重，有"家庭美肴"之称。

英式菜肴的特点是油少，以清淡、甜酸鲜嫩、焦香为适口，调味时较少用酒，调味品大多都放在餐台上由客人自己选用。烹调讲究鲜嫩，口味清淡，选料注重海鲜及各式蔬菜，菜量要求少而精。英式菜肴的烹调方法以蒸、煮、烧、熏、烙、炸、铁扒见长。在众多的食品中，英国人尤其爱好羊肉。

主要的英式名菜：鸡丁沙拉、薯烩羊肉、烤羊马鞍、冬至布丁、烤火鸡果子酿馅、牛尾浓汤、奶油鸡王等。

4. 美式菜肴

美式菜是在英国菜的基础上发展起来的，其继承了英式菜简单、清淡的特点，口味咸里带甜，忌辣味，喜欢清淡；喜欢铁扒类的菜肴，如各种牛排、鸡、猪肉等常用铁扒炉烘烤；还常常将水果烧在菜里作配料，如菠萝焗火腿、苹果烤鸭等；当然也喜欢以水果为主料的各式色拉。美式菜的调料也常放在餐桌上供客人自行调制。

美国人对饮食要求并不高，强调营养、快捷，讲求的是原汁鲜味，但对肉质的要求很高，如烧牛柳配龙虾便选取来自美国安格斯的牛肉，其认为只有半生的牛肉才有美妙的牛肉原汁。

相对于传统西餐的烦琐礼仪，美国人的饮食文化较为简单。餐台上并没有多少刀叉盘碟，仅放着最基本的刀叉勺子各一把。只有在非常正式的宴会或家庭宴客时，才会有较多的规矩和程序。

主要的美式名菜：美式火鸡、美式牛扒、苹果沙拉、糖酱煎饼、丁香火腿、美式花旗大虾等。各种派是美式菜肴的主打菜品。

5. 俄式菜肴

俄式菜是世界上最著名的菜式之一。旧时上层人士非常崇拜法国，贵族不仅以讲法语为荣，而且饮食和烹饪技术也主要学习法国。但经过多年的演变，因俄罗斯地处寒带，便逐渐形成了自己的烹调特色。俄罗斯人以面包为主食，喜食热食，爱吃鱼肉、肉末、鸡蛋和蔬菜制成的小包子和肉饼等，各式俄式小吃也颇具盛名。

俄式菜肴口味较重，喜欢用油，制作方法较为简单，口味以酸、甜、辣、咸为主，酸黄瓜、酸白菜往往是饭店或家庭餐桌上的必备食品。其调味品特别注重用酸奶油，甚至在沙司和有些点心中也加酸奶油。烹调方法以烤、熏、腌为特色。俄式菜肴在西餐中影响较大，一些地处寒带的北欧国家和中欧地区的人们的日常生活习惯与俄罗斯人相似，大多喜欢腌制各种鱼肉、熏肉、香肠、火腿、酸菜、酸黄瓜等。

主要的俄式名菜：鱼子酱、莫斯科红菜汤、酸黄瓜汤、什锦冷盘、罗宋汤、冷苹果汤、鱼肉包子、黄油鸡卷等。

6. 德式菜肴

德国人对饮食并不讲究，菜味宜清淡、酸甜，爱吃猪肉、牛肉、香肠、鸡、鸡蛋、葱头、酸菜、土豆、番茄、水果、奶酪等，不求浮华只求实在、营养。一般烹饪方法以煎、蒸、煮、红烧为主，喜欢多放油。不过对于牛肉，德国人还是喜欢生吃。德国人发明了自助快餐。德国人喜喝啤酒，每年都举办慕尼黑啤酒节。

主要的德式菜肴名菜：蔬菜沙拉、鲜蘑汤、焗鱼排、鞑靼牛排、咸猪脚酸菜、猪肉酸黄瓜卷、烤鹅苹果酿馅等。

7. 其他菜肴

希腊菜肴：以清淡典雅、原汁原味为主。

西班牙、葡萄牙菜肴：以米饭著称，常以焖烩的肉、海鲜为佐。

东欧菜肴：与俄式菜肴接近。

【阅读资料3-7】

西餐就餐礼仪

1. 最得体的入座方式是从左侧入座。当椅子被拉开后，身体在几乎要碰到桌子的距离站直，领位者会把椅子推进来，腿弯碰到后面的椅子时，就可以坐下来。就座时，身体要端正，两腿并拢，手肘不要放在桌面上，与餐桌的距离以便于使用餐具为佳。餐台上已摆好的餐具不要随意摆弄。将餐巾对折轻轻放在膝盖上。

2. 使用刀叉进餐时，从外侧往内侧取用刀叉，要左手持叉，右手持刀。切东西时，左手拿叉按住食物，右手拿刀将其切成小块，用叉子送入口中。使用刀时，刀刃不可向外。餐中放下刀叉时应摆成"八"字形，分别放在餐盘边上。刀刃朝向自身，表示还要继续吃；每吃完一道菜，将刀叉并拢放在盘中，表示可以收盘。如果要谈话，可以拿着刀叉，无须放下。不用刀时，可用右手持叉，但若需要做手势时，就应放下刀叉，千万不可手拿着刀叉在空中挥舞摇晃；也不要一手拿刀或叉，而另一只手擦嘴；更不可一手拿酒杯，另一只手拿叉取菜。要记住，任何时候，都不可将刀叉的一端放在盘上，另一端放在桌上。

用餐时，上臂和背部要靠着椅背，上身和桌子保持约一个拳头的距离。两腿并拢摆放。

3. 喝汤时不要啜，吃东西时要闭嘴咀嚼。不要舔嘴唇或咂嘴发出声音。如汤菜过热，可待稍凉后再吃，不要用嘴吹。喝汤时，用汤勺从里向外舀，汤盘中的汤快喝完时，用左手将汤盘的外侧稍稍翘起，用汤勺舀净即可。吃完汤菜时，将汤匙留在汤盘（碗）中，匙把指向自己。

4. 吃鱼、肉等带刺或骨的菜肴时，不要直接外吐，可用餐巾捂嘴轻轻吐在叉上放入盘内。如盘内剩余少量菜肴，不要用叉子刮盘底，更不要用手指相助食用，应以小块面包相助食用。吃面条时要用叉子先将面条卷起，然后送入口中。

5. 面包一般掰成小块送入口中，不要拿着整块面包去咬。抹黄油和果酱时也要先将面包掰成小块再抹。

6. 吃鸡时，欧美人多以鸡胸脯肉为贵。吃鸡腿时，应用力将骨去掉，不要用手拿着吃。吃鱼时，不要将鱼翻身，而是吃完上层后用刀叉将鱼骨剔掉后再吃下层。吃肉时，要切一块吃一块，不能切得过大，或一次将肉都切成块。

7. 喝咖啡时如愿意添加牛奶或糖，添加后要用小勺搅拌均匀，将小勺放在咖啡的垫碟上。喝时应右手拿杯把，左手端垫碟，直接用嘴喝，不要用小勺一勺一勺地舀着喝。吃水果时，不要拿着水果整个去咬，应先用水果刀将其切成四瓣再用刀去掉皮、核，用叉子叉着吃。

8. 用刀叉吃有骨头的肉时，可以用手拿着吃。若想吃得更优雅，还是用刀较好。用叉子将整片肉固定（可将叉子朝上，用叉子背部压住肉），再用刀沿骨头插入，把肉切开。最好是边切边吃。必须用手吃时，会附上洗手水。当洗手水和带骨头的肉一起端上来时意味着"请用手吃"。用手指拿东西吃后，将手指放在装洗手水的碗里洗净。吃一般的菜时，如果手指弄脏了，也可请侍者端洗手水来。注意洗手时要轻轻洗。

9. 吃面包不可蘸调味汁，吃到连调味汁都不剩，这是对厨师的礼貌。注意不要把面包盘子"舔"得很干净，而要用叉子叉住已撕成小片的面包，再蘸一点调味汁来吃，这才是优雅的做法。

（资料来源：林莹.西餐礼仪[M].北京：中央编译出版社，2010.）

第四节　饮料基础知识

酒水就是人们通常所说的饮料的总称。酒水，顾名思义，既包含酒，也包含水。其中"酒"是人们熟悉的含有乙醇的饮料，而"水"是饭店业和餐饮业的专业术语，是指所有不含乙醇的饮料或饮品。一般来讲，酒水按照是否含酒精成分，可分为酒精饮料和非酒精饮料两大类。

一、酒

（一）酒的定义

酒是一种有机化合物，它是用谷物、水果等含淀粉或糖分的植物经过蒸馏、发酵等工艺酿造而成的、含食用酒精的（含乙醇的）、带刺激性的饮料。

（二）酒的分类

1. 按生产工艺分

酒有酿造、蒸馏、配制三种制造方法。生产出来的酒称为发酵酒、蒸馏酒、配制酒。

（1）发酵酒。

发酵酒又称原汁酒、酿造酒，是将富含糖质、淀粉质的果类、谷物等酿酒原料直接放入容器中，添加酵母菌进行发酵酿制而成的含有乙醇的饮料。这种酒酒精含量低，属于低度酒。常见的有葡萄酒、苹果酒、啤酒、米酒等。

（2）蒸馏酒。

蒸馏酒又称烈性酒，是把经过发酵含有乙醇的原料（发酵酒），加以蒸馏提纯，然后经过冷凝处理而获得的含有较高乙醇纯度的液体，通常可经过一次、两次或多次蒸馏，取得高质量的酒液。常见的蒸馏酒有茅台、五粮液、白兰地、伏特加、威士忌等。

（3）配制酒。

配制酒是指用一种白酒或果汁作为基酒，再将其他不同的原料，如药材、香料或特定的植物等浸泡、配制而成的液体。配制酒常用浸泡、混合、勾兑等方法，使之成为种类、味道不同的新酒。常见的配制酒有中国的药酒。

2. 按乙醇含量分

由于酿酒原料不同，酿制的酒品其乙醇含量也不相同，大体可划分成高度酒、中度酒、低度酒三大类。

（1）低度酒。

低度酒是指乙醇含量在 20°以下的饮料酒。这类酒的刺激性较小，代表品种有葡萄酒、啤酒、清酒等。

（2）中度酒。

中度酒是指乙醇含量在 20°～39°的饮料酒。这类酒比较温和，酒液刺激性较小，代表品种有味美思、五加皮等。

（3）高度酒。

高度酒是指乙醇含量在 40°以上的烈性酒。由于其乙醇含量较高，故酒液刺激性较强，代表品种有茅台、五粮液、威士忌、白兰地等。

3. 按国别分

1）中国酒

（1）白酒。

白酒是以谷物及其他含有丰富淀粉的农副产品为原料，以酒曲为糖化发酵剂，经发酵蒸馏而成的高酒精含量的酒。白酒无色透明、质地纯净，醇香浓郁，口感丰富。我国传统生产方法所形成的白酒酒度一般在 40°以上，我国许多著名白酒的度数多在 55°～60°。由于现在人们对健康的追求，采用了降度工艺，酒度一般在 30°左右，也有的在 20°左右。中国白酒按香型可以分为：酱香型、浓香型、清香型、米香型、兼香型五种，如表 3-2 所示。

表 3-2 中国白酒香型

香型	特点	代表酒
酱香型（又称茅香型）	香气幽雅、酒味醇厚、柔和绵长、空杯留香	贵州茅台酒
浓香型（又称泸香型）	芳香浓郁、甘绵适口、香味协调、回味悠长	四川泸州老窖特曲
清香型（又称汾香型）	清香纯正、醇甘柔和、香味协调、余味净爽	山西汾酒
米香型	蜜香清柔、幽雅纯净、入口绵甜、回味怡畅	广西桂林三花酒
兼香型（又称混合香型或复香型）	一酒多香，即兼有两种以上的主体香型	贵州董酒

（2）黄酒。

黄酒是世界上最古老的酒类之一，源于中国，且唯中国有之。黄酒酿酒技术独树一帜，成为东方酿造界的典型代表和楷模。黄酒又名"老酒""料酒""陈酒"，是以谷物（主要是糯米、粳米和黍米）为主要原料，经过特定的加工，酿制而成的一种低酒精含量的原汁酒，酒度一般在 12°～18°。黄酒绝大多数色泽金黄清亮或黄中带红，酒质醇厚幽香，味感和谐。中国具有代表性的黄酒有绍兴加饭酒、龙岩沉缸酒等。

（3）药酒。

药酒是以白酒（也有少量用黄酒）为基酒，加入各种中药材，经过酿制或泡制而成的一种具有药用价值的酒。各种药酒因其用料和用酒不同，度数也有所不同，又因其加入的药材不同，其药用功效也不相同。

2）外国酒

（1）烈性酒。

烈性酒主要有以下六大类：白兰地、威士忌、伏特加、朗姆酒、金酒和特基拉酒。

① 白兰地。白兰地源于荷兰语，意即可燃烧的，它是以葡萄或水果为原料，制作过程为原料加工、发酵，并经两次蒸馏后再行勾兑、陈酿。其中陈酿工艺要求很严，必须用没有铁质钉子的橡木桶储存陈酿，其酒陈酿年份越长，酒品越为昂贵。

白兰地酒液呈晶莹的琥珀色，具有浓郁的芳香，味醇厚润，微苦，爽口，主要作餐后酒，也可调制混合饮品和鸡尾酒。适量饮用可解疲劳、助消化、增加食欲。

世界上生产白兰地的国家有很多，但以法国产量最大，尤其以法国干邑（Cognac）地区最著名。因干邑区的土壤好，气候好，再加上特殊的蒸馏技巧，故其品质极佳而享誉全球。Cognac 作为白兰地的一种特殊名称，受到法律的限制和保护，其他地方的白兰地不能称为 Cognac，干邑白兰地被称为"白兰地之王"。

在白兰地酒标上常标有不同的陈酿符号，如：☆☆☆表示 3～5 年；"VO"表示 10～12 年；"VSP"表示 12～20 年；"VSOP"表示 25 年以上；"FOV"表示 30 年以上；"Napoleon"表示 40 年以上；"XO"表示 50 年以上；"X"表示 70 年以上。

② 威士忌。威士忌是蒸馏酒中一类重要的酒品，它是由麦芽、玉米、燕麦等谷物经发酵后蒸馏而成的酒水。威士忌最有代表性的有苏格兰威士忌、美国威士忌、爱尔兰威士忌和加拿大威士忌，其中苏格兰威士忌最负盛名。英国人喜欢喝威士忌，他们称其为"生命之水"。威士忌可单饮或加冰块饮用，也可以加软饮料或水饮用，并可用于调制鸡尾酒。

威士忌酒要储存 8 年以上，储存 15～20 年的为最优质成品酒，但超过 20 年质量会下降。

③ 伏特加。伏特加起源于俄罗斯，它是以谷物、马铃薯为原料经发酵后蒸馏，并经过活性炭过滤而成的酒水。生产伏特加的国家有很多，如美国、波兰、丹麦等，但仍以俄罗斯的伏特加品质最好。伏特加酒适宜单饮或加软饮料饮用，同时又可用于调制鸡尾酒。

④ 朗姆酒。朗姆酒是以甘蔗汁、甘蔗糖浆及其他蔗糖副产品为原料，经发酵蒸馏而得的酒，因此朗姆酒实质上是制糖业的副产品。朗姆酒的主要特征是具有甘蔗香气，产地以西印度群岛最多，其中牙买加的 Bacardi（百加地）牌朗姆酒最为著名。此外，美国、海地、墨西哥等国也出产朗姆酒。朗姆酒香味甜润圆滑，酒感较强不冲，饮后杯中留有余香。酒度一般在 40°~45°。朗姆酒极少单饮，大部分适宜调配鸡尾酒。

⑤ 金酒。金酒又称琴酒、毡酒、杜松子酒。17 世纪，荷兰的一位医学教授知道杜松子有利尿的功能，于是在酒精中掺入杜松子后进行蒸馏，结果取得了一种含有杜松子油的药酒。经过临床试验发现，这种药酒除了有利尿的作用之外，对于健胃、解热都很有功效。这种酒一面世即受到了热烈的欢迎，广为流传。金酒有荷兰金酒、英国伦敦金酒、美式金酒及其他国家的金酒。金酒色泽透明，香味突出，适宜单饮或加软饮料饮用。

⑥ 特基拉酒。特基拉酒又称"龙舌兰酒"，它出产于墨西哥的 Tequila 小镇，因而得名。同时只有产自该地区的龙舌兰酒才可标为 Tequila。Tequila 酒是墨西哥的国酒，大量出口到世界各地，它是以龙舌兰和仙人掌为原料经发酵、蒸馏制作而成的酒水。特基拉酒呈浅琥珀色，香气奇异、口味凶烈，风格独特，既可以单饮，又可作调酒用。

（2）葡萄酒。

葡萄酒是以葡萄为原料，经过压榨、破碎、发酵、熟化、换桶、澄清等工艺流程酿制而成的发酵酒。葡萄酒主要有红葡萄酒、白葡萄酒和香槟酒等，度数为 8°~18°。

红葡萄酒是用紫葡萄连皮及种子一起压榨取汁，经自然发酵酿制而成的。由于发酵时间长，葡萄皮中的色素在发酵过程中溶进酒里，使酒液呈红色。酒液呈紫红色，表示酒质很新，不够成熟。酒液呈褐红色，表示酒已成熟，酿制在 3 年以上。酒液呈红木色，表示储存期超过 10 年。一般来说，红葡萄酒储存 4~10 年味道正好。红葡萄酒依据口味分强烈、味浓和清淡三种。

白葡萄酒主要是用白葡萄，也有用紫葡萄的，但不管使用哪种葡萄，其皮和种子都要除去，然后再压榨取汁，经自然发酵酿制而成。白葡萄酒发酵时间较短，一般储存 2~5 年即可饮用。酒液颜色较淡，一般呈浅黄色。

口感按其含糖量可分为甜和半甜、半干和干。酒液中含糖量在 7%以上的为甜型葡萄酒，口感很甜；含糖量在 2.5%~7%的为半甜型葡萄酒，口感较甜；含糖量在 0.5%~2.5%的为半干型葡萄酒，口感有微弱的甜味；含糖量在 0.5%以下的为干型葡萄酒，口感酸而不甜。酒的档次按酒液中所含葡萄原料量的多少来分，高档葡萄酒又称全汁葡萄酒。

【阅读资料 3-8】

葡萄酒的饮用与保管方法

1. 红葡萄酒的饮用方法

红葡萄酒最好在饮用前 1 h 左右打开，让酒水充分呼吸空气后再饮用。红葡萄酒中含有单宁酸（一种化学成分，产生酸涩感），单宁酸跟空气接触之后所产生的变化是非常丰富的，可降低红葡萄酒的酸涩感。

红葡萄酒酒液中含糖较高，酸度较低，酒味甜美微酸，香气芬芳，适合很多场合饮用，如婚宴、商务、聚会、烛光晚餐等。红葡萄酒适合搭配牛肉、羊肉、鸭肉、鱼或调味较重的菜肴，这是因为葡萄酒中的单宁酸与蛋白质结合，有助于消化。红葡萄酒一般是在室温下饮用，即15 ℃～18 ℃为最佳饮用温度。

红葡萄酒常见的错误饮法和搭配：

在葡萄酒中兑入雪碧、可乐等碳酸类饮料是不正确的，这样一方面破坏了葡萄酒原有的纯正果香，另一方面也因大量糖分、气体的加入影响了原有的营养和功效。

加冰块饮用也是不正确的。因为加冰之后葡萄酒被稀释，不太适合胃酸过多和患溃疡病的人饮用。

与醋对"饮"，如菜肴中拌了醋，再与红葡萄酒同食，口味就会大打折扣。

2. 白葡萄酒的饮用方法

一般白葡萄酒酒液中酸度稍高，酒味酸甜适口，醇厚芬芳。白葡萄酒适宜与猪肉、鸡肉、海鲜或调味较淡的菜肴搭配，能够充分领略菜肴的清淡滋味。白葡萄酒的最佳饮用温度为8 ℃～12 ℃。因此，在饮用前需要对此类酒做冰镇处理。常用的冰镇方法有以下三种：

（1）冰箱冷藏法。即直接将酒瓶放入冰箱冷藏室。应注意：冷藏和冷冻是有区别的，有些酒类（如啤酒）在低于－10 ℃时，酒液就会变混浊。啤酒和软饮料储存在接近4 ℃的温度下较为理想。

（2）冰块冰镇法。冰块冰镇法又包括两种方法：一种是直接将冰块放入酒液饮料中，另一种是将酒瓶插入放有冰块的冰桶中约10 min，即可达到冰镇的效果。

（3）溜杯。这种方法是用冰块对器具进行降温处理，常用于调制鸡尾酒。服务员手持酒杯下部，在杯中放入一块冰块，转动杯子使冰块沿杯壁滑动，以此达到降低杯子温度的目的。

3. 葡萄酒的保存方法

葡萄酒保存的好坏会直接影响酒的寿命。通常情况下，葡萄酒保存应注意以下几点：

（1）置于阴凉处，保持恒温10 ℃～13 ℃，有利于延长酒的寿命。

（2）保持一定的温度，防止软木塞干缩。

（3）将葡萄酒瓶横放或倒立。

（4）避免阳光直射。

（5）切勿与油漆、汽油、醋、蔬菜等放在一起，以免破坏酒香。

（6）避免振动，防止酒液浑浊。

（本资料由作者根据相关资料改编。）

（3）啤酒。

啤酒一般是用大麦芽发酵，加啤酒花及其他含淀粉的香类植物和优质的水等酿造而成的。不同质量的啤酒，麦芽糖的含量不同。一般啤酒的麦芽糖含量为12°，特制啤酒为14°，其酒精度数一般为3.5°～8°。啤酒是一种含有多种氨基酸、维生素、蛋白质和二氧化碳的营养丰富、高热量、低酒度的饮料酒，具有清凉、解渴、健胃、利尿、增进食欲等功效；素有"液体面包"的美称，是世界上产量最大的饮料酒。目前，世界上生产啤酒最多的国家是美国，而德国是世界上饮用啤酒最多的国家。

（4）鸡尾酒。

鸡尾酒是一种量少而需冰镇的饮料，它是以朗姆酒、特基拉酒、伏特加、威士忌等烈酒或是葡萄酒作为基酒，再配以其他材料，如果汁、蛋清、苦精、牛奶、咖啡、可可、糖等，加以搅拌或摇晃而成的一种饮料，最后还可用柠檬片、水果或薄荷叶作为装饰物。鸡尾酒是目前世界各国人民普遍喜爱的一种酒精性饮品。它不仅具有醇香、圆润、协调的味觉，而且在色、香、形等方面都充满诗情画意。

【阅读资料3-9】

鸡尾酒的调制方法

要调制一杯色、香、味、形俱佳的鸡尾酒，除了挑选优质基酒和正确使用辅料、配料外，还应掌握调制鸡尾酒的各种基本技巧。

一、调酒器具

调制鸡尾酒的主要用具有：摇壶、调酒杯、过滤器、搅拌机、酒吧匙、调酒棒、量杯、榨汁器、起塞器、开瓶器、开罐器、冰桶、冰夹、冰铲、水果刀、漏斗、鸡尾酒签、吸管、杯垫、糖盅、砧板以及各式盛装酒水的酒杯等，具体如图4-1所示。

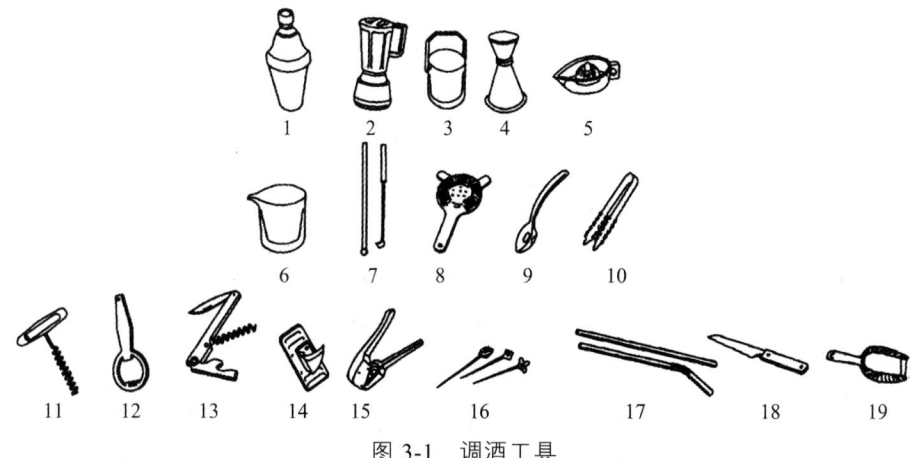

图 3-1 调酒工具

1. 摇壶；2. 搅拌机；3. 冰桶；4. 量杯；5. 榨汁器；6. 调酒杯；7. 调酒棒；8. 过滤器；
9. 酒吧匙；10. 冰夹；11. 瓶塞钻子；12. 开瓶器；13. 多用起塞器；14. 开罐器；
15. 碎冰器；16. 鸡尾酒签；17. 吸管；18. 水果刀；19. 冰铲

二、鸡尾酒的调制方法

1. 摇和法

摇和法是把冰块及各种酒水按配方先后放入摇壶中摇荡均匀的方法。摇和法适于浑浊型饮料，不含有汽原料。

2. 搅拌法

搅拌法是将冰块和各种原料按配方先后放入搅拌机内，按动电钮，快速搅匀的方法。此种方法适于分量大的鸡尾酒，或搅拌鸡蛋、水果类等。

3. 调和法

调和法是在调酒杯中,按配方先后加入冰块及各种原料,用调酒棒或酒吧匙在杯中快速搅匀的方法。此法适于清亮型饮料的调制,若有含汽饮料,一般也用此法。

4. 对和法

对和法是将各种酒按分量沿酒吧匙或调酒棒徐徐倒入酒杯中,比重大的先加入,比重小的后加入,保持层次分明的效果。此法主要用于调制彩虹鸡尾酒。注意:酒吧匙或调酒棒尖不可插入杯内液面,以免冲撞混合。

4. 按配餐方式和饮用方式分

(1) 餐前酒。

餐前酒又称开胃酒,在餐前饮用,具有生津开胃、增进食欲的功效。可细分为味美思类、茴香类和苦味类。由于开胃酒多用草药、树皮、树根、茴香、龙胆、肉桂、金鸡纳霜等对人体有益的成分,并常以葡萄酒和蒸馏酒为基酒。所以,喝了以后能刺激人的胃口,增加人的食欲。

代表品种:味美思、茴香酒等。

(2) 佐餐酒。

佐餐酒也称葡萄酒,是西餐配餐的主要酒类。它是用新鲜的葡萄汁发酵制成的,酒液中含有酒精、天然色素、脂肪、维生素、矿物质、酸类等营养成分,因此,饮用后可以帮助消化,促进内分泌,起到滋补强身的作用。

代表品种:红葡萄酒、白葡萄酒等。

(3) 餐后酒。

餐后酒是供餐后饮用的含糖分较多的酒类,是以葡萄酒作基酒,加入食用酒精或白兰地以增加其酒精含量,再加入香料、果仁或药材等配制而成的,餐后饮用能帮助消化。餐后酒大致分为三种类型:植物类、食品类和果料类。

代表品种:绿薄荷酒、蓝香橙酒、咖啡味的甘露酒等。

国外的酒非常注重保管及储存方式。各种不同的佐餐酒应根据其特点进行贮藏。白葡萄酒、香槟酒应存放于低温酒库;红葡萄酒应放于避光库(防止阳光照射)。凡是用软木塞封瓶的酒,应平放或倒置存放,以防止木塞干燥。软木塞只有被酒液浸润膨胀,才可使酒液与空气隔绝,达到防腐变的作用。蒸馏酒类,则应竖直存放。

(三) 酒水的质量鉴别方法

1. 白酒的鉴别

(1) 看色:无色透明、无悬浮物和沉淀物的液体。

(2) 闻香:溢香,酒的芳香或芳香成分溢散在杯口附近的空气中;喷香,酒液饮入口中,香气充满口腔,如五粮液;留香,酒已咽下,而口中仍持续留有酒香味,如茅台。

(3) 尝味:浓厚、淡薄、绵软、辛辣、纯净。

（4）优质白酒的特点：晶莹纯净，无色透明，无沉淀，回味无穷，有的品种有黏杯的特点，酒香馥郁纯净，并有溢香、留香之感。

2．啤酒的鉴别

（1）色泽鉴别。

优质啤酒：浅黄色，不呈暗色，有醒目光泽，清亮透明，无明显悬浮物。

劣质啤酒：色泽暗而无光或失光，有明显悬浮物和沉淀物，严重者酒体混浊。

（2）泡沫鉴别。

优质啤酒：倒入杯中时起泡力强，泡沫达 1/2 至 2/3 杯高，洁白细腻，挂杯持久（3.5 分钟左右）。

劣质啤酒：倒入杯中稍有泡沫且消散很快，或者泡沫粗黄，不挂杯，似一杯冷茶水状。

（3）香气鉴别。

优质啤酒：有明显的麦香以及啤酒花香气，无其他异味。

劣质啤酒：无酒花香气，有苦味和涩味。

（4）口味鉴别。

优质啤酒：口味纯正，酒香明显，无任何异杂滋味。

劣质啤酒：味不正，有明显的异杂味、怪味，如酸味或甜味过于浓重，有铁腥味、苦涩味或淡而无味。

3．葡萄酒的鉴别

1）观察酒瓶外观

（1）酒瓶标签印刷是否清楚？模糊不清的可能是仿冒翻印。

（2）酒瓶的封盖是否有异样？有没有被打开或破坏的痕迹？未开封的酒，如果瓶塞凸起或瓶口有黏液，说明该酒的品质有问题。

（3）从酒瓶背面标签上的国际条形码可以判断是哪国出品，如以 3 字打头的，是法国生产的；以 9 字打头的，是澳大利亚生产的；以 6 字打头的，是中国生产的。

2）观察葡萄酒体

（1）葡萄酒的颜色是否自然？通常，葡萄酒的颜色呈宝石红或淡金、桃红等清澈的自然葡萄酒色，酒体变质后会有浑浊感，如果色泽不自然，就会有勾兑等嫌疑。

（2）葡萄酒体中是否有不明悬浮物？如果瓶底有少许沉淀的结晶体是正常现象。

（3）葡萄酒瓶底部都会有凹凸，用来在葡萄酒直立时存放沉淀酒渣。越需要长时贮存的葡萄酒，凹凸越深。所以，一般来讲，好酒因需要长期保存，瓶底凹凸都比较深。

3）观察酒塞标识

打开酒瓶，看木塞上的文字是否与酒瓶标签上的文字一样。在法国，酒瓶与酒塞都是专用的。

4）闻葡萄酒的气味

通常，打开一瓶葡萄酒，会闻到扑鼻而来的酒香（馥郁的果香，甚至是花香）。如果葡萄有指甲油般呛人的气味，或醋酸味，说明酒已变质。

5）观察葡萄酒的挂杯

轻轻将葡萄酒倒入红酒杯，轻轻摇晃，观察酒体是否有挂杯现象，如果酒体不能挂杯，说明酒有勾兑的可能。正常的葡萄酒液会挂在杯壁上一圈，像"小裙子"一样，均匀、细致。

6）品尝葡萄酒

喝第一口酒，酒液经过喉头时，正常的葡萄酒是平顺的。如有强烈的刺激感，或残留在口中的气味有异样，则不正常。

二、茶

近年来，茶已成为世界三大无醇饮料（茶、可可、咖啡）中饮用最普遍的一种天然饮料。中国是茶叶的故乡，是世界上最早发现、栽培、生产和饮用茶叶的国家。从《神农本草》中记载的"神农尝百草，日遇七十二毒，得荼（茶）而解之"起，我国已有 4 000 多年的饮茶历史了。

茶之所有深受人们的喜爱，除了它可以做饮料外，还兼有药理和营养两方面的作用。它能止渴生津、提神解乏；除脂解腻，促进消化；杀菌消炎，利尿解毒；强心降压，增强体质；补充营养，预防辐射等。

（一）茶叶的种类

茶叶的分类，尚无统一的方法。关于茶类的划分有多种方法，主要可分为以下六种：

（1）依据茶叶的发酵程度分类，可分为全发酵茶、半发酵茶和不发酵茶。

（2）依据产茶季节分，具体分类如下：

① 春茶，又名头帮茶或头水茶，为清明至夏至（3月上至5月中旬）期间所采制的茶叶。茶叶鲜嫩，品质极佳。

② 夏茶，又称二帮茶或二水茶，是在夏至前后（5月中下旬）采制的茶叶。

③ 秋茶，又称三水茶或三番茶，是在夏茶采后 1 个月所采制的茶叶。

④ 冬茶，又称四番茶，即秋分以后采制的茶叶。我国东南茶区极少采制，仅在云南和台湾等少数气候较为温暖的茶区尚有采制。

（3）依据茶叶的形状分类，有散茶、条茶、碎茶、圆茶、正茶、副茶、砖茶和束茶等。

（4）依据茶叶的制造程度分类如下：

① 毛茶，又称粗制茶或初制茶。各种茶叶经初制后的成品因其外形比较粗放，故统称为毛茶。

② 精茶，又称精制茶、再制茶或成品茶。毛茶再经筛分，使其成为外形整齐划一、品质稳定的成品茶。

（5）依据茶树品种分类，可分为小叶种茶和大叶种茶。

（6）依据茶叶的生产工艺分类，可分为基本茶类和再加工茶类两种，具体如表3-3所示。

表 3-3 中国茶叶分类

基本茶类	绿茶	属于不发酵茶，茶叶经过炒制、烘干或日光晒干而成	蒸青绿茶	煎茶、玉露
			晒青绿茶	滇青、川青、陕青
			炒青绿茶	龙井、碧螺春、雨花茶、平水珠茶
			烘青绿茶	黄山毛峰、太平猴魁、高桥银峰
	白茶	成茶外表披满白色茸毛，呈白色隐绿	白芽茶	白毫银针
			白叶茶	白牡丹、贡梅
	黄茶	属轻微发酵茶，基本工艺流程近似绿茶，在制造过程中加以焖黄	黄芽茶	君山银针、蒙顶黄芽
			黄小芽	北港毛尖、温州黄汤
			黄大芽	霍山黄大芽、广东大叶青
	乌龙茶	又称青茶，属于半发酵茶类，其基本加工工艺流程为晒青、晾青、杀青、揉捻、干燥	闽北乌龙	武夷岩茶、水仙、大红袍、肉桂
			闽南乌龙	铁观音、奇兰、黄金桂
			广东乌龙	凤凰单枞、凤凰水仙、岭头单枞
			中国乌龙	冻顶乌龙、包种乌龙
	红茶	属于全发酵茶，鲜叶经过萎凋、揉青、发酵、烘干等工艺过程，茶汤和叶底都呈红色	小种红茶	丘山小种、烟小种
			功夫红茶	滇红、祁红、川红、闽红
			红碎茶	叶茶、碎茶、片茶、末茶
	黑茶	经过杀青、揉捻、渥堆、干燥过程，成饼状外形油黑	湖南黑茶	安化黑茶
			滇桂黑茶	普洱茶、六堡茶
			四川边茶	南路边茶、西路边茶
再加工茶类	花茶	用绿茶中的烘青绿茶和花香熏制而成		玫瑰花茶、茉莉花茶、桂花茶
	紧压茶	以已制成的红茶、绿茶、黑茶的毛茶为原料，经过再加工，蒸压成型而制成		黑砖、方砖、饼茶
	萃取茶	以成品茶或半成品茶为原料，用热水萃取茶叶中的可溶物，过滤，获得茶汁，可按需要制成固态或液态		速溶茶、浓缩茶、罐装茶
	果味茶	在茶叶半成品或成品中加入果汁后制成的各种水果味的茶		荔枝红茶、柠檬红茶、猕猴桃茶
	药用保健茶	将茶叶和某些中草药拼合调配后制成的各种保健茶饮		减肥茶、降脂茶
	含茶饮料	在饮料中添加各种茶汁，制成茶饮料，是现代高科技开发的新型饮品		茶可乐、茶汽水

（二）茶叶的鉴别

茶叶的品质好坏可以通过色、香、味、形四个方面来评价，通常采用看、闻、摸、品进行鉴别，即看外形、色泽，闻香气，摸身骨，开汤品评。

1. 色　泽

不同茶类有不同的色泽特点。例如：绿茶应呈浅绿或黄绿，清澈明亮；红茶应乌黑油润，汤色红艳明亮；乌龙茶以色泽青褐光润为好。

2. 香　气

各类茶叶本身都有香味。例如：绿茶具有清香的特点；红茶具有清香、甜香或花香的特点；乌龙茶具有熟桃香的特点；花茶以浓香吸引茶客。

3. 口　味

口味又称茶叶的滋味，茶叶本身的滋味由苦、涩、甜、鲜、酸等构成。其成分比例得当，滋味就鲜醇可口。同时，不同的茶类滋味也不一样。

4. 外　形

从茶叶的外形可以判断茶叶的品质，因为茶叶的好坏与采摘茶的鲜叶直接相关，也与制茶相关，这都反应在茶叶的外形上。干茶应干燥、完整，条索紧实；冲泡后，叶片完整、茶汤清澈透明。

（三）茶叶的储存

1. 影响茶叶品质的因素

茶叶是疏松多孔的干燥物质，储存不当，很容易发生不良变化，如变质、变味和陈化等。造成茶叶变质、变味、陈化的主要因素有温度、水分、氧气和光照。这些因素相互作用而影响茶叶的品质。

（1）温度。温度越高，茶叶品质变化越快。温度平均每升高 10 ℃，茶叶的色泽褐变速度将增加 3～5 倍。如果把茶叶储存在 0 ℃ 以下的地方，就能抑制茶叶陈化和品质损失。

（2）水分。茶叶中的水分含量在 3%左右时，茶叶成分与水分子呈单层分子关系，可以较有效地把脂质与空气中的氧分子隔离开来，阻止脂质的氧化变质。当茶叶中的水分含量超过 5%时，水分就会转变成溶剂，引起激烈的化学变化，加速茶叶变质。

（3）氧气。茶中多酚类化合物的氧化，维生素 C 的氧化以及茶黄素、茶红素的氧化聚合都和氧气有关。这些氧化作用会产生陈味物质，严重破坏茶叶的品质。

（4）光照。光照会加速茶叶中各种物质产生化学反应，对储存产生极为不利的影响。植物色素或脂质的氧化素，易受光的照射而褪色。

2. 茶叶的保存方法

（1）最好准备一台专门储存茶叶的小型冰箱，将温度设定在 -5 ℃ 以下，将茶叶封口紧闭后，放入冰箱内，或将茶叶储存在一般冰箱的冷冻库，但不能再储存其他东西。

（2）可用整理干净的水瓶，将拆封的茶叶倒入瓶内，塞紧塞子存放。

（3）可用干燥箱储存。

（4）可用陶罐存放。罐内底部放置双层纸，罐口放置两层棉纸然后盖上盖子。

（5）可用有双层盖子的罐子储存，以纸罐较好，其他锡罐、马口铁罐等都可以，罐内先摆一层棉纸或牛皮纸，再盖紧盖子。

（6）最好少量购买茶叶或以小包装存放，减少打开包装的次数，避免频繁接触空气。这样既能保质，又方便冲泡。

（7）装茶叶时，要尽量装满不留空隙，可减少储存空间内的空气，利于保持茶叶的品质。

（8）原则上，茶叶买回来之后，最好尽快喝完，绿茶以在一个月之内，趁新鲜喝完最好。半发酵茶或全发酵的茶也要在半年内喝完。

（9）茶叶放太久后会有潮味，可放在烤箱中稍微加热。

三、软饮料

软饮料，是指不含乙醇的饮料。不同的软饮料能适应不同人群的需要，既能满足人们的生理需要，又能从不同的方面给人们提供多种营养，因此深受世界各地消费者喜爱。

软饮料按其主要功能可分为普通饮料、矿泉水饮料、运动饮料、保健饮料等；按其形态可分为液状、糊状、固体状（颗粒状、块状）等三大类；按其主要成分与特点，又可分为碳酸饮料、果汁饮料、乳品饮料、蔬菜汁饮料、豆奶饮料、茶叶饮料、咖啡饮料、可可饮料、药物饮料、矿物饮料等。

（一）碳酸饮料

碳酸饮料是含有二氧化碳的软饮料，因开瓶后有气泡涌出，所以又称为"汽水"。汽水主要有果味型、果汁型和可乐型三种。饮碳酸饮料后，碳酸受热分解，产生吸热反应，可以大量吸收人体的热量，在二氧化碳经口腔排出体外时，一部分热量也随之排出，因此给人以清凉的感觉。

1. 果味型汽水

果味型汽水是以甜味剂、酸味剂、食用色素、食用香精、食用防腐剂为原料，用充有二氧化碳的原料水调配而成的，具有与天然水果相似的香气和滋味，但营养价值较低，为大众化饮料，如橘子汽水、菠萝汽水等。

2. 果汁型汽水

果汁型汽水除含有果汁外，其他成分大致与果味型汽水相同，具有水果的色、香、味，营养较丰富。果汁型汽水分清汁、混汁两大类。清汁的有雪碧汽水、七喜汽水、奎宁汽水等；混汁的有橘子汁汽水、苹果汁汽水等。

3. 可乐型汽水

可乐型汽水是一种红褐色的浓香型汽水，如可口可乐、非常可乐、百事可乐等。

（二）果汁饮料

果汁饮料是以水果为主要原料制成的饮料，色泽鲜艳，果香宜人，营养丰富，分为天然原果汁饮料、部分果汁饮料、果浆饮料、果粒饮料、浓缩果汁饮料等。

1. 天然原果汁饮料

天然原果汁饮料又叫鲜榨。这种饮料是用新鲜水果制成的，现制现饮，不宜久存。这种饮料原汁原味，果香浓郁，口感丰富，不加入任何添加剂，并保留有水果原有的营养成分，如西瓜汁、菠萝汁、猕猴桃汁、鲜桃汁、芒果汁、草莓汁、西柚汁、鲜橙汁、苹果汁等。

2. 部分果汁饮料

部分果汁饮料属勾兑饮料，即在饮料中除加一部分果汁外，还勾兑其他液体及物质。这种饮料有各种不同形式及规格的包装，可在规定的温度下保存一定的时期，如茹梦系列、山楂果类、乌梅汁等。

3. 果浆饮料

果浆饮料多用坚果或果仁制成。这类饮料富含人体所需的高蛋白，适合男、女、老、幼饮用，如松仁露、杏仁露、核桃露、花生露等。

4. 果粒饮料

果粒饮料是近几年来在饮料加工工艺上的创新，即在液体饮料中保留鲜果的果肉。有的饮料保留一种鲜果果肉，有的饮料则同时有几种不同的鲜果果肉，如粒粒橙、果肉菠萝汁等。

5. 浓缩果汁饮料

浓缩果汁是将原果汁提炼加工后，缩去水分后形成的。有些浓缩果汁可直接饮用，有些浓缩果汁则需进行勾兑饮用。勾兑时可用冰水或冰块，勾兑的比例可根据个人口味要求进行。

（三）乳制品饮料

乳制品饮料是指以牛乳或乳制品为原料，经加工处理制成液体或糊状的饮料。乳制品饮料分为乳饮料、发酵乳、乳酸菌饮料三大类。这些饮料深受中外宾客喜爱。

1. 乳饮料

乳饮料是用鲜乳加工制成的各种饮料，如鲜奶饮料、可可奶、淡奶咖啡、豆奶咖啡等。

2. 发酵乳

发酵乳是用鲜乳加工而成的。鲜乳经过发酵加工后，其营养更易被人体吸收。发酵乳呈凝固糊状，如各种瓶装或盒装酸奶等。

3. 乳酸菌饮料

乳酸菌饮料是将乳酸杆菌加入奶中，使奶液形成一种新的口味，形成半糊状液体。这种饮料老幼皆宜，是一种非常理想的保健饮料。这类饮料通常采用瓶装或盒装。

（四）蔬菜汁饮料

蔬菜汁饮料是以新鲜蔬菜为原料制成的饮料。菜汁中含有多种营养成分，易被人体吸收和利用，并有明显的医疗效果，尤其适宜婴幼儿及老年人饮用，如番茄汁、混合菜汁、胡萝卜汁等。

复习思考题

1. 人体所需的营养素有哪些？
2. 人体所需食物的种类有哪些？
3. 简述特殊宾客的膳食特点。
4. 简述中国八大菜系的特点及其代表名菜。
5. 简述西餐的特点及其分类。
6. 简述酒水的类型及其代表名酒。
7. 如何鉴别酒水的质量？
8. 简述茶叶的种类及其代表名茶。
9. 茶叶储存时应注意哪些问题？
10. 常见的软饮料有哪些？

第四章 动车组列车餐饮服务操作技能

【学习目标】

1. 掌握端托服务技能。
2. 掌握餐巾折花的基本手法及具体花型。
3. 掌握茶叶的冲泡技巧。
4. 熟悉酒水服务流程。
5. 熟悉中餐宴会摆台的顺序及标准。
6. 掌握动车组列车餐吧车中餐宴会摆台的顺序及标准。
7. 熟悉西餐宴会摆台的顺序及标准。
8. 掌握动车组列车餐吧车西餐宴会摆台的顺序及标准。

【知识要点】

1. 轻托服务的操作方法。
2. 折花的基本手法。
3. 具体餐巾花型的折叠方法。
4. 餐巾花的摆放要求。
5. 根据茶叶的种类选择茶水比例。
6. 茶叶的冲泡技巧。
7. 斟酒的方法及要领。
8. 酒水的保管方法。
9. 台布的铺设方法及操作要领。
10. 中餐宴会座次安排。
11. 中餐宴会摆台的顺序及标准。
12. 动车组列车餐吧车中餐宴会摆台的顺序及标准。
13. 西餐座次安排。
14. 西餐宴会摆台的顺序及标准。
15. 动车组列车餐吧车西餐宴会摆台的顺序及标准。

餐饮服务技能是指动车组列车餐饮服务人员餐饮服务中为旅客提供的规范的基本技能或技巧。餐服人员只有掌握和运用这些技能，才能做好服务工作，提供高质量的服务。餐饮服务技能包括：托盘、餐巾折花、斟酒、中西餐餐车摆台操作方法、程序和标准等。动车组列车餐吧车服务人员在掌握服务技能理论知识的基础上，熟练地运用服务技能为旅客服务，以达到餐饮服务工作的规范化、程序化和标准化。

第一节　端托服务

托盘是餐饮服务人员经常使用的服务工具。在餐饮服务过程中,无论是摆、换、撤、送餐酒具,还是端送餐饮食物和斟倒酒水等服务操作,都需要使用托盘。正确掌握托盘的操作技能,体现服务的规范化,提高工作效率,是每位动车组列车餐吧车服务人员必须掌握的一门服务技术。

一、托盘的种类

(1)根据托盘质地,可分为:木质托盘、塑料托盘、胶木托盘和金属托盘。其中,胶木托盘最佳,其特点是防滑、耐用、防腐、轻便。

(2)根据托盘规格,可分为:大、中、小三种。

(3)根据托盘形状,可分为:长方形托盘、圆形托盘、方形托盘。

二、托盘的用途

托盘的质地、规格、形状不同,用途也不同。餐饮服务中常用的托盘有三种:一是大、中长方形塑胶托盘;二是中圆形塑胶托盘;三是小圆形托盘(银或不锈钢)或 15 cm×10 cm 的小长方形托盘。餐厅服务常用托盘的用途和规格如表 4-1 所示。

表 4-1　常用托盘的用途和规格

种　类	用　途	规　格
大、中长方形塑胶托盘	托运盘碟、菜点、酒水等较重的物品	45 cm×35 cm
中圆形塑胶托盘	用于斟酒、上菜、分菜,展示酒水、饮料等	直径为 40 cm
小圆形托盘(银或不锈钢)或小长方形托盘	用于递送账单、收款、递送信件、小礼品等	直径为 15 cm 或 10 cm

三、端托服务的方法和步骤

根据所托物品重量的不同,托盘的操作分为轻托和重托两种。无论是轻托还是重托都要经过六道程序:理盘、装盘、起盘、端盘、行走、卸盘。

(一)轻　托

轻托又称胸前托、平托,主要用于托送较轻的物品(重量在 5 kg 左右)和对客服务。具体操作流程如下:

1. 理 盘

理盘，即清洁、整理托盘。根据所托物品，选择合适的托盘并对托盘进行清洁，将其里外擦拭干净，确保托盘外观整洁，无水迹和污渍，也可将干净餐巾或专用盘巾垫在盘内，盘巾四边要与盘底相适应。（见图4-1）。

2. 装 盘

根据托送物品的形状、体积和使用先后顺序合理装盘，以安全稳定，便于服务操作。装盘的原则：高物、重物在托盘里侧，低物、轻物在外侧，先使用的物品在上、在前，后使用的物品在下、在后。同时，盘内的物品要摆放整齐，重量分布得当，重心靠近身体一侧。物品之间要留有一定的间隔，一方面便于拿放物品，另一方面避免端托行走时发生碰撞而产生声响。

3. 起 盘

轻托起盘时左脚上前一步，上身前倾，用右手将托盘从桌边拉出2/3，左手臂自然弯曲，将左手掌伸平，掌心向上，手掌托住托盘底部，在右手的帮助下，用左手用力将托盘托起至胸前，待左手掌握好重心，右手随即放开自然下垂。左臂上下自然弯曲成90°，同时，左脚收回一步，使身体呈站立姿势。（见图4-2）。

4. 端 盘

端盘时左手五指分开，微微弯曲，以大拇指指端到手掌根部和其余四指托住托盘底部，掌心不与托盘底部接触。使手指、手掌和手腕同时受力，将托盘平稳托住，平托于身体左前方，所托物品要避开自己的口鼻部位，也不可将所托物品置于胸下。（见图4-3）。

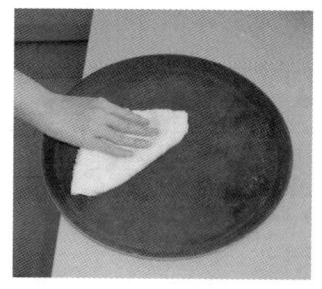
图4-1 理盘

图4-2 起盘

图4-3 端盘

5. 行 走

轻托行走时，要求头正、肩平、上身挺直、目视前方、步履轻快自如，上臂不要紧贴身体，手腕要轻松灵活，托盘边沿不得贴腹。托盘应随行走节奏自然摆动，但其上下摆动的幅度不可过大，否则既不美观也不礼貌。

托盘行走时一般常用以下五种步伐：

（1）常步：正常情况下走路的方法和技巧，要求步距均匀，快慢适中，主要适用于餐吧车日常服务工作。

（2）疾步：又称急步、快步，要求步距稍大，步速较快，但不能跑，要稳中求快，保证物品不变形、不洒，主要适用于托送火候菜或急需物品时行走的步伐。

（3）碎步：又称小步，步距较小，步速较快，上身保持平稳，主要适用于端送汤类菜肴或重托物品时。

（4）垫步：又称辅助步，当需要侧身通过时，左脚侧一步，右脚跟一步，主要适用于穿行餐吧车狭窄的过道，或传送物品到餐桌前，欲将所托物品放于餐桌上时。

（5）巧步：又称技巧步，指超出常规行走的灵活多变的步伐，如在列车运行时，服务员端送行走中，突然遇有意外或障碍时适用。此种步伐不固定。

6. 卸盘

卸盘又称落盘，是将托盘落放在工作台时的动作。轻托卸盘时右脚向前一步，右手扶住盘边，略弯腰，左手位于与桌面平齐位置，将托盘前沿一端搁在桌面上，用右手握住托盘边沿，双手同时轻轻将托盘平稳推至桌面上，待托盘边沿不露于桌面以外，松开双手，直起身体。需要注意的是，卸盘时应把托盘小心放到一个已经选择好的平面处，不可在没有放好托盘之前就急于取下物品，以免翻盘。

（二）重 托

重托又称肩上托，主要用于托送较重物品（重量在 10 kg 左右）。

重托的操作要领：右手扶住托盘的边，左手掌心向上，伸开五指，用全掌托住盘底，掌握好重心后，用右手协助将托盘托起至胸前，再轻轻向上向左旋转左手腕，将托盘擎托于左肩外上方，左手指尖向后，托盘距肩 2 cm，右手自然下垂或轻扶托盘前侧边沿，以确保托盘平稳。若左手指尖向前伸、向左伸均属于端托不到位。重托动作要求平稳、灵活、轻松，做到盘底不搁肩，盘前不靠嘴，盘后不靠发。重托行走时，要求保持盘平、肩平，行走稳重，不摇摆，不晃动，转让灵活不碰撞，表情自然轻松，忌僵硬死板。

重托卸盘时用右手扶住托盘边沿，将手腕向前转动，同时左臂恢复到胸前托盘位置，将托盘前沿轻轻搭在桌面上，双手将托盘轻推至桌面上，使托盘边沿不露出桌面以外。

重托一般常用于餐厅传递菜肴、盘碟等物品时使用。目前，国内饭店采用重托的不多，一般用小型手推车递送重物，既安全又省力。

第二节 餐巾折花

餐巾是餐桌上的普通用品。将餐巾折叠成各种花、鸟、鱼等形状，统称为餐巾花。餐巾折花是一项艺术创作，它将餐巾的实用性和艺术性融合在一起，可以烘托宴会的气氛，给宾客以美的享受。

一、餐巾的作用

1. 餐巾是一种卫生保洁用品

宾客用餐时，将餐巾放在膝上或垫在餐碟下方，可用餐巾来擦嘴或防止汤汁、酒水弄脏衣物。

2. 餐巾可以装饰、美化餐台

不同的餐巾花形，蕴含着不同的宴会主题。形状各异的餐巾花，摆放在餐台上，既能美化餐台，又能增添庄重热烈的气氛，给人以美的享受。

3. 餐巾花形的摆放可以看出主人、主宾的席位

折餐巾花时应选择好主宾的花形，主人花形高度应高于其他花形高度以示尊贵。

4. 餐巾花形可以烘托就餐气氛

如用餐巾折成喜鹊、和平鸽等花形表示欢快、和平、友好，给人以诚悦之感；如折成比翼双飞、心心相印的花形送给一对新人，可以表示永结同心、百年好合的美好祝愿。

5. 餐巾具有一定的信号功能

在西餐宴会中，餐巾有很多信号功能，例如，当用餐的客人中途离座时，把餐巾放在椅子上代表客人还会回来继续用餐，服务生就不会收走客人的食物及餐具；当客人用餐完毕不想吃其他食物时，可把餐巾折叠盖住餐盘，暗示已经用餐完毕。

6. 餐巾有时可起到广告、宣传作用

有些餐巾纸上印有餐厅或酒店的名字、Logo 或电话等，可起到广告、宣传的作用。

二、餐巾的种类

1. 餐巾按质地可分为棉织品和化纤织品餐巾

棉织品餐巾吸水性较好，去污力强，浆熨后挺括，造型效果好，但折叠一次后效果才更佳。化纤织品餐巾色泽艳丽，透明感强，富有弹性，如一次造型不成，可以二次造型，但吸水性差，去污力不如棉织品。

2. 餐巾按颜色可分为白色餐巾和彩色餐巾

白色餐巾给人以清洁卫生、恬静优雅之感，可以调节人的视觉平衡，可以安定人的情绪。彩色餐巾可以渲染就餐气氛，如大红、粉红色餐巾给人以庄重热烈的感觉；橘黄、鹅黄色餐巾给人以高贵典雅的感觉；湖蓝色餐巾在夏天能给人以凉爽、舒适之感。

三、餐巾折花的种类

1. 按装置物可分为盘花、杯花、环花三大类

盘花属西式花型，盘花造型完整，成型后不会自行散开，可放于盘中或其他盛器或桌面上。因盘花简洁大方，美观适用，所以盘花有日益增多并呈逐渐取代杯花的发展趋势。

杯花属中式花型，最后造型在杯中完成，从杯子中取出花形即散。由于在折叠过程中，要对餐巾进行多次折、攥等，使用时其平整性较差，而且在插杯过程中容易造成污染，所以目前杯花使用日益减少，但作为一种技能，在餐厅服务中仍然存在。

环花为改进或创新花型，将餐巾平整卷好或折叠成造型，通过一个餐巾环将餐巾固定，通常放置在装饰盘或餐盘上，特点是简洁、雅致。餐巾环又称餐巾扣，有瓷制的、银制的、象牙的、塑料的和骨制的等。餐巾环也可用色彩鲜明、对比感较强的丝带或丝穗带代替，在餐巾卷或造型中央系成蝴蝶结状再配以鲜花。

2. 按餐巾花的造型可分为植物类、动物类和实物类三种

动物类包括飞禽、走兽、昆虫、鱼虾等，其中以飞禽为主，如白鹤、孔雀等。动物类造型有的取其整体造型，有的取其特征造型，形态逼真，活泼可爱。

植物类包括各种花草、蔬菜、水果等，其中以花草为主，如荷花、月季花、水仙等。植物类造型有的取其花瓣造型，有的取其叶、茎、果实等造型，美观大方。

实物类餐巾花是指模仿日常生活中各种实物形态折叠而成的造型，如花篮、折扇、蜡烛等。目前品种不多，多用作盘花。

四、餐巾折叠的注意事项

餐巾折叠时应注意以下问题：

（1）折花前必须做好准备工作，要挑选洁净、无损、洗浆挺括的餐巾，颜色和规格要统一。要备有光滑干净的圆筷。插花用的玻璃杯要无破损、无指纹、无污染、洁净透明、大小一致、深浅适宜。操作台要平整光滑洁净。

（2）餐巾是餐饮卫生用品，折花操作前必须讲究卫生，操作使用的工具、操作台都要擦洗干净，特别是操作者的双手更要符合卫生要求，折花前要洗净双手。折叠时不能用牙叼、咬餐巾，不能多说话。

（3）餐巾花还是供客人欣赏的艺术品，故造型要美观大方、逼真、挺括、玲珑剔透，给人以美感。

（4）折花时要分清餐巾的正反面，姿势要自然，手法要轻巧灵活，用力要得当，取准折叠折角，一次折叠成功，切忌返工，以免留下折痕，影响美观。

五、餐巾花的基本手法

1. 叠

基本手法：叠是最基本的餐巾折花手法，几乎所有的造型都要使用。叠是将餐巾一折为二，二折为四，或折成三角形、长方形、菱形、梯形、锯齿形等形状。叠有折叠、分叠两种。叠时要熟悉造型，看准角度一次叠成，如有反复，就会在餐巾上留下痕迹，影响挺括。叠的基本要领：找好角度一次叠成。叠的手法如图4-4所示。

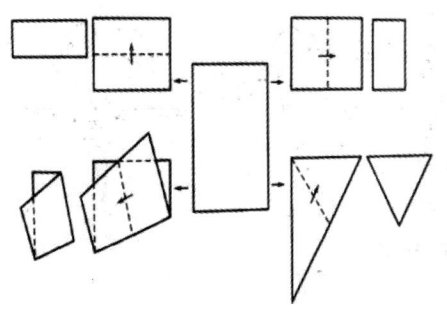

图4-4 叠的手法

2. 折

基本手法：折是打褶时运用的一种手法。折就是将餐巾叠面折成褶裥的形状，使花形层次丰富、紧凑、美观。打褶时，用双手的拇指和食指分别捏住餐巾两头的第一个褶裥，两个大拇指相对成一线，指面向外。再用两手中指按住餐巾，并控制好下一个褶裥的距离。拇指、食指的指面握紧餐巾向前推折至中指处，用食指将推折的褶裥挡住，中指腾出去控制下一个褶裥的距离，三个手指如此相互配合。折的要领：折出的褶裥均匀整齐。折的手法如图 4-5 所示。

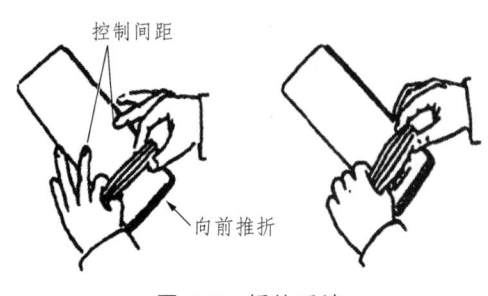

图 4-5　折的手法

3. 卷

基本手法：卷是用大拇指、食指、中指三个手指相互配合，将餐巾卷成圆筒状。卷分为直卷和螺旋卷。直卷有单头卷、双头卷、平头卷。直卷要求餐巾两头一定要卷平。螺旋卷分两种，一种是先将餐巾叠成三角形，餐巾边参差不齐；另一种是将餐巾一头固定，卷另一头，或一头多卷，另一头少卷，使卷筒一头大，一头小。不管是直卷还是螺旋卷，餐巾都要卷得紧凑、挺括，否则会因松软无力、弯曲变形而影响造型。卷的要领：卷紧、卷挺。卷的手法如图 4-6 所示。

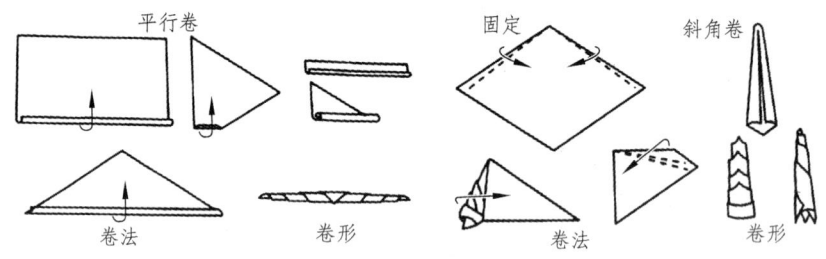

图 4-6　卷的手法

4. 穿

基本手法：将餐巾先折好后攥在左手掌内，用筷子一头穿进餐巾的褶缝里，然后用右手的大拇指和食指将筷子上的餐巾一点一点向后拨，直至把筷子穿出餐巾为止。穿好后先把餐巾花插入杯子内，然后再把筷子抽掉，否则容易松散。根据需要，一般只穿 1～2 根筷子。穿的要领：穿好的褶裥要平、直、细小、均匀。穿的手法如图 4-7 所示。

图 4-7　穿的手法

5. 攥

基本手法：攥是指为使折出的餐巾花不走样或脱落时的手法，一般是用左手攥住餐巾的中部或下部，再用右手操作其他部位。攥的要领：攥在手中的部分应攥紧，不能因为右手的操作而松散或散形。攥的手法如图 4-8 所示。

图 4-8　攥的手法

6. 翻

基本手法：翻大都用于折花鸟造型。操作时，一手拿餐巾，一手将下垂的餐巾翻起一只角，翻成花卉或鸟的头颈、翅膀、尾等形状。翻花叶时，注意叶子要对称，且大小一致，距离相等。翻鸟的翅膀、尾巴或头颈时，一定要翻挺，不要软折。翻的要领：注意大小适宜，自然美观。翻的手法如图 4-9 所示。

 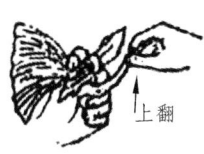 

图 4-9　翻的手法

7. 拉

基本手法：拉一般在餐巾花半成形时进行。把半成形的餐巾花攥在左手中，用右手拉出一只角或几只角来。拉的要领：大小比例适当，造型挺括。拉的手法如图 4-10 所示。

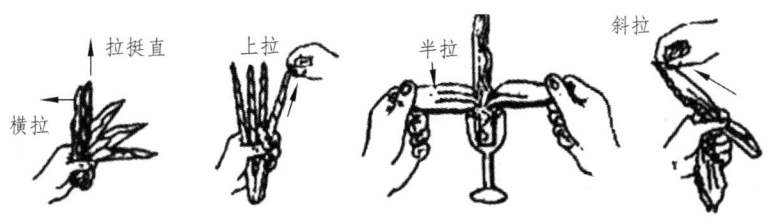

图 4-10　拉的手法

8. 捏

基本手法：捏主要用于折鸟的头部造型。操作时，先将餐巾的一角拉挺做颈部，然后用一只手的大拇指、食指、中指三个指头捏住鸟颈的顶端，食指向下，将巾角尖端向里压下，用中指与拇指将压下的巾角捏出尖嘴状，作为鸟头。捏的要领：棱角分明，头顶角、嘴尖角到位。捏的手法如图 4-11 所示。

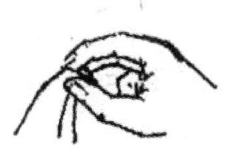   

图 4-11　捏的手法

9. 掰

基本手法：将餐巾做好的褶用右手一层一层掰出层次，成花蕾状。掰时不要用力过大，以免松散。掰的要领：层次分明，间距均匀。掰的手法如图 4-12 所示。

图 4-12 掰的手法

六、餐巾花实例

餐巾花实例如表 4-2 所示。

表 4-2 餐巾花实例

杯花种类	折叠方法	折叠步骤
1. 一片叶	① ② ③	1. 将餐巾底角向上折 1/3 左右； 2. 将折后的底角再向上折过中线； 3. 在底边从中间向两边均匀推折； 4. 将余下的两边角向后包折住底部； 5. 放入杯中，整理成型
2. 龙睛鱼	① ② ③整理作头 ④整理成形	1. 正面朝上，将餐巾左右两边向中心弯曲成长方形； 2. 从下向上均匀推折，上部留 12～13 cm 作鱼尾； 3. 双手捏褶向下折拢成鱼身； 4. 夹层外翻作鱼眼，插入杯中成形
3. 龙须蝴蝶	① ② ③ ④ ⑤ ⑥	1. 反面朝上，将顶边与底边分别向中间对拢成长方形； 2. 将餐巾四角分别向外翻折； 3. 如图④所示，将餐巾从底边开始卷起，卷至中线； 4. 从中线处开始向前推折，直至推完； 5. 以卷的中点为准对折； 6. 插入杯中，整理成形

续表

杯花种类	折叠方法	折叠步骤
4. 鸡冠花 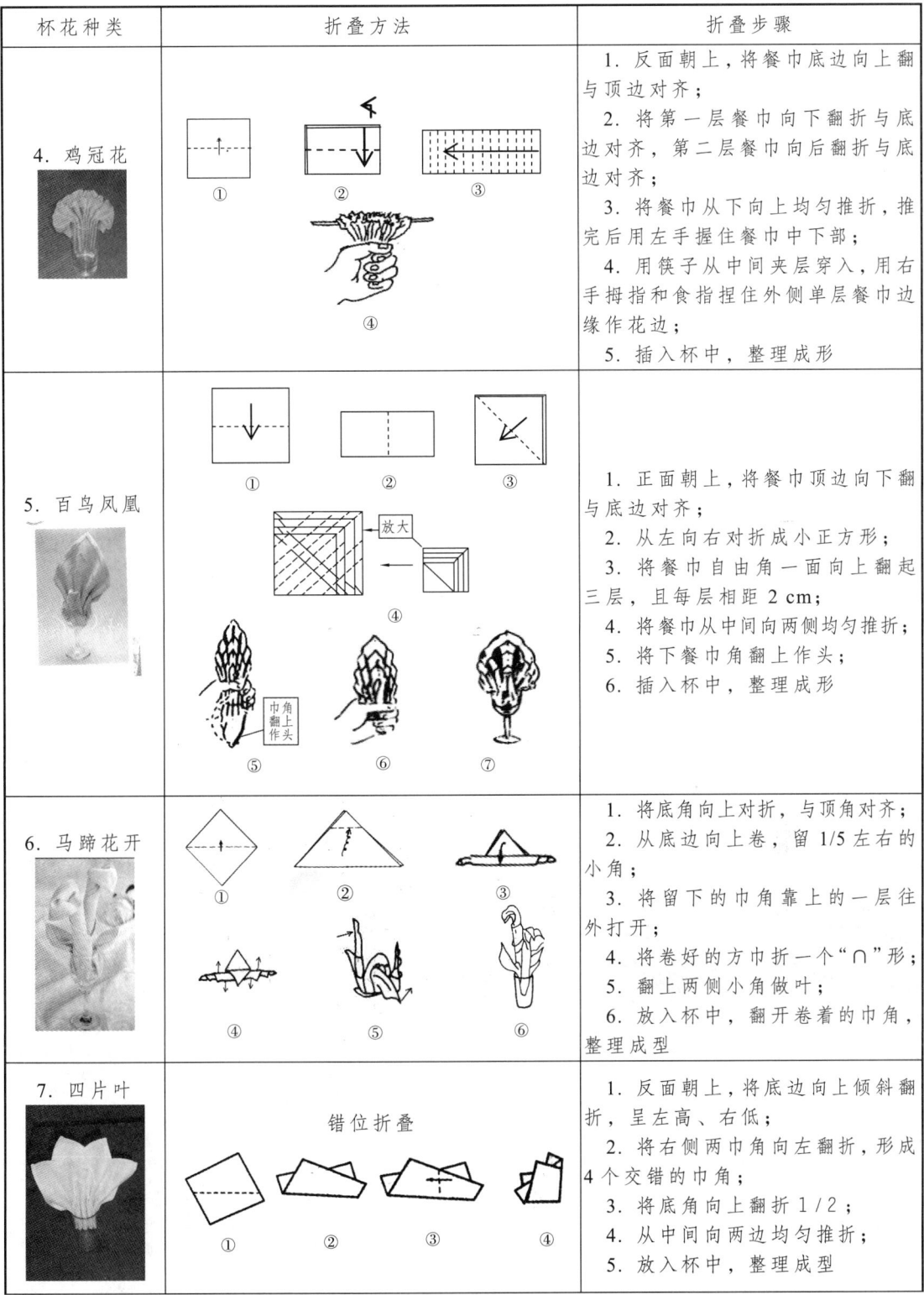	（见图）	1. 反面朝上，将餐巾底边向上翻与顶边对齐； 2. 将第一层餐巾向下翻折与底边对齐，第二层餐巾向后翻折与底边对齐； 3. 将餐巾从下向上均匀推折，推完后用左手握住餐巾中下部； 4. 用筷子从中间夹层穿入，用右手拇指和食指捏住外侧单层餐巾边缘作花边； 5. 插入杯中，整理成形
5. 百鸟凤凰	（见图）	1. 正面朝上，将餐巾顶边向下翻与底边对齐； 2. 从左向右对折成小正方形； 3. 将餐巾自由角一面向上翻起三层，且每层相距 2 cm； 4. 将餐巾从中间向两侧均匀推折； 5. 将下餐巾角翻上作头； 6. 插入杯中，整理成形
6. 马蹄花开	（见图）	1. 将底角向上对折，与顶角对齐； 2. 从底边向上卷，留1/5左右的小角； 3. 将留下的巾角靠上的一层往外打开； 4. 将卷好的方巾折一个"∩"形； 5. 翻上两侧小角做叶； 6. 放入杯中，翻开卷着的巾角，整理成型
7. 四片叶	错位折叠	1. 反面朝上，将底边向上倾斜翻折，呈左高、右低； 2. 将右侧两巾角向左翻折，形成4个交错的巾角； 3. 将底角向上翻折1/2； 4. 从中间向两边均匀推折； 5. 放入杯中，整理成型

- 113 -

续表

杯花种类	折叠方法	折叠步骤
8. 月季花		1. 反面朝上，正方形折叠成长方形； 2. 然后由长方形对折成小正方形； 3. 由下至上均匀推折，推折至顶端； 4. 将左右两侧巾角向下对折后握于手中； 5. 左手或右手攥住餐巾，层层掰开花瓣； 6. 插入杯中，整理成形
9. 双芯花		1. 反面朝上，将底边向上翻折与顶边对齐，呈长方形； 2. 分别将左上角和右上角向中间对折，反面同理； 3. 将右边与左边对折，呈三角形； 4. 从中间向两边均匀推折； 5. 将左右两侧单层边向下拉开； 6. 将中间夹层向下翻开； 7. 装入杯中，整理成型
10. 四尾金鱼		1. 反面朝上，将底边向上翻折与顶边对齐，呈长方形； 2. 将左边向右翻折与右边对齐； 3. 从中间向两边均匀推折； 4. 将两端巾角向上对拢握于手中； 5. 将左侧巾角夹层外翻撑开做头； 6. 将中间夹层向下翻开； 7. 装入杯中，整理成型
11. 双荷花		1. 将底边向上翻折，与顶边对齐，呈长方形； 2. 将右边与左边对折，呈正方形； 3. 将4层巾角中的第一、二层巾角一起向斜对角对折；背面的两层巾角，从背面同样对折； 4. 从中间向两边均匀推折； 5. 分别将左右两侧的4层巾角向外翻开； 6. 放入杯中，整理成型

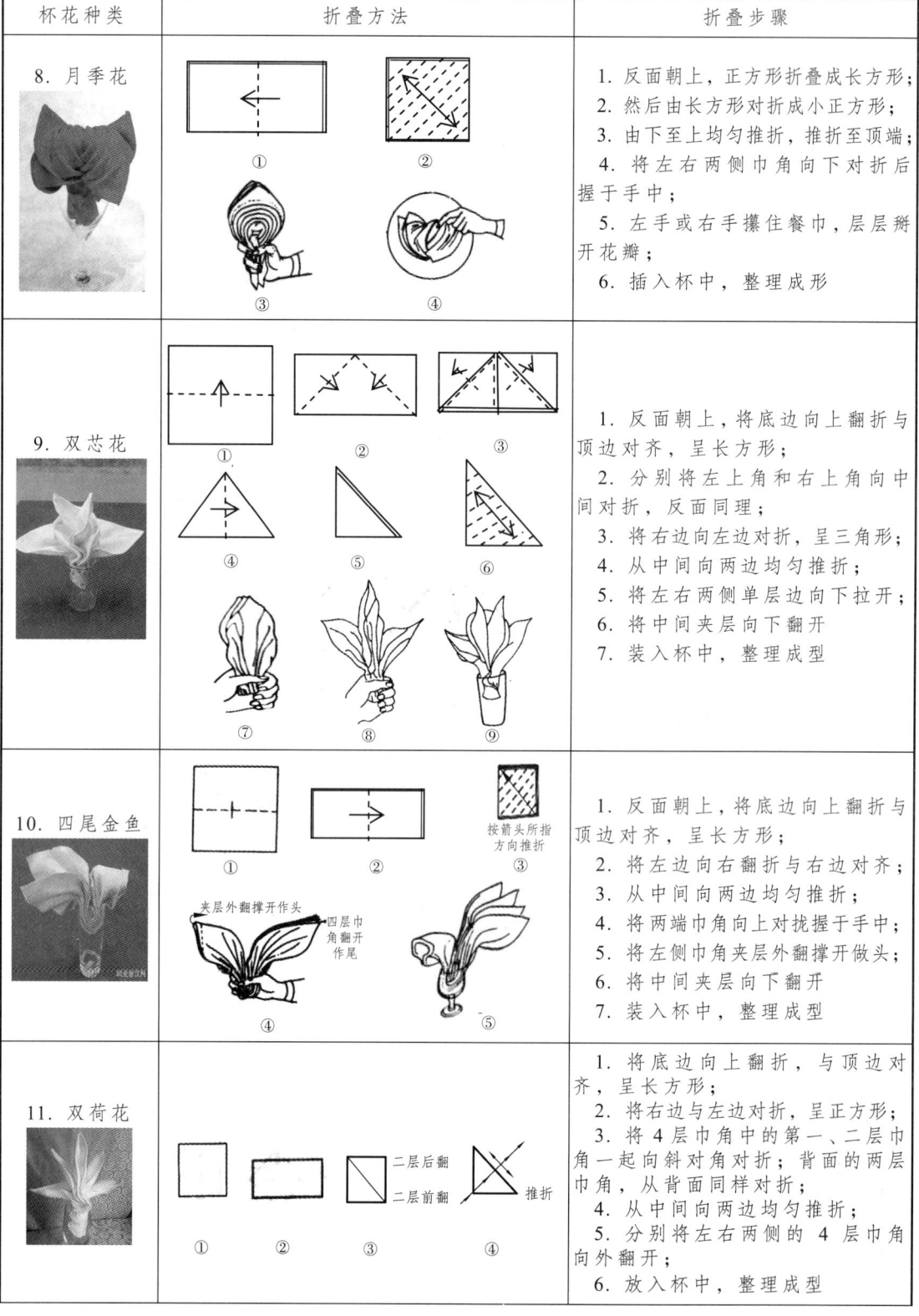

续表

杯花种类	折叠方法	折叠步骤
12. 水上睡莲	① ② ③ 对折拢 ④ 四角分别拉上作花瓣 ⑤	1. 正面朝上,将左右巾角向中间对拢; 2. 从中间向两边均匀推折; 3. 向下对折; 4. 将四巾角向上翻拉作花瓣; 5. 装入杯中,整理成型
13. 孔雀开屏	① ② ③ ④ ⑤ ⑥	1. 正面朝上,将餐巾的底角向上对折; 2. 再将餐巾角如图②所示分别向上折 2/3; 3. 如图③所示,将前面巾角下折后,再向上折; 4. 用筷子分别从两夹层穿入,再将底角轻轻向外拉长,角尖捏成嘴; 5. 插入杯中,抽去筷子,整理成型
14. 白鹤	① ② ③ ④	1. 反面朝上,从餐巾的一巾角的两边向中间斜卷,卷成上宽底尖,两卷相并; 2. 将尖角反折,中部折成W形; 3. 尖角捏成鸟头,放入杯中,整理成型
15. 长尾欢鸟	对角折叠 ① ② 一片前翻 一片后翻 ③ ④	1. 正面朝上,将底角向上翻折,与顶角对齐成三角形; 2. 将左右两侧巾角由中间夹层内向上翻折成菱形; 3. 将上边的单层角向下翻折,背面的单层巾角,从背面同样对折; 4. 从中间向两边均匀推; 5. 两片巾角朝上,一片拉下捏头一片作尾,其余两片作翅膀; 6. 放入杯中,整理成形

续表

杯花种类	折叠方法	折叠步骤
16. 皇冠 	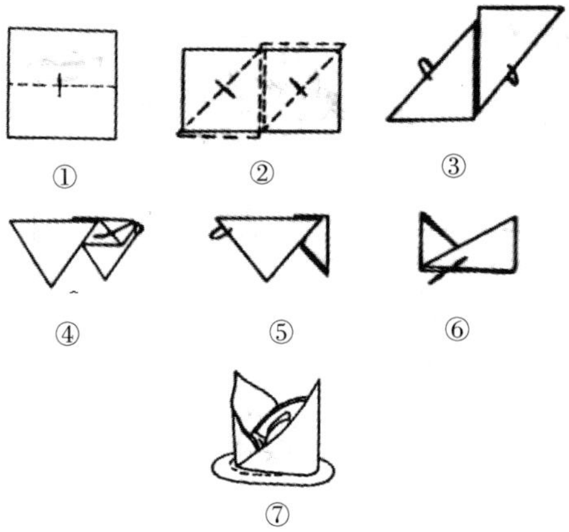 ① ② ③ ④ ⑤ ⑥ ⑦	1. 反面朝上,将餐巾底边向上对折,成长方形; 2. 按虚线所示将两巾角折叠,将两边从中缝处向背后折; 3. 将左右角分别插入中间夹层中; 4. 将底部押开成圆形,放入盘中,整理成型
17. 一帆风顺 	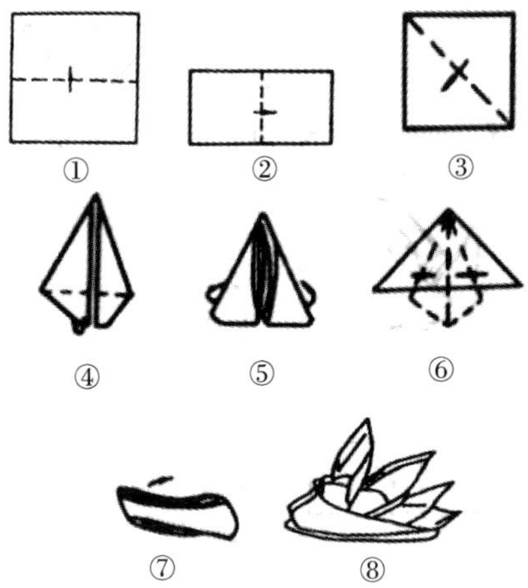 ① ② ③ ④ ⑤ ⑥ ⑦ ⑧	1. 反面朝上,将餐巾对边折,折叠成正方形,将右顶角处的4巾角一起向下对折; 2. 将底角两巾角按虚线所示折叠,底部向背后折上,并将两边向下对拢; 3. 拉起夹层中的4个巾角; 4. 放入盘中,整理成型
18. 企鹅迎宾 	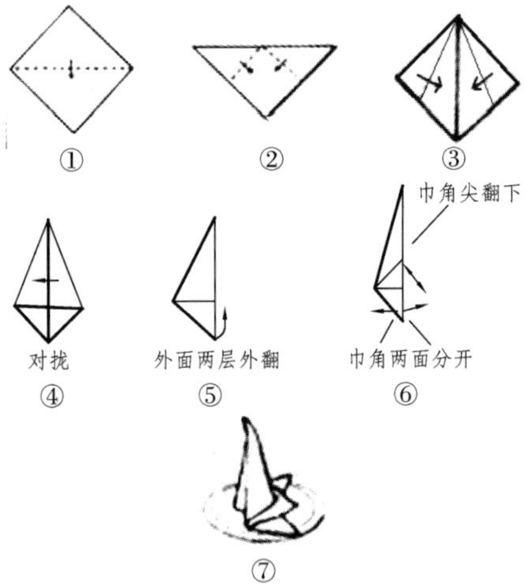 ① ② ③ ④ 对拢 ⑤ 外面两层外翻 ⑥ 巾角尖翻下 巾角两面分开 ⑦	1. 反面朝上菱形放置,将餐巾顶角向下翻折与底角对齐; 2. 将三角形的左右两角向下端底角对折,形成一个菱形; 3. 如图③所示,将左右两边向中心折叠; 4. 如图④所示,将菱形对折拢; 5. 如图⑤所示,将餐巾下边部分向上折; 6. 如图⑥所示,将底部外侧两巾角向两侧分开,内侧巾角尖向下翻; 7. 将餐巾顶角折出企鹅的头,微微打开,放置于餐盘中整理成型

续表

杯花种类	折叠方法	折叠步骤
19. 和服归箱	① ② ③ ④ ⑤ ⑥	1. 反面朝上菱形放置,将餐巾底角向上翻折与顶角对齐; 2. 将底边向上折1/5左右; 3. 将餐巾翻一面; 4. 再将两边巾角向中间交错对拢呈衣领状; 5. 将餐巾左右两边角向背后折,再按虚线的大概位置向背后折上底角,半插入折间里; 6. 将餐巾放入盘中,整理成型
20. 睡莲	① ② ③ ④ ⑤ ⑥ ⑦	1. 反面朝上,将餐巾四角向中点折; 2. 再将餐巾四角向中点折; 3. 将餐巾翻一面; 4. 再将餐巾四角向中点折; 5. 将背面折角依次向外翻出; 6. 再将两个主花瓣之间的剩余垂片一一拉出,在睡莲的周边形成小花叶; 7. 将餐巾放入盘中,整理成型

七、餐巾花的摆放

餐巾花的摆放要有艺术性,一般应遵循以下原则:

(1) 主花摆在主位上,一般的餐巾花则摆插在其他客人席位上,要高低均匀,错落有致。

(2) 摆放餐巾花时,适合正面观赏的花形,要将正面朝向客人;适合侧面观赏的花形,要选择一个最佳观赏面朝向客人摆放。

(3) 在同一餐桌上摆放不同品种的花形时,要将形状相似、高低大致相近的花形错开对称摆放,不宜将相同的花形摆在一起。

(4) 插入杯中的餐巾花要掌握好深度,一般可插入杯子的 2/3 处。插入时要以花形完整为准,可一手持杯,一手持花,慢慢顺势插入。插入杯内的部分线条要清楚,不能乱插硬塞。插好后要整理花形,使其形态逼真、动人。盘花则要摆放稳,保持挺立。

(5) 摆放餐巾花的距离要均匀。餐巾花不能遮挡台面上的用品,更不能影响服务操作。

第三节 斟倒服务

动车组列车餐吧车服务人员为旅客斟倒茶水或酒水是重要服务工作内容之一,斟倒动作要正确、迅速、优美、规范，这样会给旅客留下美好的印象。斟倒服务操作技术不仅需要服务者有广博的品茶、酒水知识和服务技术，还要具备丰富的文化知识和表演天赋。

一、茶水服务

中国各地泡茶之法有较大区别，红茶、绿茶、花茶的冲泡方法都不尽相同。大体上说，以发其味、显其色、不失其香为要旨，浓淡亦随各地所好。近年来，餐饮服务企业多用袋装泡茶，发味快，又可避免渣叶入口，这也是一种创新。饮茶既是精神活动，也是物质活动，所以茶艺亦不可墨守成规。

（一）泡茶应掌握茶水比例

泡茶有很多讲究，虽然不同地方的泡茶方法有所不同，但基本要求都是一样的：为了使茶叶的色、香、味充分地冲泡出来，使茶叶的营养成分尽量地被饮茶者利用，应注意茶、水的比例。

一般来说，茶、水的比例随茶叶的种类及嗜茶者情况等有所不同。嫩茶、高档茶用量可少一点，粗茶应多放一点，乌龙茶、普洱茶等的用量也应多一点。

对于嗜茶者，一般红、绿茶的茶、水比例为 1∶50～1∶80，即茶叶若放 3 g，沸水应冲 150～240 mL；对于一般饮茶的人，茶与水的比例为 1∶80～1∶100。

对于喝乌龙茶者，茶叶用量应增加，茶与水的比例以 1∶30 为宜。

家庭中常用的白瓷杯，每杯可投放茶叶 3 g，冲开水 250 mL；一般的玻璃杯，每杯可投放茶叶 2 g，冲开水 150 mL。

（二）茶的冲泡技巧

泡茶的程序分为三个阶段：第一阶段是准备；第二阶段是操作；第三阶段是结束。

茶的冲泡方法有简有繁，要根据具体情况，结合茶性而定。另外，由于各地饮茶嗜好、地方风俗习惯不同，冲泡方法和程序也会有一些差异。但不论技艺如何变化，要冲泡任何一种茶，除了备茶、选水、烧水、配具之外，都要共同遵守以下泡茶程序：

1. 温　具

温具是指用热水冲淋茶壶，包括壶嘴、壶盖，同时烫淋茶杯，随即将茶壶、茶杯沥干。其目的是提高茶具温度，使茶叶冲泡后的温度相对稳定，避免温度迅速下降，这对较粗老茶叶的冲泡尤为重要。

2. 置　茶

置茶是指按茶壶或茶杯的大小，放置一定数量的茶叶入壶（杯）。如果用盖碗泡茶，泡好后可直接饮用，也可将茶汤倒入杯中饮用。

3. 冲　泡

置茶入壶（杯）后，按照茶与水的比例，将开水冲入壶中。冲水时，除乌龙茶冲水须溢出壶口、壶嘴外，通常以冲水八分满为宜。如果使用玻璃杯或白瓷杯冲泡注重欣赏的细嫩名茶，也以七八分满为度。冲水时，在民间常用"凤凰三点头"之法，即将水壶下倾上提三次，其意一是表示主人向宾客点头，欢迎致意；二是可使茶叶和茶水上下翻动，使茶汤浓度一致。

4. 奉 茶

奉茶时，服务人员要面带笑容，最好用茶盘托着送给客人。如果直接用茶杯奉茶放置客人处应手指并拢伸出，以示敬意。从客人侧面奉茶，若左侧奉茶，则用左手端杯，右手做请茶姿势；若右侧奉茶，则用右手端杯，左手做请茶姿势。这时，客人右手除拇指外其余四指应并拢弯曲，轻轻敲打桌面，或微微点头致意。

5. 赏 茶

如果饮的是高级名茶，那么，茶叶一经冲泡，不可急于饮茶。通常应先观色察形，接着端杯闻香，再啜汤赏味。赏味时，应让茶汤从舌尖沿舌两侧流到舌根，再回到舌头，如此反复两三次，以留下清香甘甜的回味。

6. 续 水

一般当客人已饮去2/3（杯）的茶汤时，就应续水入壶（杯）。若等茶水全部饮尽时再续水，续水后的茶汤就会淡而无味。通常续水两三次就足够了，如果还想继续饮茶，应该重新冲泡。

二、酒水服务

为客人斟倒酒水或饮料是餐饮服务员的重要工作内容之一。餐饮服务人员给客人斟酒时，斟酒操作动作要正确、迅速、优美、规范，这样会给客人留下美好的印象。餐饮服务人员娴熟的斟酒技术及热忱周到的服务，会让客人得到精神上的享受与满足，同时还可以增添热烈友好的饮宴气氛。因此，斟酒服务操作技术不仅需要服务者有广博的酒水知识和服务技术，还要具备丰富的文化知识和表演天赋。

（一）斟酒前的准备工作

1. 酒水检查

检查酒标及瓶体，若发现酒标破损、酒瓶破裂或酒水变质，应及时调换。

2. 酒瓶擦拭

上餐台斟酒前，必须用餐巾将酒瓶擦拭干净，特别要将瓶口部位擦净。

3. 酒瓶摆放

将客人选好的酒水整齐摆放在备餐台上，摆放时既要美观又要便于取用。

4. 示 瓶

客人选定的酒水，在开启前，服务人员应先请客人确认此酒水的品牌，当客人确认无误后，即可开启斟倒。这是酒水服务中不可忽略的重要环节。请客人确认酒水品牌的方法：服务人员站立在客人的右侧，右手握住酒瓶的颈部，左手垫一块餐巾托住瓶底，将酒瓶上的商标朝向客人请其确认。这样既能表示对客人的尊重，又可证明酒品的可靠性。当客人确认后，表示可以斟酒时，方能进行下一步工作。

5. 开　瓶

根据酒水来选用正确的开瓶器和开瓶方法。开启酒水瓶后，要用洁净的餐巾仔细擦拭瓶口，再次检查酒水质量。

开瓶后的木塞、瓶盖等，不要直接放在餐桌上，可以放在小碟里，操作完毕后一起带走。

【阅读资料 4-1】

葡萄酒的开瓶方法

开启葡萄酒瓶塞时，一般应使用带有酒钻的开瓶器。酒钻的螺旋部分要长，头部要尖，并装一个起拔杠杆。开瓶时，服务员先用洁净的餐巾把酒瓶包上，然后割开封住瓶口的锡箔。除去锡箔后用餐巾擦拭瓶口，再将酒钻的螺丝锥刺入软木塞，然后加压旋转酒钻。待旋转至螺丝锥还有两圈留在软木塞外时，用左手握住酒瓶颈及开瓶器的起拔杠杆，右手向上用力牵引取出软木塞（注意不要拉断木塞），再将起拔杠杆放松，旋出软木塞放在提前准备好的小碟中。在开瓶过程中，动作要轻，以免摇动酒瓶时将酒瓶底部的酒渣泛起，影响酒味。

（本资料由作者根据相关资料改编。）

（二）斟酒的方法

斟酒的基本方法可以分为桌斟和捧斟两种。桌斟有托盘端托斟酒和徒手斟酒两种。

1. 托盘端托斟酒

托盘端托斟酒就是将客人需要的酒水放在托盘内，餐厅服务员左手托盘，右手握酒瓶，根据客人需要依次将酒水斟入客人杯中。运用这种斟倒方法进行斟酒服务，方便快捷，但是对服务人员的技能要求较高，如图 4-13 所示。

2. 徒手斟酒

徒手斟酒即左手持洁净布巾置于背后，右手握酒瓶，按照客人所需将酒水依次斟入客人杯中，如图 4-14 所示。

3. 捧　斟

捧斟即用左手拿酒杯的下半部，右手握酒瓶，按照客人所需将酒水斟入杯中。斟酒时，应在餐台台面以外的空间进行，斟好酒后将酒杯放在客人的右手处，如图 4-15 所示。

图 4-13　托盘斟酒

图 4-14　徒手斟酒

图 4-15　捧斟

（三）斟酒的姿势与位置

1. 托盘端托斟酒

餐饮服务人员侧身站在客人的右后侧，身体前倾，左手托盘，右手握住酒瓶的下半部，将酒瓶上的商标朝向客人，右脚跨前踏入两椅之间，左脚微微踮起，伸右臂进行斟倒。斟酒服务时，餐饮服务员忌讳将自己的身体贴靠在客人身上或座椅上，也不用离得太远，更不可在一个位置同时为左右两位客人斟酒，也就是说不可反手斟酒。注意：左手托盘要向外拉伸并保持平稳，避免发生碰撞。

斟完酒水（饮料）后，身体应迅速恢复直立状，在斟酒水（饮料）服务时，切忌弯腰、探头、直立或仰身。

2. 徒手斟酒

徒手斟酒，餐饮服务员侧身站在客人的右后侧，左手持餐巾，背于身后，以便随时擦拭瓶口，右手握酒瓶的下半部，将酒瓶上的商标朝向客人。右脚跨前踏在两椅之间，左脚微微踮起，伸右臂进行斟倒。身体不要贴靠客人。

3. 持瓶姿势

持瓶姿势是指服务人员斟酒时持酒瓶的手法，即拿酒瓶的姿势。为客人斟酒时，餐厅服务员持瓶姿势是否正确是保证斟酒准确、规范的关键。正确的持瓶姿势：叉开右手大拇指，食指置于酒瓶上方，其余三指并拢，掌心贴于瓶身中部，即掌根手腕部位刚好位于瓶身底部，握瓶时，手指要用力均匀，使酒瓶握实在手中。斟酒时，右手大臂与小臂呈90°角。

（四）斟酒要领

1. 瓶口与杯口距离

斟酒时，瓶口不可搭放在杯口，一般相距 1~2 cm 为宜。

2. 回瓶动作

当斟至适量时不可突然抬起瓶身，而应稍停一下，并旋转瓶身，抬起瓶口，让最后一滴酒随着瓶身的转动均匀地分布在瓶口沿上，避免将酒洒落在台面或客人身上。具体操作方法：当斟酒适量回瓶时，右手可利用腕部向外旋转（顺时针旋转）将酒瓶商标转向自己身体一侧，同时抬起瓶口。

3. 酒液流速

斟酒时，要根据酒量倾斜角度来控制斟倒速度。一般瓶内酒量越少，流速则越快，容易溢出，尤其是啤酒。

4. 斟酒量

根据酒的类别和习俗不同，斟酒量也不尽相同。

（1）白酒：中餐常斟至八分满，西餐白酒一般不要超过酒杯的3/4。

（2）红葡萄酒：一般只斟至酒杯的1/2或1/3。

（3）白葡萄酒：一般只斟至酒杯的 2/3。

（4）香槟酒：分两次斟倒，第一次斟 1/3 杯，待泡沫平息后再斟至 2/3 杯或 3/4 杯即可。

（5）啤酒：因其泡沫较多，一般斟八分酒液留二分泡沫。

（6）白兰地、威士忌：一般斟倒约一盎司，约 1/5 杯，即将酒杯横放时，杯中酒液与杯口齐平。

（7）鸡尾酒：酒水占杯子的 3/4 即可。

（8）冰水：一般为半杯水再加入适量的冰块，不加冰块时应斟满杯子的 3/4。

5. 斟酒顺序

根据客人是否入座，可以有不同的顺序。

（1）客人入座后的斟酒顺序。

一般从主宾位开始，按照顺时针方向为客人斟倒。如果两个服务员同时斟酒，一个服务员从主宾位开始，另一个从第二宾开始按照顺时针方向进行斟酒服务。酒席宴会上常有宾主祝酒、讲话的场面，当宾主离位祝酒时，餐饮服务员应持酒跟随祝酒者身后，以便及时为客人斟酒、续酒。当宾主离位讲话时，餐饮服务员应另备酒杯斟满酒，待讲完话时，供讲话者祝酒用。

但是，在实际服务中，往往由于宴会的规格不同、服务对象不同、民族风俗习惯不同，加之国籍不同，因此斟酒顺序也灵活多样。为亚洲地区客人斟酒服务时，如主宾是男士，则应先斟男主宾位，再斟女主宾位，对主人及其他宾客则可沿顺时针方向绕台依次斟酒即可，或视客人要求，先为来宾斟倒，最后为主人斟倒，以此更加表现出主人对来宾的尊重。如为欧美客人斟酒服务时，则应先斟女主宾位，再斟男主宾位，体现女士优先的原则。

（2）客人入座前的斟酒顺序。

客人入座前的斟酒即斟预备酒。预备酒是在宴会开始前进行的，目的是宾主讲话后祝酒时客人杯中有酒。作为祝酒用的酒通常选用红葡萄酒，斟酒顺序一般从主人位开始，按顺时针方向依次绕台斟倒。

宴会进行中的斟酒，应在客人干杯前后及时为宾客添斟酒水；每上一道新菜后也要添斟酒水；当客人杯中的酒液不足半杯时也要及时添斟；客人互相敬酒时，要为敬酒的宾客及时添斟。

6. 斟酒安全

斟酒服务时，餐饮服务人员要确保斟酒安全，这是宴会服务水平高低的一种体现。例如，端托斟酒服务时，要做到端平走稳，不倒不洒；在斟酒过程中，做到不滴不洒，切忌将酒水滴落在客人的身上或衣物上。

（五）特殊酒水服务

1. 特殊酒类的准备

客人在选用酒类时，有时一餐中会同时选用几种不同的品种，如啤酒、白酒、葡萄酒和黄酒等。

（1）啤酒的最佳饮用温度为 8 ℃～11 ℃，高级啤酒的饮用温度为 12 ℃左右，服务人员应视自然温度的高低，确定啤酒是否需要冰镇。

（2）白酒，大多数顾客习惯冷饮，但有些顾客则喜欢温饮。温白酒是将白酒放入事先准备好的温酒器内用热水加温，酒温一般掌握在 30 ℃ ~ 35 ℃ 即可。

（3）黄酒，一年四季人们都喜欢热饮，并用具有保温性能的陶瓷酒具。温酒的方法：将酒注入温酒壶内，用开水烫热，达到 40 ℃ ~ 45 ℃ 即可，不可用烧烤和燃烧的方法，以免酒温太高使酒香挥发而影响酒自身的质量。

（4）白葡萄酒（干型），饮用的温度宜为 8 ℃ ~ 12 ℃。因此在饮用这类酒时，应视其自然温度高低确定是否需要用冰桶冰酒。

2. 特殊酒水服务

在酒水服务中，除了一般酒水服务外，还有一些特殊的酒水服务。这些酒水在包装或饮用方法上不同于一般的酒水，故称其为特殊酒水服务。

1）特殊酒水开启

（1）开启特殊酒水的工具。

对于特殊包装瓶封的酒水，在开启时，所用的开启工具也有所不同，如开启常规瓶封可用起子或酒钻；而开启香槟酒时，则要准备尖嘴钳子，用钳子将香槟酒封上的金属丝剪断，同时还要准备小刀，以便将瓶塞外面的金属铂削掉。

（2）开启特殊酒水的方法。

① 开启方法。

酒水服务时，香槟酒的开启方法与其他酒水的开启方法不同。因香槟酒瓶内的压力比其他酒（带有二氧化碳的酒）都大，而且瓶塞又大部分被压进瓶口，只留有一段帽形塞子露在瓶外，并由金属铂盖做顶封，金属丝绕扎固定住，因此在开瓶时，要用左手斜拿瓶颈处（呈45°角），左手大拇指压紧塞顶，用右手持钳子转动瓶封处的金属丝，并将其剪断，去掉金属丝后，用小刀削掉瓶封处的金属铂。待瓶封的木塞暴露后，右手拿一块干净的餐巾布紧握住瓶塞的上段，左手轻轻地转动酒瓶。在转动的过程中，借助瓶内的压力将瓶塞慢慢顶出瓶口。当瓶塞离开瓶口时，会发出"嘭"的一声清脆的响声。瓶塞拔出后，要继续使酒瓶保持 45°角，以防酒液从瓶内溢出。

② 注意事项。

开启香槟酒时，其瓶口始终不能朝向客人或天花板，以防酒液喷到客人身上或天花板上。开启时应注意：将瓶口朝向餐厅服务员自己的右手掌方向，使右手随时能起到遮挡的作用；同时，不要采用拧瓶塞或直接拔瓶塞的开启方法，以免瓶塞碎裂后爆出来。当酒打开后，要用干净的布巾仔细擦拭瓶口，在清洁的过程中不要让污垢落入瓶内。

香槟酒开启后，要仔细检查一下瓶塞。检查的方法通常是嗅辩，嗅瓶塞插入瓶内的那部分是否有酸败或霉气味，从而检验酒液是否变质。

2）特殊酒水服务

（1）特殊酒水斟倒方法。

① 在斟倒加温或冷却的酒水时，要将盛装酒水的盛器用布巾进行包垫，方可进行斟倒，以免酒水滴落在餐台或客人身上。

② 斟倒加温酒水时，在客人落座后，方可进行斟酒服务，以确保酒的最佳饮用温度。续

斟时,酒温要保持在最高温度(因为杯中的酒易冷却)。

③ 斟倒冰镇酒水时,要在客人入座时斟倒,以保证酒的最佳饮用温度。续斟时,酒温要保持在最低温度(因为杯中的酒易升温)。

(2)特殊酒水斟倒要求。

在特殊酒水斟倒服务中,要求餐厅服务员要做到以下几点:

① 确认酒水品牌。

斟酒前一定要请客人自己选酒。当客人选定酒后,在酒品开封前,再次请客人进行确认,待确认无误后方可开封,然后进行酒水斟倒服务。同时,服务员要针对不同酒水的特点提供相应的酒水服务,符合特殊酒水服务要求。

② 正确选用饮酒用具。

斟倒特殊酒水时,一定要配用专门的酒具及酒水斟倒服务所必需配用的附属用具,如加温器、冰桶、布巾等。

③ 正确掌握斟酒标准。

a. 特殊酒水斟倒服务中,酒水特点不同,斟倒标准也不同。为了达到斟倒标准,餐厅服务员应掌握酒水的特点,并按照酒水的特点,准确地将酒水斟入杯中。

b. 特殊酒水服务中,应针对不同特点的酒水及顾客的不同要求,提供相应的服务,以满足顾客的特殊要求。

c. 斟预备酒在客人入座前进行,目的是宾主讲话后祝酒时客人杯中有酒。此时通常选用红葡萄酒。

(六)酒水保管

1. 酒水的日常保管

由于酒水品牌不同、种类不同、包装不同,其保质期也不相同,因此,日常的保管方法也不尽相同。

(1)罐装酒类:如啤酒,在日常保管中,应将开口朝上,在温度较低处存放,瓶装啤酒也应如此。

(2)木塞封瓶酒类:在日常存放时,应将酒瓶瓶口朝下,瓶底朝上倒置,以免造成木塞干化。

(3)坛装酒品:在日常保管中,要经常查看是否有漏酒现象,因为坛装酒的瓶身容易出现砂眼或因其封口不严,造成酒液泄露,从而影响酒的质量。

酒水、饮料在日常保管中一定要注意其保质期,同时,保管中要注意温度,啤酒不可冰冻,也不可温度过高,汽酒不可在高温处存放。

2. 酒水服务中的保管

(1)在酒水服务中,尤其是高档酒水,一定要做到妥善保管。如顾客需要饮用加温的酒,应注意随时掌握加温用的水的水温是否合适;如需冷却的酒,同样也要保持其相对稳定的低温度。

(2)顾客提出餐厅代为保管开封斟用过的余酒时,餐厅服务员应进行重新封瓶,并写清客人的姓名,以便为客人代为保管。

第四节 中餐摆台知识

摆台又称铺台、摆桌,是将各种进餐用具按照一定的要求齐全、美观地铺设在餐桌上的操作过程,包括餐台排列、席位安排、餐具摆放等。摆台要求做到清洁卫生、整齐有序、各就各位、放置得当、方便就餐、配套齐全。摆台可分为中餐摆台和西餐摆台。

一、中餐餐台的种类及规格

常见的中餐餐台有圆台和方台两种。

(一)圆 台

圆台的规格大小不同,其直径有 120 cm、140 cm、160 cm、170 cm、180 cm、200 cm、220 cm、240 cm、260 cm 等。由于每次用餐的人数不同,因此应根据就餐人数选择大小适宜的餐台。餐台规格与人数的关系如表 4-3 所示。

表 4-3 餐台规格与人数的关系

餐台规格/(直径/cm)	120	140	160	180	200	220	240	260
适合人数	4人	6人	8人	10人	12人	14人	16人	18~20人

(二)方 台

方台规格有 90 cm×90 cm、100 cm×100 cm、110 cm×110 cm 三种。一般情况下,1~2 位客人宜选用 90 cm×90 cm 的方台,3~4 位客人宜选用 100 cm×100 cm 的方台。如果是正式宴会,4 位客人宜选用 110 cm×110 cm 的方台。

【阅读资料 4-2】

如何确定主桌?

中餐大型宴会中的餐台往往很多,为突出主桌,可根据宴会主题和会场情况采用以下方法:
(1)把主桌放在正对会场门口且显眼的位置。
(2)主桌放在众多餐台中间。
(3)采用型号大于其他餐台型号的餐台作为主桌。
(4)采用有别于其他餐台的台布来装饰主桌。
(5)采用造型和风格明显有别于其他餐台的餐台插花来装饰主桌。

(本资料由作者根据相关资料改编。)

二、台布的种类及规格

(一) 台布的种类

台布的种类有很多。因纯棉台布吸湿性能好,因此大多数餐厅均使用纯棉提花台布。台布的图案有团花、散花、工艺绣花及装饰图案等。台布的颜色有白色、黄色、粉色、红色、紫色、绿色等。台布颜色的选择应根据餐厅风格、环境、装饰及宴会的主题而定。台布的形状大体有三种:正方形、长方形和圆形。正方形台布常用于方台或圆台,长方形台布则多用于西餐各式餐台,圆形台布主要用于中餐餐台。

(二) 台布的规格

台布的规格大小有多种,经常使用的有 140 cm×140 cm、160 cm×160 cm、180 cm×180 cm、200 cm×200 cm、220 cm×220 cm、240 cm×240 cm、260 cm×260 cm 等规格。台布的大小应与餐桌相配,应根据餐台的大小选择适当的台布。一般正方形台布四边下垂部分的长度以 20~30 cm 为宜。方形台布与餐台规格和人数的关系如表 4-4 所示。

表 4-4 方形台布与餐台规格和人数的关系

台布规格	140 cm×140 cm	160 cm×160 cm	180 cm×180 cm	200 cm×200 cm	220 cm×220 cm	240 cm×240 cm	260 cm×260 cm
餐台规格	90 cm×90 cm 方台	100 cm×100 cm 或 110 cm 方台	150 cm 或 160 cm 方台	170 cm 圆台	180 cm 或 200 cm 圆台	220 cm 圆台	240 cm 圆台
适合人数	1~2人	3~4人	4~6人	6~8人	8~10人	10~12人	14~16人

三、台布的铺设方法

铺台布是为了使餐台台面美观、洁净。中餐圆台布的铺设方法有以下三种。

(一) 推拉式

推拉式,即用双手将台布打开后放至餐台上,将台布两侧收拢后紧贴着餐台平行推出去,再拉回身体一侧。这种铺法多适用于零点餐厅和较小的餐厅,其优点是操作快速方便。

(二) 抖铺式

抖铺式,即用双手将台布打开,将台布两侧收拢后提拿在双手中,身体呈正位站立式,利用双腕的力量将台布向前一次性抖开并平铺于餐台上。这种铺设方法适用于宽敞的餐厅或周围没人就座的情况。

(三) 撒网式

撒网式,即用双手将台布打开,将台布两侧收拢后呈右脚在前、左脚在后的站立姿势,双手将打开的台布提拿至胸前,双臂与肩平行,上身向左转体,下肢不动并在右臂与身体回转时,将台布斜着向前撒出去。将台布抛至前方时,上身转体回位并恢复至正位站立,这时台布应平铺于餐桌上。抛撒时,动作应自然潇洒。这种铺设方法适用于宽大场地或技术比赛。

铺台布时,服务员站在副主人位一侧,先将台布全打开检查后按个人手法选择以上三种方法中的一种,将台布一次铺开。台布正面向上,中心线对准主人位、副主人位,十字中心点居桌中,台布四角对准桌脚,四周下垂分布均匀。铺好的台布应舒展平整,同一餐厅所有餐桌台布的折缝要横竖统一。铺台布时,如发现台布有污渍或破洞、破边等情形,不得继续使用,应立即更换。

四、中餐宴会座次安排与摆台的程序

(一)中餐宴会座次安排

座次安排即根据宴会的性质、主办单位或主人的特殊要求,根据出席宴会的客人身份确定其相应的座位。座次安排必须符合礼仪规则,尊重风俗习惯,便于席间服务。

以 10 人正式宴会座次安排为例,一般遵循"以右为上"的原则。主人位于厅堂正面即正对门的方向;副主人与主人相对而坐即在主人的对面;主宾通常安排在主人的右侧;第二宾可以在主人的左侧,也可以在副主人的右侧;第三宾依据第二宾而定;在副主人的左侧通常是第四宾;其余位置安排翻译和陪同。图 4-16(左)所示的座次安排方式比较适合整个餐台只有一个谈话中心的场合;图 4-16(右)所示的座次安排在餐台上可以同时有两个谈话中心,适用于有夫人出席的场合。

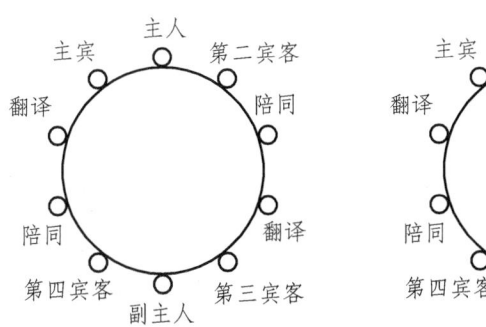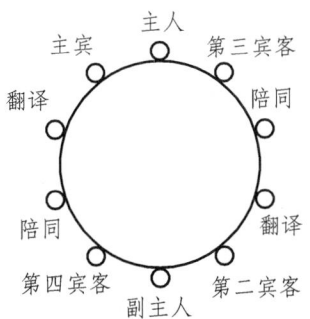

图 4-16 中餐宴会座次

(二)中餐宴会摆台的程序

中餐宴会摆台的程序各地虽有不同,但都大同小异。通常,摆放的餐酒具用具包括:餐碟、汤碗、汤勺、味碟、筷架、筷子、牙签、红酒杯、白酒杯、水杯、公用餐具、餐巾折花等。

1. 中餐宴会摆台要求与标准

(1)摆台操作前,应将双手进行清洗、消毒,对所需的餐、饮用具的数量进行检查,不得使用残破的餐、饮用具。

(2)餐、饮用具的摆放要相对集中,各种餐、饮用具要配套齐全;摆放时距离相等,图案、花纹要对正,做到整齐划一,符合规范标准;做到既清洁卫生,又有艺术性;既方便宾客使用,又便于餐饮服务人员服务与操作。

2. 中餐宴会摆台需要的餐具、酒具

以 10 人座位宴会台面所需物品为例,10 人宴会用餐摆台所需餐饮用具及物品如下:台布 1 块、餐巾 10 块、餐碟 10 个、味碟 10 个、汤碗 10 个、汤勺 10 个、筷架 10 个、筷子 12 双、牙签 10 包、红酒杯 10 个、白酒杯 10 个、水杯 10 个、公用盘 2 个、公用勺 2 个。摆放以上物品时,可以用托盘分六次托摆。第一托:骨碟 10 个;第二托:汤碗 10、汤勺 10 个、味碟 10 个;第三托:筷架 10 个、筷子 10 双、牙签 10 包;第四托:红酒杯 10 个、白酒杯 10 个;第五托:水杯 10 个(已插放好折叠成型的餐巾花,分成两次摆放);第六托:公用盘 2 个、公用筷 2 双、公用勺 2 个。

3. 中餐宴会摆台的顺序及标准(见图 4-17)

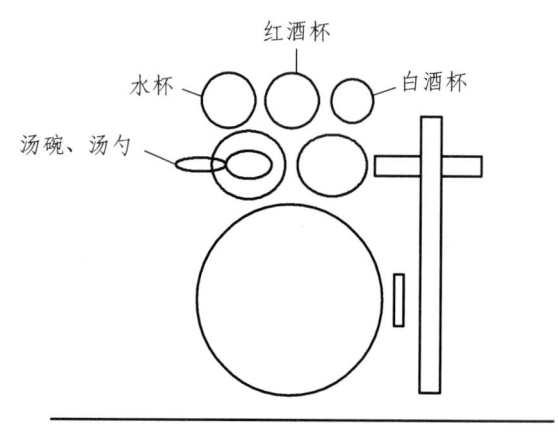

图 4-17 中餐宴会摆台

(1)铺台布。

铺台布的具体方法:服务人员站在餐桌的副主人位一侧,距餐台约 40 cm 处,用双手将台布抖开铺在台面上,台布正面朝上,中心线凸缝正对正、副主人席位,折缝中心居中,台布四周下垂均匀。铺好的台布要求平整无皱纹,图案花纹置于餐桌台面中心位置。在铺设过程中,要求做到用力得当,动作熟练,一次到位。

(2)拉椅定位。

从主宾位开始拉椅,双手握椅背,拇指在前,其余四指在后,用右膝盖轻轻顶住椅背,将椅子拉出。转身迈出右脚,三步到位,用同上的要领摆下一把餐椅,餐椅围绕餐台均匀摆放,椅子前沿与台布呈 90°角。座椅之间距离均等,椅背中心对准餐碟,座面边缘距台布下垂部分 1 厘米。

(3)摆餐碟。

从主人位开始,站在主位右侧顺时针一次性定位摆放餐碟,餐碟间距离均等,相对餐碟与餐桌中心点三点一线,餐碟边距桌沿 2 厘米。注意:拿碟手法正确,手拿餐碟边缘部分,卫生、无碰撞。

（4）摆味碟、汤碗、汤勺。

摆放时先味碟后汤碗，味碟摆放在餐碟右上方1厘米处。汤碗摆放在餐碟左上方1厘米处，汤勺放置于汤碗中，勺把朝左（汤勺在托盘中入碗后，再摆放上桌）。操作时，手拿汤碗、味碟边缘，拿汤勺柄部。

（5）摆筷架、筷子、牙签。

筷架摆在味碟右侧1厘米处，与味碟、汤碗的中心线在一条直线上。筷子1/4搁摆在筷架上，筷尾距桌沿2厘米，筷头对准中心，筷套正面朝上。牙签置于筷子左侧1厘米，在餐碟与筷子之间，距桌边2厘米与筷尾对齐。

（6）摆红酒杯、白酒杯、水杯。

从主人位开始按顺时针方向依次摆放红酒杯、白酒杯、水杯。红酒杯摆在餐碟中心线正上方（汤碗与味碟之间距离的中点线上），杯底与汤碗、味碟近桌心一侧外切线间距2厘米。白酒杯摆在红酒杯的右侧，距味碟上方1厘米。水杯摆在红酒杯左侧。三杯杯肚间隔1厘米，中心呈一直线，与汤碗、味碟外切线呈15°角。注意：摆放水杯前，先在规定餐盘内完成折花。要求折叠手法正确、一次成型、巾花挺拔、造型美观。巾花折好后放入水杯中，摆放时突出正、副主人位，台面整体协调。

（7）摆公用餐具。

公用餐具包括：公用碟、公用筷、公用勺，正、副主人位正前方各一套。先摆放主人位前方公用餐具。具体要求：公用碟碟边距红酒杯2厘米。摆放时先筷后勺，公用筷放在靠桌边一侧，公用勺放在靠近桌心一侧，筷柄向右，勺柄朝左，形成对称，勺与筷间距1厘米，筷子距离公用碟两端相等。再从主人位开始按顺时针方向走到副主人前摆放另一套公用餐具。

4. 中餐宴会摆台评价评分表（见表4-5）

表4-5　中餐宴会摆台评分表

日期：　　　　　　　　姓名：

项目	操作程序及标准	分值	扣分	得分
准备工作（5分）	考生做自我介绍，站姿标准，检查仪容仪表，清洗双手，检查用具备品是否齐全、完好、无破损、是否清洗消毒（每项1分）	5		
铺台布（5分）	先把台布全打开检查后，再按个人手法铺台布，将台布一次铺成，两次铺成扣0.5分，三次及以上铺成不得分	2		
	在副主人位铺台布（选手站错位置不得分）	1		
	台布正面朝上；定位准备，中心线凸缝向上，且对准正副主人位；台面平整；十字居中，台布四周下垂均等（每项0.5分）	2		
拉椅定位（8分）	从主宾位开始拉椅。（选手站错位置扣2分）双手握椅背，拇指在前，其余四指在后，用右膝盖轻轻顶住椅背，将椅子拉出；转身迈出右脚，三步到位，用同上的要领摆下一把餐椅，餐椅围绕餐台均匀摆放，椅子前沿与台布呈90°角。座椅之间距离均等，椅背中心对准餐碟，座面边缘距台布下垂部分1厘米（每项0.3分）	8		

续表

项目	操作程序及标准	分值	扣分	得分
餐碟定位（10分）	从主人位开始，站在主位右侧顺时针一次性定位摆放餐碟，餐碟间距离均等，相对餐碟与餐桌中心点三点一线（每项0.3分）	6		
	餐碟边距桌沿2厘米（每项0.2分）	2		
	拿碟手法正确（手拿餐碟边缘部分）、卫生、无碰撞（每项0.2分）	2		
小件餐具：汤碗、汤勺、味碟（10分）	味碟摆放在餐碟右上方1厘米处（每项0.1分）；汤碗摆放在餐碟左上方1厘米处（每项0.1分），汤勺放置于汤碗中，勺把朝左（每项0.1分）；汤勺在托盘中入碗，再摆放上桌（每项0.1分）。注：摆放时先味碟后汤碗（每项0.1分）	5		
	操作时手拿汤碗、味碟边缘，汤勺拿柄部（每项0.1分）。汤碗与味碟之间距离的中心点对准餐碟的中点（每项0.2分），汤碗、味碟、餐碟间相距均为1厘米（每项0.2分）	5		
筷架、筷子、牙签（6分）	筷架摆在味碟右侧相距1厘米，与味碟、汤碗的中心线在一条直线上（每项0.2分）	2		
	筷子1/4搁摆在筷架上，筷尾距桌沿2厘米，筷头对准中心，筷套正面朝上（每项0.2分）	2		
	牙签置于筷子左侧1厘米，在餐碟与筷子之间，距桌边2厘米与筷尾对齐（每项0.2分）	2		
红酒杯、白酒杯、水杯（10分）	红酒杯在餐碟中心线正上方（汤碗与味碟之间距离的中点线上）。杯底与汤碗、味碟近桌心一侧外切线间距2厘米（每项0.3分）	3		
	白酒杯摆在红酒杯的右侧，距味碟上方1厘米，水杯位于红酒杯左侧，三杯杯肚间隔1厘米，中心成一直线，与汤碗、味碟外切线呈15°角。水杯待餐巾花折好后一起摆上桌（每项0.3分）	3		
	使用托盘分三托上酒具，第一托红酒杯、白酒杯，第二托、第三托分别上插入杯花的水杯各五个（托盘顺序错误每项扣1分）	3		
	摆杯手法正确（手拿杯柄或中下部）、卫生、不碰杯口（每项0.1分）	1		
公用餐具（3分）	公用勺、筷、碟应放在正、副主人位正前方，碟边距红酒杯2厘米（每项0.5分），摆放时先筷后勺，公用勺放在靠近桌心一侧，公用筷放在靠桌边一侧（每项0.5分）	2		
	勺柄朝左，筷柄向右，形成对称，勺与筷间距1厘米，筷子离公用碟部分两端相等（每项0.5分）	1		
餐巾折花（20分）	在规定餐盘内操作，花型突出正、副主人位，整体协调	4		
	有头、尾的动物造型应头朝右，巾花观赏面向客人（主人位除外）	1		
	十款巾花，款式新颖、巾花挺拔、造型美观、花型逼真	3		

续表

项目	操作程序及标准	分值	扣分	得分
餐巾折花（20分）	操作手法卫生，不用口咬、下巴按，餐巾花插入杯中深度要适当	2		
	折叠手法正确、一次性成型。巾花折好后放入水杯中，从主人位开始顺时针一起摆上桌（八种手法都有体现，每少一种扣1分）	8		
	手不触及杯口及杯的上部（每项扣0.2分）	2		
摆台（8分）	按顺时针，站在主位左侧开始撤餐具，托盘撤餐具的顺序按摆放餐具逆（或反）顺序撤，即先撤公用餐具，然后酒具、筷架、筷子、小件餐具（味碟、汤碗、汤勺）、餐碟、台布（折叠成初始状态），餐椅恢复成三三两两初始原样。注：餐巾花连同水杯一同撤下（分两托，每托5个），到备餐台将杯花撤出，将口布折叠整齐，恢复原样	4		
	使用托盘，撤时动作要轻，不要杯盘碰响。摆码餐具，盘不压碗、大不压小，勺、筷放在一起，托盘撤回。撤酒杯时不得套在一起	2		
	餐具撤除后摆放在备餐台，要恢复备餐台台面原始形态，按摆台前餐具的摆放位置放置餐具	2		
托盘（5分）	装盘：根据物品形状、重量、体积和使用的先后次序合理装盘。一般要求平稳、内重外轻、内高外低，保持重心	1		
	托盘：左手臂自然弯曲，掌心向上、五指分开，主要使用大拇指指端到手掌根部与其他四指托住盘底，掌心不与盘底接触，平托于胸前	3		
	行走：两眼注视前方，左臂不夹靠身体，右臂自然背向身后，托盘不贴腹，行走自如，步伐协调，平稳不摇摆	1		
整体效果（10分）	台面摆台整体美观、便于使用、清洁卫生、具有艺术美感。各种餐、酒用具摆放整齐一致，间距均等、位置准确，花纹图案对正，用具洁净无破损。操作过程中，动作应规范、娴熟、敏捷、声轻，姿态优美，能体现岗位气质	10		
合　计	100分			
操作时间	分　　　秒　　　　　超时：　　秒		扣分：　　分	
物品落地	物品碰倒、物品遗漏　　　件		扣分：　　分	
实际得分				

备注：考核时间：25分钟；满分：100分。

1. 按规定时间完成，不加分、不减分，每超时30秒从总分中扣2分（不足30秒按30秒计算），总超时5分钟停止操作，取消成绩。
2. 计时从考官宣布考试开始到操作完结束（先按序号自我介绍，再统一开始考试）。
3. 物品每碰倒、遗漏一件扣1分。发生物品落地，取消考试成绩。

五、动车组列车餐吧车中餐摆台

（一）动车组列车餐吧车中餐餐台规格

动车组列车餐吧车餐台通常为长方形餐台，规格为 120 cm × 60 cm 左右，通常为四人餐台，如图 4-18 所示。

图 4-18　列车餐吧车餐台

（二）动车组列车餐吧车中餐台布的种类

列车餐吧车餐台台布有纯棉台布、化纤台布、塑料台布、绒质台布等。

（三）动车组列车餐吧车中餐摆台常用餐具

列车餐吧车中餐餐饮用具常用的有餐碟、汤碗、汤勺、味碟、筷架、筷子、水杯、酒杯。列车餐吧车中餐常备用调味用具、牙签、花瓶、餐巾、烟缸、托盘等。

（四）动车组列车餐吧车中餐座席安排

由于餐吧车两头均有出口，所以应以中间餐桌为首席桌。每桌的席位以列车运行方向规定，面对前进方向靠窗户里座第一号为主宾座。对面为二号席，主人座。第一座席并排为第三号座席，第二号座席并排为第四号座席。（见图 4-19）。

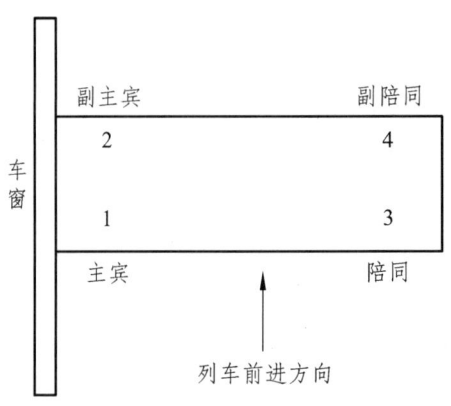

图 4-19　列车餐吧车中餐座席

（五）动车组列车餐吧车中餐便餐摆台

（1）摆早餐餐具时，先放餐碟。餐碟距桌边 1 cm，餐碟的左上方放汤碗，汤碗与餐碟相距 1 cm，碗内放汤勺，勺柄朝左。餐碟的右上方放水杯（果汁杯），汤碗与水杯相距 1 cm，水杯的右侧放筷架和筷子，要求汤碗的碗心、水杯的杯心、筷架在一条直线上并且平行于桌边，筷子垂直于筷架，筷尾距桌边 1 cm。早餐餐巾叠餐花。列车上餐台为长方台，花瓶摆放在靠窗一侧，调味用具、牙签杯放在花瓶两侧，如图 4-20 所示。

（2）午、晚餐的餐具摆放是在早餐餐具摆放的基础上再增加一个味碟。具体摆放方法：味碟摆在汤碗的右侧，将水杯放在汤碗和味碟的正前方距汤碗和味碟 1 cm 处，餐巾可叠盘花或杯花，如图 4-21 所示。

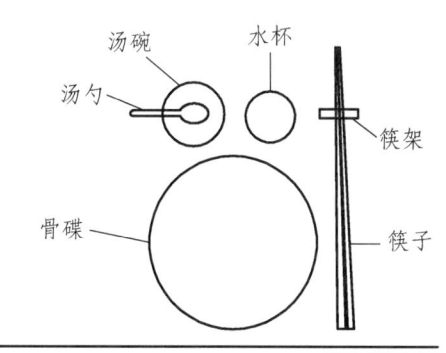

图 4-20　列车餐吧车中餐早餐摆台

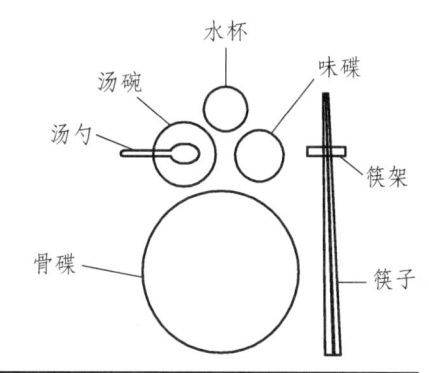

图 4-21　列车餐吧车中餐午晚餐摆台

（六）动车组列车餐吧车中餐宴会摆台（见图 4-22）

图 4-22　动车组列车餐吧车中餐宴会摆台

（1）铺台布：餐吧员站在餐吧车过道一侧，台面中心线居中，台布正面朝上，台面平整，两侧下垂长度相等。

（2）放置花瓶、调味用具和牙签盅：花瓶放在靠窗一侧中心，调味用具和牙签盅分放在花瓶两侧。

（3）摆放餐碟：餐碟距桌边 1 cm，相互间距相等，定位准，餐碟的店徽对准客人。

(4)放置汤碗、汤勺、味碟：汤碗在餐碟的左上侧距餐碟 1 cm，汤勺放在汤碗内，勺柄朝左；味碟在餐碟的右上侧与汤碗在一条直线上并相距 1 cm。

(5)放置筷架、筷子：筷架放在味碟右侧相距 1 cm，筷子 1/3 搁在筷架上，筷尾距桌边 1 cm。

(6)放置红酒杯、白酒杯和水杯：红酒杯杯柱正对骨碟中心线，红酒杯右侧放白酒杯，红酒杯左侧放水杯，三杯杯距 1 cm，水杯与汤碗间距 1 cm。

(7)摆放餐巾花：按照餐巾花的摆放原则，从主位开始依次摆放。

(七)动车组列车餐吧车中餐摆台注意事项

(1)操作顺序：摆台从主人位开始，按列车运行方向依次摆放。

(2)托盘姿势：托盘姿势正确，操作时托盘要打开、端托平稳，行走轻松自如。

(3)仪容仪表与卫生：动车组列车餐吧服务人员穿规定制服，化淡妆。操作时，动作轻盈，神态自然，面带微笑，卫生规范。

(4)摆台要达到的整体效果：清洁卫生、布局合理、美观大方。

第五节　西餐摆台知识

一、西餐台型

西餐餐厅形式多样。选用西餐餐台时，应根据用餐形式、规格、人数、选用大小、餐台形状。西餐餐台有长方形餐台、正方形餐台、U 字形餐台、马蹄形餐台、T 字形餐台、E 字形餐台、梳子形餐台等，如 1~2 位客人一般选用方形餐台，3~8 位客人可根据客人具体数量选择大小适宜的长方形餐台，9~10 位客人一般可选用一字形餐台，11 人以上可根据客人的就餐规格、形式要求及具体人数选择适宜的不同形状的餐台。

二、西餐台布铺设要求

单张餐台台布铺设要求（如长方形餐台、正方形餐台）：台布正面朝上，十字中缝居中，台布四边或四角均匀下垂。

组合式长形餐台台布铺设要求（如一字形餐台、U 字形餐台、马蹄形餐台、T 字形餐台 E 字形餐台、梳子形餐台等）：若此台型采用多块台布，则多块台布中间折缝应呈一条直线，餐桌四周的台布缝边应该对齐，不可长短不一。台布接缝处的压缝一律位于餐厅内侧，即从入口处看不到台布接缝。

三、西餐宴会座次安排及摆台程序

(一)西餐宴会座次安排

西餐习惯将男女穿插安排位次，如以女主人为准，主宾在女主人右侧，主宾夫人在男主人的右侧。也可根据客人的习惯，把主宾夫人和主宾安排在一起。

西餐宴会多采用长台，大型宴会除主台可采用圆台外，其余均采用长台。宴会采用何种台型，如何分布餐台要根据主办单位的需要、参加宴会的人数多少、宴会的规格及宴会厅的面积来设计台型。常见的西餐单桌宴会台型有一字形、T字形、E字形、回字形，如图4-23～图4-26所示。常见的西餐多桌宴会台型有鱼骨形、星形等，如图4-27～图4-28所示。

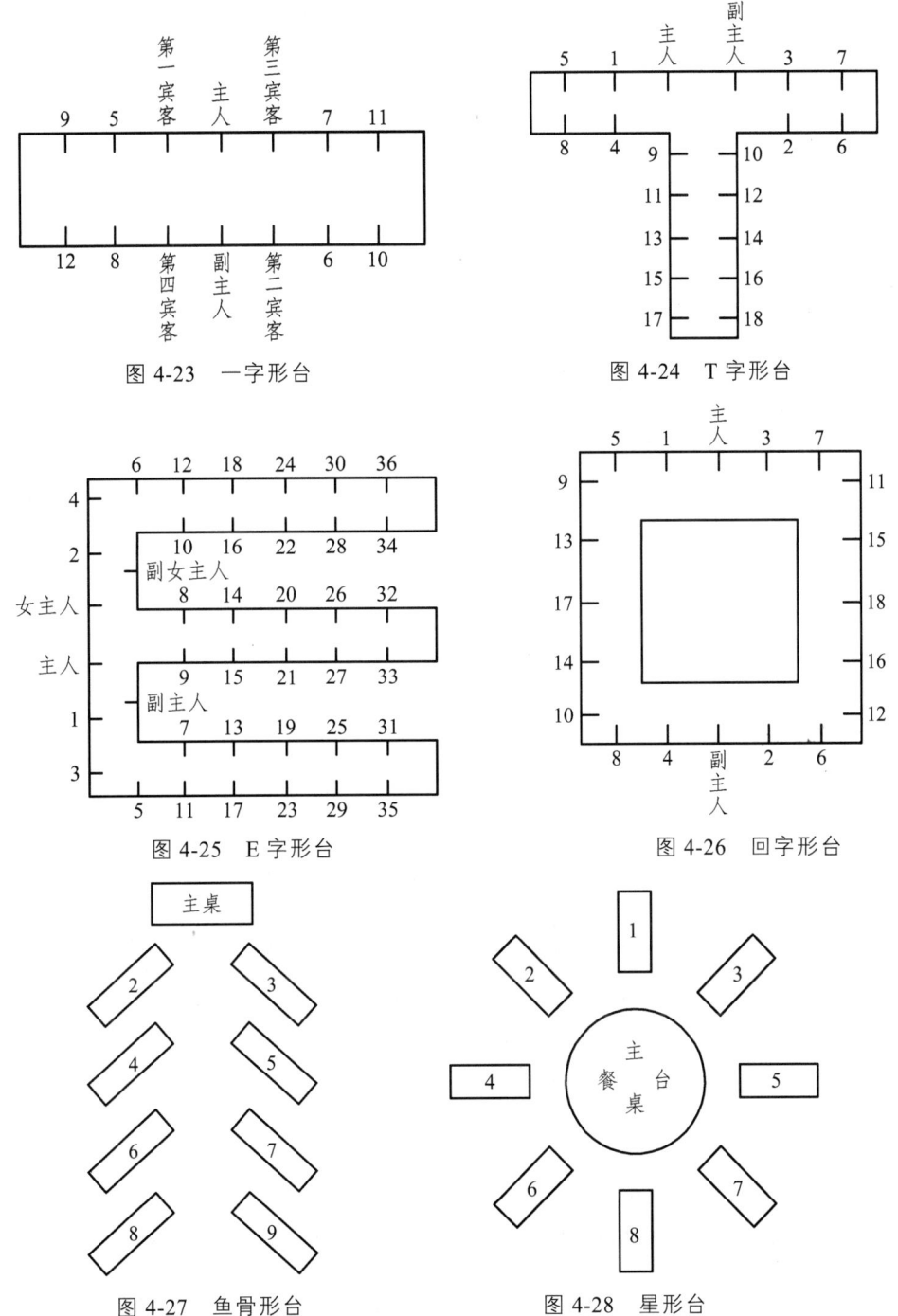

图 4-23　一字形台　　　　　　　　　图 4-24　T 字形台

图 4-25　E 字形台　　　　　　　　　图 4-26　回字形台

图 4-27　鱼骨形台　　　　　　　　　图 4-28　星形台

（二）西餐宴会摆台的程序

1. 西餐宴会摆台的要求与标准

（1）摆台操作前，应将双手进行清洗、消毒，对所需的餐、饮用具的数量进行检查，不得使用残破的餐、饮用具。

（2）餐盘摆放在席位正中，左叉右刀，叉齿朝上，刀口朝盘。各种餐具横竖呈一条直线，餐具与菜肴配套。

2. 西餐宴会摆台需要的餐酒具

常见的西餐餐饮用具主要有展示盘、面包盘、汤匙、主菜刀、主菜叉、鱼刀、鱼叉、开胃品刀、开胃品叉、甜品叉、甜品勺、水果刀、水果叉、黄油刀、黄油盘、咖啡勺、咖啡垫盘、咖啡杯、水杯、红葡萄酒杯、白葡萄酒杯、饮料杯、香槟杯、啤酒杯、白兰地杯、利口杯等。西餐餐具中的刀、叉、匙品种多样，应根据用餐类别选用。

常见的西餐常备用具有花瓶、调味用具、菜单、洗手盅、酒篮、冰桶。

3. 西餐宴会摆台的顺序及标准（见图4-29）

（1）铺台布。

西餐宴会长方形的台布需要数张台布拼接而成。铺设时一般由两人一组合作进行，顺序是从餐厅里侧往外进行的，要让每张台布的接缝朝里，避免步入餐厅的宾客看见。铺好的台布中线相连，呈一条直线。台布下垂部分的四边平行相等，下沿长度以接触到餐椅边沿为准。

（2）摆装饰盘。

用托盘端托展示盘，从主人位开始按顺时针方向依次用右手将展示盘摆放于每个餐位正前方，盘边距餐台边1 cm，盘间距离相等。

（3）摆餐刀、汤匙、餐叉。

摆放以上餐具都应使用托盘，并注意只能拿刀、叉、匙的手柄。具体摆放方法如下：

① 主菜刀放于展示盘右侧，与餐台边垂直，刀柄向下，与餐台边距离1 cm，刀刃向左，与展示盘相距1 cm。

② 鱼刀放于主菜刀右侧，距离主菜刀1 cm，刀柄距离餐台边5 cm，刀刃向左。

③ 汤匙放于鱼刀右侧，距离鱼刀1 cm，匙柄距离餐台边1 cm。

④ 开胃品刀放于汤匙右侧，距离汤匙1 cm，刀柄距离餐台边1 cm。

⑤ 主菜叉放于展示盘左侧，距离展示盘1 cm，叉柄距离餐台边1 cm。

⑥ 鱼叉放于主菜叉左侧，距离主菜叉1 cm，叉柄距离餐台边5 cm。

⑦ 开胃品叉放于鱼叉左侧，距离鱼叉1 cm，叉柄距离餐台边1 cm。

⑧ 在展示盘正上方1 cm处横放甜品叉、甜品勺。甜品叉在下，甜品勺在上，叉尖朝右，匙尖朝左，叉匙的间距为1 cm。

（4）摆面包盘、黄油刀、黄油盘。

在开胃品叉左侧2 cm处摆放面包盘，盘心与展示盘盘心在同一直线上；黄油刀放在面包盘中轴线右侧1/2处；黄油盘放在黄油刀正上方，距刀尖3 cm。

（5）摆酒具。

摆酒具时，要拿酒具下端，酒具一律摆在餐刀上方位置，在餐刀上方3 cm处按照从高到低的顺序,从左到右斜 45°依次放水杯、红葡萄酒杯、白葡萄酒杯。若需放香槟酒杯,则将红葡萄酒杯向下移 1~2 cm,在其上方放香槟酒杯,使四个杯子呈菱形图案,各杯间相距 1 cm。

(6)折叠餐巾花。

折叠餐巾花时要求折法正确,注意口布正反面,要求一次成型,造型逼真,口布挺括,符合最后成型要求。注意操作卫生,不能用嘴咬口布,摆放时将餐巾花放在展示盘中央,能以最佳观赏面正对客人。

(7)摆公用物品。

花瓶放在餐桌中心;沿台布中凸线在花瓶左右两侧 20 cm 处各放一只烛台;烛台外侧 10 cm 处放盐罐、胡椒瓶和牙签筒,盐罐和胡椒瓶并排垂直于中凸线,盐罐、胡椒瓶上的字分别朝向正、副主人,与牙签筒呈三角形,间距 1 cm。(见图 4-30)

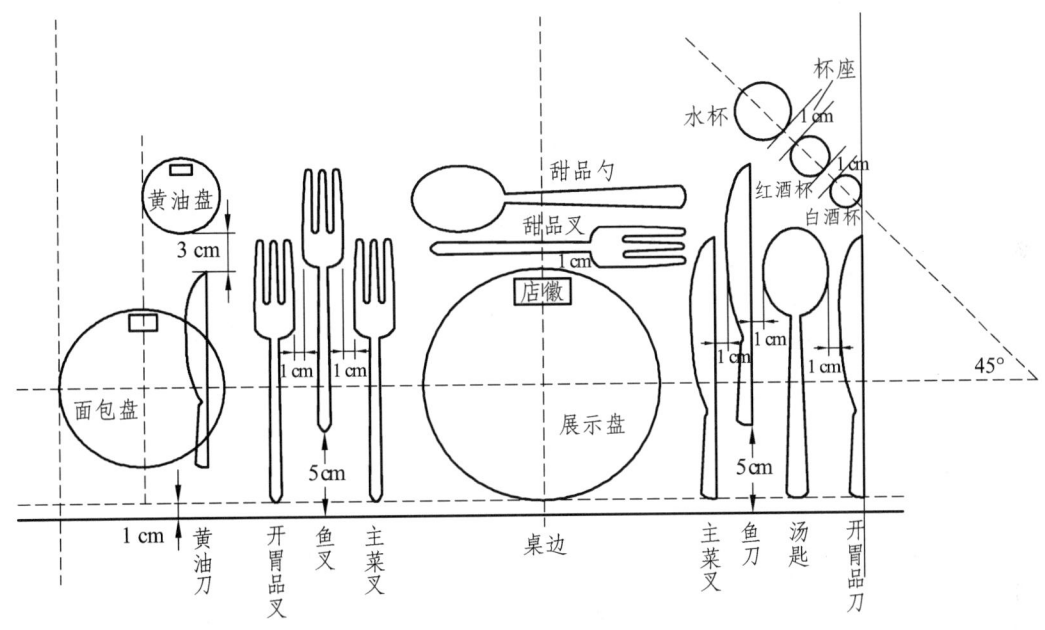

图 4-29 西餐宴会摆台

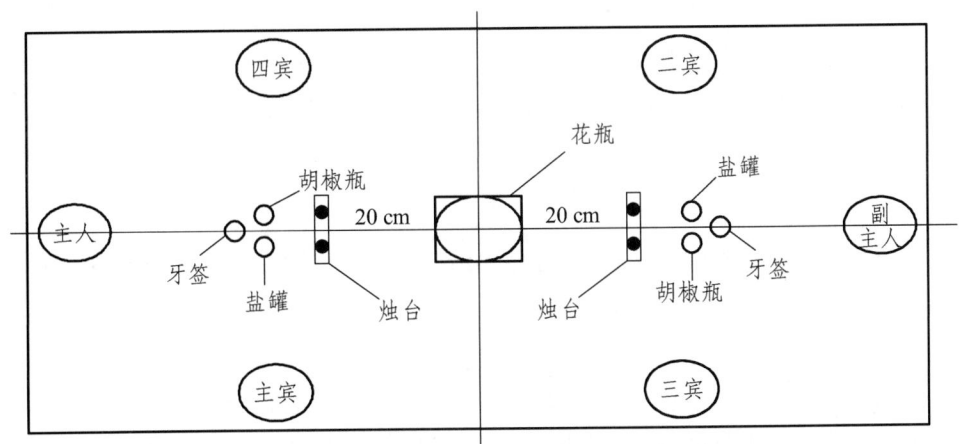

图 4-30 西餐宴会公用物品

【阅读资料4-3】

西餐餐具使用礼仪

1. 西餐刀叉和汤匙的使用

（1）西餐在使用刀叉时是非常讲究的。用西餐刀叉时通常是由外而内，也就是说，第一道菜用最外侧的餐具，然后依次向内推移，直到每件都用过为止。

（2）刀叉的拿法是轻握尾端，食指按在柄上，一般为左手拿叉，右手拿刀。进餐时，如果感觉不方便，可以换右手拿叉，但更换频繁则会显得粗鲁。吃体积较大的蔬菜时，可用刀叉来折叠、分切；对较软的食物可放在叉子平面上，用刀子整理一下。切东西时左手拿叉按住食物，右手执刀将其锯切成小块，然后将叉子送入口中。使用刀时，刀刃不可向外。汤匙则用握笔的方式拿即可。

（3）进餐中放下刀叉也是有讲究的。服务人员可以通过观察客人摆放刀叉的位置了解客人的意图，判断客人的用餐情形，以及是否收拾餐具准备接下来的服务等。那么，用餐时该如何摆放刀叉呢？

① 如果在用餐中途暂时休息片刻，可将刀叉分放盘中，刀头与叉尖相对呈"一"字形或"八"字形，刀刃朝向自己，表示还要继续吃。

② 如果是谈话，可以拿着刀叉，无须放下；但若需要做手势时，就应放下刀叉，千万不可手执刀叉在空中挥舞摇晃。

（4）用餐结束的放置方式：用餐结束后，可将叉子的凸面向上，刀刃向内与叉子并拢，平行放置于餐盘上。甜点餐具可摆在席位最前端，或放在右手边内侧。

2. 餐巾的使用

进餐时，大餐巾可折起（一般对折），折口向外平铺在腿上，小餐巾可抻开直接铺在腿上。注意不可将餐巾挂在胸前（但在空间不大的地方，如飞机上可以如此）。擦嘴时需用餐巾的上端，并用其内侧来擦嘴，绝不可用来擦脸部或擦刀叉、碗碟等。

3. 酒杯的拿法

正确的握杯姿势是用三根手指轻握杯脚，为避免手的温度使酒温增高，应用大拇指、中指、食指握住杯脚，小指放在杯子的底座固定。

（资料来源：毛慎琦. 餐饮服务技能实训[M]. 北京：机械工业出版社，2008.）

四、动车组列车餐吧车西餐摆台

西餐摆台是列车餐吧服务人员必须掌握的服务技能。动车组列车餐吧车西餐摆台与上菜流程较简单，实际工作中可根据需要，进行简化处理，一般只使用常用的刀、叉、匙等。

（一）动车组列车餐吧车西餐台布

动车组列车餐吧车西餐台布有正方形台布（规格一般为160 cm×160 cm）和长方形台布（规格一般为160 cm×200 cm和180 cm×300 cm）两种。

（二）动车组列车餐吧车西餐台布铺设方法及要求

1. 准备工作

铺设台布之前，应先检查台布有无残破、油渍和褶皱。

2. 铺设台布的方法

铺设台布时，餐厅服务员站立于餐台长侧边，距餐台约 30 cm，将台布横向打开，双手捏住台布一侧边，将台布送到餐台另一侧，然后将台布从餐台另一侧向身体一侧慢慢拉，使台布的正面向上，台布折叠线的凸线向上置于餐台的中心位置，四周下垂部分匀称。

（三）动车组列车餐吧车西餐摆台常用餐具

西餐餐饮用具品种多样，动车组列车餐吧车受经营面积等因素制约，一般只使用常用的刀、叉、匙等。

（四）动车组列车餐吧车西餐便餐摆台

1. 早餐摆台要求

展示盘放在席位的中间，其左边放叉，右边放刀，刀刃向左，叉尖向上；餐叉左侧摆面包盘和黄油刀，黄油刀放在面包盘中轴线右侧 1/2 处，刀口朝盘心；黄油碟放在黄油刀的上方；咖啡杯放在餐刀的右侧，咖啡杯倒扣于垫碟中，用时翻转过来，咖啡杯柄和勺把朝后，将折好的餐巾花放于盘中；花瓶、调味用具放在靠窗一侧。具体如图 4-31 所示。

2. 午、晚餐摆台要求

展示盘放在席位的中间，展示盘左边放叉，右边放刀，刀刃向左，叉尖向上；餐叉左侧摆面包盘和黄油刀，黄油刀放在面包盘中轴线右侧 1/2 处，刀口朝盘心；黄油碟放在黄油刀的上方；水杯放在餐刀的上方；餐勺放于餐刀的右侧，将折好的餐巾花放于展示盘中；花瓶、调味用具放在靠车窗一侧。具体如图 4-32 所示。

图 4-31　列车餐吧车西餐早餐摆台

图 4-32　列车餐吧车西餐午晚餐摆台

（五）动车组列车餐吧车西餐宴会摆台

1. 操作准备物品

西餐台布1块、展示盘2只、面包盘2只、汤匙2把、主菜刀2把、主菜叉2把、鱼叉2把、开胃品刀2把、开胃品叉2把、甜品叉2把、甜品匙2把、黄油刀2把、黄油盘2个、水杯2只、红葡萄酒杯2只、白葡萄酒杯2只、花瓶1只、胡椒瓶1个、盐罐1个、牙签筒1个、口布2块、托盘1只。

2. 操作步骤（见图4-33）

（1）铺台布：站在副主位铺台布，台布正面朝上，中心线居中，两侧下垂匀称。

（2）摆放展示盘：将展示盘放在餐位正中，距桌边1 cm，手法规范、一次到位。

（3）摆放刀、叉、匙：展示盘左右两侧1 cm处各放一把餐叉和餐刀；在餐叉、餐刀的两侧分别放鱼叉和鱼刀；在鱼叉和鱼刀的两侧分别放开胃品叉和汤匙；汤匙的右侧放开胃品刀，所有的刀口朝向展示盘，叉尖向上；刀叉匙柄端距桌边1 cm，各金属餐具的间距为1 cm；展示盘的正上方1 cm处各放一把甜品叉和甜品匙，甜品叉在下，甜品匙在上，叉尖朝右，匙尖朝左，叉匙的间距为1 cm。

（4）摆放面包盘、黄油刀、黄油碟：开胃品叉左侧1 cm处放面包盘，盘心与展示盘心在同一直线上；黄油刀放在面包盘中轴线右侧1/2处；黄油碟放在黄油刀的正上方，距刀尖2 cm。

（5）摆放咖啡杯：咖啡杯放在餐刀的右侧，咖啡杯倒扣在垫盘中，用时翻转过来，杯柄和勺把朝后。

（6）折叠餐巾花。折叠餐巾花折法要正确，注意口布正反面，要求一次成型，造型逼真，口布挺括，符合最后成型要求。注意：操作卫生，不能用嘴咬口布，摆放时将餐巾花放在展示盘中央，以最佳观赏面正对客人。

（7）摆酒具：白葡萄酒杯放在开胃品刀刀尖上方2 cm处；红葡萄酒杯放在白葡萄酒杯的左侧，水杯放在红葡萄酒杯的左侧，三杯杯肚间距1 cm，三杯杯心连成一斜线与桌边呈45°角。

（8）用具摆放：花瓶放在餐桌靠窗一侧台布中心；沿台布中凸线花瓶两侧分别摆放调味用具和牙签盅。

图4-33 动车组列车餐吧车西餐宴会摆台

（六）动车组列车餐吧车西餐摆台注意事项

（1）操作顺序：摆台从主位开始，按顺时针方向依次摆放。摆台时，注意用手拿餐盘的边沿、刀叉匙的把柄，在宾客的右侧摆刀匙，左侧摆叉。

（2）托盘姿势：托盘姿势正确，操作时托盘要拉开、端稳，行走轻松自然。

（3）仪容仪表与卫生：餐吧服务员穿规定服饰，化淡妆。操作时动作、神态自然，面带微笑，操作卫生。

（4）注重整体效果，保持台面清洁卫生，整体布局合理，美观大方。

复习思考题

1. 简述轻托服务的操作方法。
2. 简述餐巾花的摆放要求。
3. 简述茶叶的冲泡技巧。
4. 简述托盘斟酒的方法及要领。
5. 简述酒水的保管方法。
6. 简述中餐宴会座次安排。
7. 简述中餐宴会摆台的顺序及标准。
8. 简述动车组列车餐吧车中餐宴会摆台的顺序及标准。
9. 简述西餐座次安排。
10. 简述西餐宴会摆台的顺序及标准。
11. 简述动车组列车餐吧车西餐宴会摆台的顺序及标准。

第五章　动车组列车餐饮营销管理

【学习目标】
1. 掌握动车组餐饮营销的方法，能够制订动车组餐饮营销计划和方案。
2. 掌握餐饮成本核算的各种方法，能够正确计算各种餐饮的成本和售价。
3. 掌握动车组餐饮供应模式。
4. 掌握动车组旅客的餐饮心理需求，能够正确处理旅客的餐饮投诉。
5. 熟知动车组列车餐吧车的销售服务要求。

【知识要点】
1. 动车组列车餐饮营销。
2. 动车组餐饮经营成本核算。
3. 动车组列车经营模式及供餐模式。
4. 动车组列车餐饮服务质量管理。
5. 动车组列车餐吧车的销售服务要求。

第一节　动车组列车餐饮营销概述

一、市场与市场营销

市场营销（Marketing），又称市场学、市场行销或行销学。一般来说，可将其理解为与市场有关的人类活动，它是伴随着经济发展和企业经营管理需要而出现的一门科学，也是20世纪发展最快的管理科学之一。在市场经济快速发展的今天，市场营销作为一门应用学科，已经成为企业经营的关键。市场营销理念越来越受到商界人士的重视。

（一）市场的含义

市场一词最早是指买方和卖方聚集在一起交换货物的场所，如乡村的广场。市场这一概念所包含的内容是随着商品经济的产生而产生，随着商品经济的发展而发展的。目前，人们对市场的理解有以下两种定义：

1. 狭义的市场

狭义的市场是指买卖双方进行商品交易的场所。在日常生活中，人们习惯将市场看作是买卖的场所，如集市、商场、商品批发市场等。我国古代文献《易·系辞下》就对市场做了这样的描述："日中为市，致天下之民，聚天下之货，交易而退，各得其所。"所以，无论地方大小，交易范围如何，只要是商品买卖的地方都可以称之为市场。这种狭义的市场，一般被称之为有形的市场。

2. 广义的市场

经济学家从揭示经济实质角度提出了市场的概念：市场是社会分工和商品生产的产物。在商品生产条件下，社会内部分工的前提首先是不同种类劳动的相互独立，即它们的产品必须作为商品相互对立，并且通过交换完成商品交换，作为商品相互发生关系，这是抽象的市场概念。

管理学家则侧重从具体的交换活动及其运行规律去认识市场。在他们看来，市场是供需双方在共同认可的一定条件下所进行的商品或劳务的交换活动。如美国学者奥德森（W. Alderson）和科克斯（R. Cox）就认为："广义的市场概念，包括生产者和消费者之间实现商品和劳务的潜在交换的任何一种活动。"

广义的市场是指商品交换的总和，是一种无形的市场，即无固定的交易场所，靠广告、中介以及其他的交易方式，沟通买卖双方，促成交易的过程。

（二）市场的构成要素及特点

1. 市场主要构成要素

市场是由各种基本要素组成的有机结构体，正是这些要素之间的相互联系和相互作用，才形成了市场。市场的主要构成要素包括以下三个方面：

（1）可供交换的商品。这里的商品既包括有形的物质产品，也包括无形的服务，以及各种商品化了的资源要素，如资金、技术、信息、土地、劳动力等。市场的基本活动是商品交换，所发生的经济联系也是以商品的购买或售卖为内容的。因此，具备一定量的可供交换的商品，是市场存在的物质基础，也是市场的基本构成要素。倘若没有可供交换的商品，市场也就不存在了。

（2）提供商品的卖方。商品不能自己到市场中去与其他商品交换，而必须由它的所有者——售卖商品的当事人，即卖方带到市场上去进行交换。在市场中，商品所有者把他们的意志——自身的经济利益和经济需要，通过具体的商品交换反映出来。因此，卖方或商品所有者就成为向市场提供一定量商品的代表者，并作为市场供求中的供应方成为基本的市场构成要素。

（3）人格化——买方。卖方向市场提供一定量的商品后，还须寻找到既有需求又具备支付能力的购买者；否则，商品交换仍无法完成，市场也就不复存在。因此，以买方为代表的市场需求是决定商品交换能否实现的基本要素。

商品、供给、需求作为宏观市场构成的一般或基本要素，通过其代表者——买方和卖方的相互联系，现实地推动市场的总体运动。

2. 市场主要构成的特点

（1）市场是社会分工和商品经济发展的必然产物。

（2）推动社会分工和商品经济的进一步发展。

（3）提供交换场所、交换时间和其他交换条件，以实现商品生产者、经营者和消费者各自的经济利益。

（三）市场营销的含义及研究方法

1. 市场营销的含义

市场营销是由英文 Marketing 翻译过来的，国内外学者对市场营销的定义有上百种，企业界对营销的理解更是各有见地。比如，美国学者基恩·凯洛斯曾将各种市场营销定义分为三类：一是将市场营销看作是一种为消费者服务的理论；二是强调市场营销是对社会现象的一种认识；三是认为市场营销是通过销售渠道把生产企业同市场联系起来的过程。这从一个侧面反映了市场营销的复杂性。

市场营销是个人和群体通过创造并同他人交换产品和价值，以满足需求、欲望的一种社会过程和管理过程。

根据这一定义，可以将市场营销概念具体归纳为以下几点：

（1）市场营销的最终目标是"满足需求和欲望"；

（2）"交换"是市场营销的核心，交换过程是一个主动、积极寻找机会，满足双方需求、欲望的社会过程和管理过程；

（3）交换过程能否顺利进行，取决于营销者创造的产品、价值满足顾客需求的程度和交换过程管理的水平。

2. 市场营销学的研究方法

市场营销学的研究方法有很多，归纳起来主要有以下几种：

（1）传统研究法。

① 产品研究法，即对产品，如农产品、机电产品、纺织品等分门别类的研究方法。其优点是具体实用；缺点是有许多共同的方面，导致重复。这一方法的研究结果，形成各大类产品的市场营销学，如农产品市场营销学。

② 机构研究法，即对分销系统的各个环节（机构），如生产者、代理商、批发商、零售商等进行研究的方法。侧重分析研究流通过程这些环节或层次的市场营销问题。其研究结果形成批发学、零售学等。

③ 职能研究法，即研究市场营销的各类职能以及在执行这些职能中所遇到的问题及解决方法。如将营销功能划分为交换职能、供给职能和便利职能三大类，并将之细分为购、销、运、存、融资、信息等内容，并进行研究。这一方法在西方学术界颇为流行。

（2）管理研究法。

这是第二次世界大战后西方营销学者和企业界采用得较多的一种研究方法：从管理决策角度研究市场营销问题。其研究框架是，将企业营销决策分为目标市场和营销组合两大部分，研究企业如何根据其"不可控变数"即市场环境因素的要求，结合自身资源条件（企业可控因素），进行合理的目标市场决策和市场营销组合决策。管理研究法广泛采用了现代决策论的相关理论，将市场营销决策与管理问题具体化、科学化，对营销学科的发展和企业营销管理水平的提高起了重要作用。

（3）系统研究法。

这是一种将现代系统理论与方法运用于市场营销学研究的方法。在管理导向的营销研究中，常常将这一方法结合起来使用。企业市场营销管理系统是一个复杂系统。在这个系统中，包含了许多相互影响、相互作用的因素，如企业（供应商）、渠道伙伴（中间商）、目标顾客（买主）、竞争者、社会公众、宏观环境力量。一个真正面向市场的企业，必须对整个系统进行协调和整合，使企业"外部系统"和企业"内部系统"步调一致、密切配合，达到系统优化产生"增效作用"的目的。

（4）历史研究法。

历史研究法是一种从发展过程来分析阐述市场营销问题的研究方法。如分析市场营销的含义及其变化，工商企业100多年来营销观念的演变过程，零售机构的生命现象等，从中找出其发展变化的原因和规律性。

（四）营销组合

在市场营销的理论和实践中，4P营销理论堪称经典理论，它有着非常重要的影响和意义。4P营销理论（The Marketing Theory of 4Ps），产生于20世纪60年代的美国，是随着营销组合理论的提出而出现的。1953年，尼尔·博登（Neil Borden）在美国市场营销学会的就职演说中创造了"市场营销组合"（Marketingmix）这一术语，其意是指市场需求或多或少的在某种程度上受到所谓"营销变量"或"营销要素"的影响。

4P营销理论被归结为4个基本策略的组合，即产品(Product)、价格(Price)、渠道(Place)、宣传(Promotion)。由于这四个词的英文字头都是P，再加上策略(Strategy)，所以简称为"4P'S"（见图5-1）。

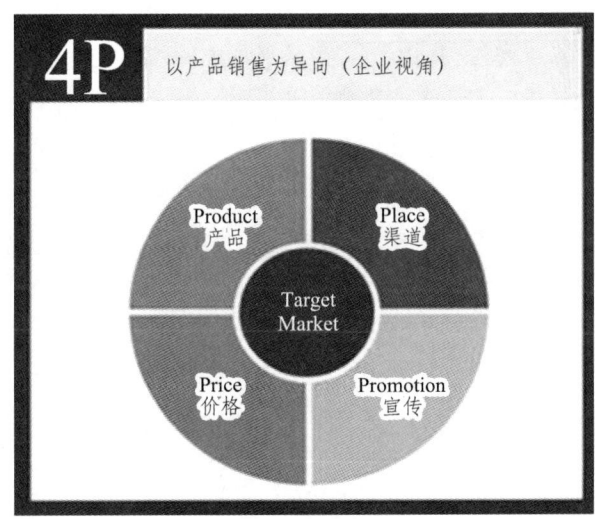

图5-1　4P'S图示

1. 产品策略

产品策略指企业与产品有关的计划与决策。产品是企业提供给目标市场的货物和服务的组合。注重产品开发的功能，要求产品有独特的卖点，把产品的功能诉求放在第一位，将产品的功能及消费体验作为首要目标。

动车组餐饮产品包括冷链产品（大批量提前制作、冷链储藏、运输，加热后售卖的食品）、热链产品（旅客临时下单、短时间内配送的食品）、常温链产品（常温保存的快餐、方便面、矿泉水、饮料、花生、瓜子、八宝粥、水果等）。

2. 价格策略

价格策略即根据差异化的市场定位进而制定不同的价格策略，重视企业品牌塑造，追求企业品牌的含金量。该策略主要是根据市场规律来制定价格以及通过价格的变动进而实现企业营销目标，如产品的基准价格、付款期限、给予折扣以及其他价格技巧等因素的组合与运用。

动车组餐饮产品由于其仓储、运输等成本较之普通产品更高，因而其价格也相应上浮。同时，动车组餐饮产品作为铁路运输产品的组成部分，依托我国铁路运输产品具有竞争性产品属性的同时又带有国计民生公共服务产品属性的国情，在确保一定利润的基础上，切不可用列车上"独家经营"的"特权"而谋取不合理的高额利润。

3. 渠道策略

渠道策略即企业并不直接面对消费者，而是注重经销商的培育和销售网络的建立，企业与消费者的联系是通过分销商来进行的。该策略主要通过合理地建立销售网络、选择分销商进而实现企业营销目标，如对渠道覆盖面、中间商选择、商品流转环节、销售网点设置以及储存运输方式等因素的组合与运用。

动车组餐饮产品与普通产品相比，其分销渠道较单一，主要在列车餐车及小推车上售卖，少数产品供应社会便利店及大型超市。

4. 宣传策略

很多人将宣传狭义地理解为"促销"，其实是很片面的。宣传应当是包括品牌宣传（广告）、公关、促销等一系列的营销行为。企业重视销售行为，通过具体促销行为刺激消费者，通过折扣、买一送一以及现场营销气氛的营造从而促进销售的增长。该策略是企业利用各类信息刺激消费者产生购买欲望、提升产品销售量进而实现企业销售目标，如促销广告、营业推广、人员推销、公共关系维护等因素的组合与运用。

目前，我国动车组餐饮产品的促销主要体现在动车组餐饮服务人员的推销上，通过人员促销手段，来说服、引导旅客进行餐饮消费。

二、餐饮业营销管理

（一）餐饮营销的概念

餐饮营销是餐饮企业经营管理的核心，也是决定餐饮企业经济效益与市场竞争力大小的关键。餐饮营销是一门研究餐饮企业在激烈竞争和不断变化的市场环境中如何识别、分析、评价、选择和利用市场机会，如何开发适销对路的产品，并探求餐饮企业生产、销售的最佳形式和最合理的途径。在当前激烈的餐饮市场竞争中，正确掌握餐饮营销，对餐饮企业的生存和发展起着决定性的作用，也是促进我国餐饮走向国际市场的必由之路。

（二）成功的餐饮营销必备的条件

1. 服务态度

优质的服务首先让旅客受到尊重、关爱，让其获得宾至如归的感觉，使其在接受服务中感到物有所值。在服务过程中，餐服人员要"真情服务，用心做事"，做到人不动，眼睛先动，注意每个角落的变化，确保服务质量到位。

2. 营销意识

铁路餐饮营销人员始终应该要有强烈的营销意识，为达到推销铁路产品的目的，首先应掌握旅客的需求动机，了解旅客的消费能力、层次、身份、特殊需求以及个性化需求，并协同铁路相关服务部门，尽可能地满足旅客的需求。

3. 资深员工

餐吧车餐服长必须选拔资深员工担任。餐吧服务是一项长期而艰巨的工作，首先要熟悉环境，熟悉操作程序，掌握目标客源定位，对熟客、常客、消费大户、领导以及周边竞争状况等有清晰的了解。同时，也要求是公关营销的强手，能注意信息反馈和部门间的沟通，处事及时、迅速、敏捷，有节奏感，操作上要规范、正确、高效、诚实守信及创新。

4. 收集信息

近年来，随着信息时代、网络时代的到来，信息也成为一种生产力，它对企业的发展起着至关重要的作用。有了广泛的信息，铁路餐饮行业才能制定相应的营销对策，才能迎接挑战，从而取得最终成功。

（三）餐饮营销需求分析

当下的餐饮业在经营管理中最重点的问题就是餐饮企业的需求问题。餐饮营销的任务就是针对餐饮客源市场的需求状况进行科学管理，以便更好地实现餐饮企业经营的目标。

1. 负需求状况与扭转性营销

负需求状况指客人不喜欢或厌恶某个餐饮企业，从而故意避开购买某个餐饮企业的产品。

例如：最初的 HF 餐饮企业，因一场大火化为乌有，后来改名为 HT 商务餐饮企业重新开业，可至今客人仍然极少，该餐饮企业又面临着关门困局。再如：A 餐饮企业有客人被刺伤的事件传出后，在很长一段时间内，大家都不愿意去这家餐厅消费。在这种情况下，餐饮企业的管理人员就要分析原因，切实可行地提高服务质量，用促销手段来重塑企业形象。

2. 无需求与刺激性营销

无需求状况是指客源市场对餐饮企业的产品不关心，没有兴趣。

例如：某新建的餐饮企业 B，由于宣传活动做得不到位，客人对其不了解，以致光顾的客人特别少，生意很不景气。在这种情况下，餐饮企业必须想方设法让客人对其感兴趣，刺激其需求，使无需求转变为有需求。

3. 潜在需求与开发性营销

潜在需求是指顾客对市场上现在的产品或服务不能满足的或隐而不见的需求。例如：一些收入不高的工薪阶层对高档餐饮餐厅既向往又有"恐惧"感。内心想去享受，但又怕消费不起。针对这种情况，餐饮企业首先应该了解这一市场需求，进而开发适合的产品和服务。

4. 下降需求与恢复营销

下降需求与恢复营销是指对其一产品或服务的需求水准已经降低，如果不及时采取有效的措施，需求水准将继续下降。任何一家餐饮企业如果长期保持菜式及口味不变，势必遭遇需求下降的局面。在这种需求水准下降的情况下，经营商必须设法使需求复苏重振。举个非常成功的例子：山东一家餐饮企业C每年都推出元旦晚宴，由于年年如此，客人的兴趣便淡了，顾客一年比一年少，后来餐饮企业的一位主管建议开发新的销售热点。于是便在2月14日推出情人套餐以及情人礼品并在报纸上大肆宣传情人晚会等创新产品，结果营业额大大超过了元旦晚宴。

5. 规则需求与同步营销

餐饮企业有着明显的淡旺季，客人的需求不规则，一般4—5月、9—10月为餐饮营业额的最高峰，12月至1月为低峰（淡季）。餐饮企业管理者必须通过灵活的价格及其他方法来调整。

三、动车组列车餐饮营销

铁路餐饮是指列车上和铁路车站为铁路乘客提供饮食服务，其本质与普通的餐饮服务也并没有什么不同，但因其所属的空间环境的特殊性，而被人们单独提及。其实，中国的铁路餐饮在20世纪90年代前给人的印象较差。90年代以来，中国铁路最大的成就是火车速度越来越快，这也是原铁道部引以为傲的业绩。近年来，我国国民经济持续稳定的发展，人们消费水平不断提高，我国高速铁路旅游业表现出旺盛的发展势头。铁路餐饮业也开始注重自身品牌优势的塑造，注重运用连锁经营，扩大规模的同时不断追求质量。我们看到了铁路人在传统"铁老大"的观念中的自我突破，自我创新。

（一）高铁旅客的心理需求

1. 求尊重

每个人都希望被人尊重，高铁旅客也如此。旅客都有满足自尊心、虚荣心的需要。尽管大部分人在社会上都是普普通通的一员，但都希望受到重视和接待。

2. 求舒适

铁路旅客到高铁餐吧车用餐，首先感受到的是餐吧车的环境。例如：宽敞的餐吧车、舒适的座椅、干净美观的餐桌等，让旅客有舒适惬意之感。

3. 求卫生

"民以食为天,食以安为先",饮食最先考虑的就是食物的安全性。俗话说"病从口入",这也是旅客用餐时最担心的问题。因此,动车组餐吧车一定要确保环境和食材的卫生,这关系到广大旅客的身体健康及生命安全。

4. 求方便

旅客坐上列车,离开自己熟悉的生活和工作环境,在高铁餐吧车这种相对陌生的环境中,心中必然会有所担心和疑虑。如餐吧车上菜速度怎样?针对这样的问题,餐吧车应考虑提高自身服务满意度,尽量以方便旅客为先。

5. 求亲切

餐吧车的服务是餐服人员对旅客的服务,是餐服人员直接给旅客的一种感受。餐服人员的言谈举止会给旅客一种或亲切或冷漠的感受。作为高素质的铁路人,餐服人员应该以饱满的热情投入到服务旅客的工作中去,给旅客以亲切之感。

6. 求安全

旅客到餐吧车用餐,都希望自己的财产、健康、精神不会受到伤害,如餐吧车的食品是否卫生、餐具是否会使人受伤、财务是否会失窃、地面是否容易使人滑倒等。

7. 求享受

旅客到餐吧车是为了消费用餐而来的,是"花钱买享受"而不是"花钱买气受"。因此,餐服人员的服务必须让旅客获得一种自由、亲切、友好、被尊重的感受,让旅客乘兴而来,满意而归。

8. 求气氛

漫长的旅途让人感到无趣和疲劳。很多旅客是因为餐吧车的气氛和环境来消费的,如餐吧车的装饰、高雅的格调、美妙的色彩搭配及通过灯光、鲜花、餐巾花型所烘托出来的优雅气氛,这些都是旅客所需要的。因为人们除了追求物质,也需要精神上的满足。

9. 求质量

对于质量的评价因人而异,但大多数顾客都会从菜肴的色、香、味、形来评价,而且还会注重食材是否新鲜,注重菜肴的营养价值。总之,菜肴会给旅客一种"饭菜质量效应"。饭菜质量效应是指饭菜质量对顾客心理的影响,它包括 4 个方面:① 饭菜品种效应;② 饭菜艺术造型效应;③ 饭菜颜色效应;④ 饭菜时令效应。

(二)了解高铁旅客心理的途径

了解旅客的方式有间接的也有直接的,间接的方式如通过旅客档案、预订信息、接待任务单等;直接的方式通过对客人直接的观察和接触来体现。但更多更贴切的了解则需要直接的方式。这就要求动车组列车餐饮服务人员应具备良好的观察力,一个观察力较强的服务员,在日常接待中能够通过对顾客眼神、表情、言谈、举止的观察,发现顾客某些不明显却很特殊的心理动机，从而运用各种服务心理策略和灵活的接待方式来满足顾客的消费需求。观察并理解旅客的几个要点如下：

（1）注意观察顾客的外貌特征；

（2）注意倾听顾客的语言；

（3）读懂顾客的"身体语言"；

（4）仔细观察顾客的表情；

（5）换位思考，对顾客的处境做出正确的判断。

（三）与旅客沟通的技巧

良好的沟通是成功的一半。顺畅的沟通可以为成功销售打下良好的基础，餐服人员在服务旅客的过程中要掌握一定的沟通技巧。

（1）善于预见和掌握旅客光顾餐吧车的动机和需要：服务中要善于观察旅客的情绪及获得服务后的反应，以提供有针对性的服务。

（2）善于理解、体谅旅客：服务中，应多从旅客的角度来考虑问题，想旅客之所想，及旅客之所及。

（3）对旅客服务要言行一致：餐服员要重视对旅客的承诺，不光说得好，而且要做得好。

（4）平等待客、一视同仁：餐吧车优质服务的基础是尊重旅客，任何一位旅客都有被尊重的需要。提供服务时，要摒弃"看人下菜碟"的旧习气，绝对禁止以貌取人和以职取人，而应平等友好地对待每一位旅客。

（5）以真诚的态度和热情周到的服务让旅客感受到你对他的关心和理解，体谅并满足他的正当要求。

（四）动车组列车餐饮营销的特点

铁路餐饮作为餐饮业的一个特殊分支，它的营销有着餐饮业营销特点的共性，同时也有着独特的营销特点。

1. 快捷方便餐饮为主流

大多数旅客都希望能够在价廉物美的餐厅用餐。便餐、快餐、套餐等形式是列车餐饮消费的主流，只有时间短、价位低、环境干净、卫生、味美实惠，才能得到广大旅客的认可。

2. 创新的营销手段为基础

创新是企业长久立足市场的关键，随着运输市场的发展和激烈的市场竞争，铁路餐饮企业越来越注重营销手段的创新，积极捕捉餐饮商机，原创的营销手段成为餐饮企业获得良好经营效果的法宝。

3. 品牌营销贯穿全过程

品牌营销是通过市场营销使客户形成对企业品牌和产品的认知过程，品牌是浓缩着企业各种重要信息的符号。铁路企业在发展的过程中，要充分认识到品牌对企业长远发展的重要性，无论在信誉、文化、产品等方面，都要着力塑造自身的社会知名度和美誉度，使铁路产品走到消费者的心里，打造铁路品牌。

4. 绿色环保产业营销成时尚

随着公众环保意识的增强和生活水平的提高，人们逐渐认识到，追求物质享受，过度地消费自然资源将加深地球和人类自身的危机。以保护环境为特征的绿色消费正影响着人们的消费观念和消费行为，成为一种新时尚，世界各国连年掀起绿色消费的高潮。铁路餐饮也应通过绿色营销，提供旅客所需要的绿色产品，满足旅客的绿色需求。

5. 营造节假日主题菜唱主角

中国的公众节日、传统节日及暑运是我国铁路客运的高峰时间，因此利用节假日，采用适当的原材料，进行精心巧妙的组合，营造出别具特色的节假日主题菜也是菜点创新的一个方法。如中国传统的中秋节创新"全家团圆"菜点，国庆节创新"普天同庆"菜点等。

（五）动车组列车餐饮营销策略

铁路餐饮作为餐饮业的一个独特分支，在营销方式上也有其特有的方式。我国动车组列车餐吧车常见的营销策略主要有以下八种。

1. 餐饮广告营销策略

广告营销策略是传统营销活动中最常见、最普遍的一种方式，餐饮企业营销者一般通过媒介在特定的时间、空间里，向潜在消费者进行企业产品和形象的推广及宣传，这是餐饮企业最常用的营销方式。

（1）动车组餐车的招牌、菜肴照片、电子菜单、菜肴和酒水宣传单等在动车组餐饮广告策略中发挥着重要的作用。

（2）动车组餐车招牌必须讲究位置、高度、字体、照明和可视性，并应设立在餐车显著位置。

（3）列车广播是捕捉流动顾客的好方法。其最大的优点是宣传时间长，目标顾客明确。

2. 餐车外观营销策略

（1）外观是非常重要的营销媒介，餐车外观必须有特色，使顾客易于进行相关的识别和判断。

（2）餐车外观营销决策包括餐车的风格、餐位布置、外观色调、装饰品及清洁卫生等。

（3）餐车应讲究风格，体现经营特点，并区别于普通咖啡厅、中餐厅和西餐厅等。

（4）餐车色调直接或间接地起着营销作用。

3. 食品展示策略

食品展示是最有效、最直接的营销方法。这种方法通过在餐吧车门口或内部陈列柜陈列新鲜的食品原料、半成品菜肴或成熟的菜肴、点心、水果及酒水等以增加产品的视觉效应，让顾客更加了解餐吧车的餐饮特色和质量，并对动车组餐饮产生信任感。

4. 赠送礼品营销策略

根据消费者的消费心理，餐吧车可采用赠送礼品的策略以达到餐饮促销目的。赠送的礼品可以包括餐车特色菜、开发的新菜，以及酒水、水果、精致的商品等。

5. 菜单营销策略

菜单营销是通过菜单外观设计、菜名设计等形式直接向消费者进行餐饮推销，通过科学、合理或是有特色的菜单设计，将主推产品或利润高的产品放在菜单醒目的位置，隐形地提醒消费者或是无形地推广企业产品，让两者相互融合。不同风格的菜单设计和制作，能够在无形之中增加消费者的好感，并针对性地实现企业的营销目的，进而促进消费者的购买行为。

6. 人员推销策略

人员推销主要是通过专门人员进行推广宣传活动。

（1）动车组餐饮服务人员的职责并非仅限于把餐车的餐饮产品销售出去，而且承担着多方面的工作。动车组餐饮服务人员实际上是餐饮推销员。

（2）动车组餐饮服务人员须具备良好的语言表达能力和敏锐的观察能力，要深入了解旅客消费心理，具有较强的自我控制能力和灵活的应变能力，具备良好的敬业精神和职业道德，勤奋学习，熟练地掌握餐饮专业知识和推销技巧。

7. 营销活动策略

餐吧车可以常举办餐饮营销活动，如节日营销活动和美食节等。成功的餐饮营销活动应当具备新闻性、吸引性、话题性、视觉性和旅客参与性，突出餐车装饰和菜肴特色，简化活动程序，呈现现代生活气息，引起旅客的兴趣。

8. 网络营销策略

随着科技和网络的发展，网络购物已深入到人们生活的方方面面。网上营销作为一种新兴的餐饮营销策略，并非要取代传统的销售方式，而是利用信息技术，重组营销渠道。

2017年7月17日起，铁路部门先期在上海、天津、广州、南京、杭州、西安、沈阳、长春、武汉、济南、福州、厦门、长沙、成都、重庆、兰州等27个主要高铁客运站推出动车组列车互联网订餐服务。

网上营销与传统媒体营销相比，可发挥营销人员的创意，超越时空限制。其信息传播速度快，容量大，具备文字、声音和影像等多媒体功能。目前，动车组餐饮服务微信公众号等手段是开展网上营销的有效方式。

第二节 动车组列车餐饮经营成本核算

一、成本的概念

1. 成 本

成本是生产和销售一定种类与数量产品以耗费资源用货币计量的经济价值。企业进行产品生产需要消耗生产资料和劳动力，这些消耗在成本中用货币来计量，表现为材料费用、折旧费用、工资费用等。它主要包括企业在生产过程中原材料、燃料、动力的消耗，劳动报酬的支出，固定资产的损耗等。

2. 产品成本

产品成本是与产品的生产直接相关的成本，包括产品生产中所耗用的直接材料成本、直接人工成本和制造费用等。它由企业用于生产或加工某种产品所消耗的生产资料和劳动量构成，主要包括：生产产品所消耗的生产资料及支付劳动者的工资。

3. 餐饮产品成本

餐饮产品成本指用于制作餐饮产品的消费支出，即该种产品的成本。餐饮产品成本由生产、销售、服务三种成本构成。

4. 单位成本

单位成本是生产单位产品平均消耗的费用。它是以企业一定时期生产某一种产品所发生的总成本除以产量求得的，是反映成本水平高低的指标。

5. 总成本

总成本是指企业生产某种产品或提供某种劳务而发生的总耗费，即在一定时期内（财务、经济评价中按年计算）为生产和销售所有产品而花费的全部费用。

二、餐饮成本的分类

成本分类是为做好成本核算和成本管理服务的。餐饮成本分类的目的在于根据不同成本采取不同的费用控制策略。成本核算和成本管理的方法和目的不同，根据其考虑问题的角度也不同，分类方法也就不同。一般情况下主要有以下几种不同的餐饮成本分类方法。

（一）按成本可控程度划分：可以分为可控成本和不可控成本

1. 可控成本

可控成本是指餐饮管理中，通过部门职工的主观努力可以控制的各种消耗。有些成本如食品原材料、水电燃料、餐茶用品等消耗，通过部门的人为努力是可以控制的。

2. 不可控成本

不可控成本是指通过部门职工的主观努力很难加以控制的成本开支。如还本付息分摊、折旧费用、劳动工资等，通过部门的人为努力，在一定经营时期是很难控制的。

（二）按成本性质划分：可分为固定成本和变动成本

固定成本和变动成本是根据成本对产销量的关系来分类的，它反映了餐饮产品的成本性质。

1. 固定成本

固定成本是指一定时期和一定经营条件下，不随餐饮产品生产的销量变化而变化的那部分成本。在餐饮成本构成中，广义成本中的劳动工资、折旧费用、还本付息费用、管理费用等在一定时期和一定经营条件下是相对稳定的，所以称为固定成本。

2. 变动成本

变动成本是指在一定时期和一定经营条件下，随产品生产和销量的变化而变化的那部分成本。在餐饮成本构成中，食品原材料成本、水电费用、燃料消耗、洗涤费用等总是随着产品的产销量而变化的，所以称为变动成本。

（三）按成本与产品形成关系划分：可分为直接成本和间接成本

1. 直接成本

直接成本是指产品生产中直接耗用，不需分摊即可加入产品成本中去的那部分成本，如直接材料、直接人工、直接耗费等。

2. 间接成本

间接成本是指需要通过分摊才能加入产品成本中去的各种耗费，如销售费用、维修费用、管理费用消耗等。

（四）按成本和决策关系划分：可分为边际成本和机会成本

1. 边际成本

边际成本是指增加一定产销量所追加的成本。在餐饮管理中，增加餐饮产品的产销量可以增加收入，但同时，其成本也会相应增加。当固定成本得到全部补偿时，成本的增加又会相对减少，从而增加利润，但产销量的增加不会没有限制，当超过一定限度时，市场供求关系变化，成本份额也会发生变化，从而使利润减少。

从经营决策来看，当边际成本和边际收入相等时，利润最大，所以，边际成本是确定餐饮产品产销量的重要决策依据。

2. 机会成本

机会成本是指企业为从事某项经营活动而放弃另一项经营活动的机会，或利用一定资源获得某种收入时所放弃的另一种收入。另一项经营活动应取得的收益或另一种收入即为正在从事的经营活动的机会成本。

通过对机会成本的分析，要求企业在经营中正确选择经营项目，其依据是实际收益必须大于机会成本，从而使有限的资源得到最佳配置。

三、餐饮成本核算的意义及作用

（一）餐饮成本核算的意义

（1）维护消费者的利益，正确执行国家的物价政策。

（2）使企业合理盈利。
（3）促进企业改善经营管理。

（二）餐饮成本核算的作用

1. 为制定销售价格打好基础

餐饮部门生产制作各种菜肴点心，首先要选料，并测算净料的单位成本；然后按菜点的质量、构成内容确定主料；待配料、调料的投料数量，各种用料的净料单位和投料数量确定后，才能算出菜点的总成本。显然，饮食产品的成本是计算价格的基础，成本核算的正确与否，将直接影响定价的准确性。

2. 为厨房生产操作投料提供标准

各餐料企业根据本企业的经营特点和技术专长，都有自行设计和较固定的菜谱，菜谱规定了原料配方，规定了各种主、配料和调味品的投料数量，以及烹调方法和操作过程等，并填写在投料单上后，按标准配制。因此，成本核算为厨房各个工序操作的投料数量提供了一个标准，可以防止缺斤少两的现象，保证菜肴的分量稳定。

3. 找出产品成本升高或降低的原因以降低成本

餐饮企业制定出来的菜谱标准成本，虽然为厨房烹饪过程中的成本控制提供了标准依据，但饮食产品花色品种繁多，边生产边销售，各品种销售的份数不同，且因烹制过程中手工操作较多，因此，实际耗用的原料成本往往会偏离标准成本。

我们通过成本核算查找实际成本与标准成本间产生差异的原因，如原料是否充分利用、准料率是否测算准确、净料单位是否准确、是否按规定的标准投料，从而找出原因，促进相关部门采取相应措施，使实际耗用的原料成本越来越接近或达到标准成本，以便使这种偏差越来越小，达到成本控制的目的。

4. 为财务管理提供准确数据，促进正确经营决策

没有正确完整的会计核算材料，财务管理的决策、计划、管理、控制、分析就无从谈起。只有以核算方法、核算结果为根据，科学地核算控制成本，进行科学管理，从核算阶段发展到管理阶段，从而达到提高企业经济效益的目的。

四、餐饮成本核算的特点与要求

（一）餐饮成本核算的特点

1. 收入的可变性大

由于餐饮部每日的就餐人数和人均消费额不固定，所以其收入的可变性很大，饭店通过各种措施，加强经营管理，突出风味特色，就可扩大销售量，增加收入；通过精打细算，减少原材料消耗，降低饮食成本，也可以增加毛利。所以饮食收入和餐饮部的经济效益有较大的伸缩性：管理核算得好，收入多、毛利多；管理核算得不好，收入少、毛利少。

2. 在经营过程中,同时执行生产、销售和服务三种职能

餐饮部门的经营管理同其他生产部门不同,其特点是先有买主,然后生产,现生产现销售。从客人进入餐厅点菜到餐饮部的管理的核算都有一定的难度:其所消费的品名很难预测,随机性强,要求餐饮部做好预测,有充足的原材料储存。

3. 饮食成本的构成范围与生产加工企业成本的内容不同

饮食制品的成本构成,与生产加工企业成本核算的内容是有区别的。生产加工企业的产品成本包括耗用原材料、燃料和动力、工资、车间经费及应摊的企业管理费。而饮食制品的成本,只包括所耗用的原材料,也就是组成饮食制品的主料、配料、调料、燃料、工资和其他费用等,根据现行会计制度规定列入"营业费用",不计入饭店制品的成本。

(二)餐饮成本核算的要求

(1)必须学习、掌握成本核算的基本知识和方法,做到既懂烹饪技术,又懂成本核算。
(2)参与成本管理,切实做好本部门、本岗位的成本控制工作。
(3)建立和健全各种管理制度(如岗位责任制、质量责任制、经济责任制等)。

五、餐饮成本核算的方法

(一)净料单位成本的计算

净料是指经加工后可用来搭配和烹制品种的半成品,如芹菜去叶洗净后为净料;肉类分档取料后为净料。所有原料采购回来,都必须经过加工(如清洗、刀工处理、热处理),就算是一些本身已经是半成品的原料,也要经过相应的处理。

净料成本又称起货成本,是指由毛料经过加工处理后成为净料的成本。

根据原料的具体情况,净料单位成本的计算方法大致有两种:一料一档和一料多档。

1. 一料一档的净料单位成本计算

一料一档是指毛料经初步加工处理后,只得到一种净料,没有可供作价利用的下脚料。一料一档的净料成本核算公式为:

$$净料成本 = 毛料进价总值 \div 净料总重量$$

如果毛料经初步加工处理后,除得到净料外,尚有可以利用的下脚料,则在计算净料成本时,应先在毛料总值中减去下脚料的价值,其计算公式为:

$$净料成本 = (毛料进价总值 - 下脚料价值) \div 净料总重量$$

例 5-1:A 饭店餐饮部购进土豆 60 千克,进货价是 1.5 元/千克,去皮后得到的净土豆是 52 千克,求净土豆的单位成本。

解:净土豆的单位成本 = $1.5 \times 60/52 \approx 1.7$(元/千克)

答:净土豆的单位成本为每千克 1.7 元。

2. 一料多档的净料单位成本计算

（1）一料多档是指毛料经初步加工处理后得到一种以上的净料。为了正确计算各档净料的成本，应分别计算各档净料的单位价格。各档净料的单位价格可根据各自的质量，以及使用该净料的菜肴的规格首先决定其净料总值应占毛料总值的比例，然后进行计算。其计算公式为：

$$净料单位成本 = （毛料总值 - 下脚料价款）÷ 净料总重量$$

例 5-2：肉鸡一只，重 2 千克，每千克单价为 11.2 元，经加工得生光鸡 1.4 千克，下脚料头、爪作价 1.5 元，鸡血 0.6 元，鸡内脏 2.2 元，废料 0.3 元，求生光鸡的单位成本。

解：生光鸡的单位成本 =（11.2×2 - 1.5 - 0.6 - 2.2 - 0.3）/1.4 ≈ 12.7（元/千克）

答：生光鸡的单位成本约为每千克 12.7 元。

（2）加工前是一种原料，加工后是若干种原料或半成品。净料单位成本的计算有两种方法。

① 如果加工后所有的净料的单位成本都是从来没有计算过的，则根据这些原料的重量逐一确定它们的单位成本，然后将各档成本相加，求出进货总值。

$$一料多档的毛料总值 = 净料1总值 + 净料2总值 + \cdots + 净料n总值$$

② 在所有净料中，如果有些净料的单位成本是已知的，应首先把已知的原材料总成本算出来，从毛料的进货总值中扣除，然后再计算未知原料的单位成本。具体计算公式为：

$$原料的单位成本 = （原料总值 - 其他各档原料价款总和）/原料重量$$

例 5-3：鲤鱼一条，重 2 千克，每千克 11.2 元，下脚料鱼杂作价为 1.46 元，全鱼经炸熟后为 1.4 千克，耗油 200 g，油价每千克 10.8 元，求熟鱼的单位成本。

解：熟鱼的单位成本 =（11.2×2 - 1.46 + 10.8×0.2）/1.4 = 16.5（元/千克）

答：熟鱼的单位成本为每千克 16.5 元。

（二）净料单位成本核算的分类

根据食材加工方法和处理程度的不同，净料可以分为生料、半成品（调料半成品、无味半成品）、熟制品三类。

1. 生料成本的核算

生料是指经过加工处理，而没有经过调味和成熟处理的净料，计算公式为：

$$生料的单位成本 = （毛料总值 - 其他各档价款）/生料重量$$

例 5-4：C 饭店的餐饮部门某日购进猪腿 70 千克，单价 12.5 元，经拆卸处理后得骨头 8 千克，单价 3.8 元，碎肉 4.2 千克，单价 11.5 元，求净猪肉的单位成本。

解：净猪肉的单位成本 =（12.5×70 - 8×3.8 - 4.2×11.5）/（70 - 8 - 4.2）≈ 13.8（元/千克）

答：净猪肉的单位成本约为每千克 13.8 元。

2. 半成品（熟制品）单位成本核算

半成品是经过半熟处理或调味的净料。根据在加工过程中是否耗用了调味品，可分为无味半成品和调味半成品。

（1）无味半成品成本计算。

无味半成品的单位成本计算公式为：

$$无味半成品的单位成本 = 生料总值/无味半成品（熟品）重量$$

例 5-5：某饭店今日购进鲜猪肝 50 千克，每千克 7.5 元，经过加工后，损耗 20%，求猪肝加工后的单位成本。

解：猪肝加工后的单位成本 =（7.5×50）/[50×（1－20%）]≈9.38（元/千克）

答：猪肝加工后的单位成本约为每千克 9.38 元。

（2）调味半成品（熟品）成本计算。

调味半成品是指加放了调料的净料或经过调味和熟制的净料。调味半成品（熟品）的单位成本计算公式为：

$$调味半成品（熟品）的单位成本 =（生料总值 + 调味品总值）/调味半成品（熟品）重量$$

例 5-6：某餐饮部门购进猪蹄 10 千克，进价为每千克 10.5 元，经煮熟后得熟猪蹄 8 千克，所用调味品作价 1.85 元，求熟猪蹄的单位成本。

解：熟猪蹄的单位成本 =（10.5×10 + 1.85）/8≈13.36（元/千克）

答：熟猪蹄的单位成本为每千克 13.36 元。

（三）净料率及其应用

1. 净料率的定义

净料率是指食品原材料在初步加工后的可用部分的重量占加工前原材料总重量的比率，它是表明原材料利用程度的指标。

净料率是餐饮业在长期经营过程中总结出的规律，在净料处理技术水平和原料规格质量相同的情况下，原料的净料量和毛料重量间形成一定的比例关系，通过这种比例关系来计算净料重量。净料率也称出材率、拆卸率、涨发率等。

2. 净料率的影响因素

原材料的规格质量和净料的处理技术是决定净料率高低的两大因素。这两大因素如有变化，净料率就不相同。如果处理者技术水平相同，但原料的规格、质量不同，净料率也会发生变化。

净料率越高，即从一定数量的毛料中取得的净料越多，其成本就越低；净料率越低，即从一定数量的毛料中取得的净料越少，其成本就越高。为加强成本管理，正确考核原材料清选加工成果，企业可以制定合理的净料率定额。

3. 净料率的计算

净料率的计算公式为：

$$净料率（\%）= 净料重量 \div 毛料重量 \times 100\%$$

例 5-7：购进冬瓜 40 千克，经加工得净冬瓜 32 千克，求冬瓜的净料率。

解：冬瓜的净料率 = 32/40 × 100% = 80%

答：冬瓜的净料率为 80%。

4. 净料率的应用

（1）根据净料率是净料重量与毛料重量的比率这个定义，可在已知净料重量和净料率的情况下求出毛料重量或在已知毛料重量和净料率的情况下求出净料重量，具体公式为：

$$毛料重量 = 净料重量 \div 净料率$$

$$净料重量 = 毛料重量 \times 净料率$$

（2）可利用净料率，直接由毛料成本单价计算出净料成本单价。这样可以极大地方便各种主配料成本的计算，计算公式为：

$$净料的单位成本 = 毛料的单位成本 \div 净料率$$

例 5-8：购进活鳝鱼 10 千克，每千克 29 元，经宰杀处理后加工成鳝丝，净料率为 50%，求鳝鱼丝的单位成本。

解：鳝鱼丝的单位成本 = 29/50% = 58（元/千克）

答：鳝鱼丝的单位成本为每千克 58 元。

（3）可根据净料单位成本、净料率求出毛料单位成本或根据毛料单位成本、净料单位成本求出净料率。公式为：

$$毛料单位成本 = 净料单位成本 \times 净料率$$

$$净料率 = 毛料单位成本 \div 净料单位成本 \times 100\%$$

六、餐饮产品价格核算的方法

餐饮成本是其所耗用的各种原料的成本之和，所以要核算一单位产品的成本，只要将其所耗用的各种原料的成本逐一相加即可。餐饮业的成本核算根据餐饮业的加工制作特点，分为先总后分法和先分后总法两种。先总后分法适用于成批生产的产品，先分后总法适用于单件生产的产品。

1. 先分后总法菜品成本的计算

先分后总法适用于单件制作的菜品成本的计算，计算方法是分别求出单位菜品所耗用的各种原料成本，然后逐一将各种原料成本相加，即为单一菜品成本。计算公式为：

$$单件菜品成本 = 单位菜品所用的主料成本 + 配料成本 + 调味料成本$$

例 5-9：餐饮部门制作葱爆羊肉，每份用羊肉片 0.25 千克，价格 68 元/千克，用葱计价 0.6 元，其他辅料成本 0.2 元，求此菜每份的成本。

解：葱爆羊肉每份的成本 = 68 × 0.25 + 0.6 + 0.2 = 17.8（元）

答：葱爆羊肉每份的成本为 17.8 元。

2. 先总后分法菜品成本的计算

先总后分法适用于成批产品的成本核算，如凉菜、主食点心等。计算方法是先求出构成单一菜肴、点心所耗用的主料成本、配料成本和调味料的成本之和，然后根据产品的件数或份数求出每一菜品单位产品的平均成本，计算公式为：

$$单位产品成本 = 本批产品所耗用的原料总成本 \div 产品数量$$

例 5-10：猪肉包子 60 个，用料为面粉 1 千克，进价为 2 元/千克；猪肉 500 g，价格为 15 元/千克；酱油 150 g，单价 4 元；味精 3 g，葱末 50 g，姜末 5 g，作价 0.5 元。求猪肉包子的单位成本。

解：猪肉包子的单位成本 $= (2 \times 1 + 15 \times 0.5 + 4 \times 0.15 + 0.5)/60 \approx 0.18$（元）

答：猪肉包子的单位成本约为 0.18 元。

第三节　动车组列车经营模式及供餐模式

铁路作为国民经济的大动脉和大众交通工具，在我国经济社会发展中的地位和作用至关重要。随着我国高速铁路的快速发展，动车组列车迅速增加。2019 年，动车组列车旅客发送数量已达 22.9 亿人次。广大旅客在享受快捷、方便、舒适的高档次服务的同时，对动车组列车餐饮服务提出了更高的要求。近几年来，我国动车组的供餐模式也呈现出多样化发展的趋势。

一、动车组列车餐吧车经营模式

铁路餐饮经营一直以来作为衡量铁路餐吧发展的一个条件，投资者希望通过投资餐吧车获得理想的投资收益，但是铁路餐吧车的经营模式又有很强的适应性，在社会不断发展的情况下，铁路餐吧车的经营模式也在发生着变化。目前，国内外高速铁路餐吧车主要有三种经营模式：自主经营、委外承包经营、合资经营。

（一）自主经营模式

自主经营是指铁路运营企业成立专门的配餐企业全程承担餐食采购、生产、配送、销售和回收等各项工作。这种模式的餐饮经营公司是由铁路局内部组织成立的（如基层客运段经营、铁路内部职工成立的餐饮企业等），要求配餐企业对食品采购、制作、配送到销售全程负责。铁路运营企业掌握整个配餐流程的作业情况，有利于对食品安全进行监督和控制。

自主经营模式有增加就业机会的明显优点，如原在铁路体系下工作的职工，可以通过这种模式再就业，同时可以保证铁路系统减员的分流。但自主经营模式也有自身的缺点，比如，由于是铁路内部组织自己经营，所以对铁路局的依赖性非常强，往往没有较大的自负盈亏压力。另外，由于铁路系统提职、管理理念等的限制，不利于企业的专业化分工，长期下去会严重制约铁路餐饮企业的改革与发展。

（二）委外承包经营模式

委外承包经营主要是通过公开招标的方式进行的，由铁路相关部门寻找适合铁路餐饮系统的餐饮经营企业，并签订合同正式成为业务合作伙伴。餐饮企业得到承包经营权后，后续的投资、招聘以及盈亏都由承包商自主完成。因为铁路系统缺乏规模化、专业化、标准化的食品生产经验，不熟悉配餐的产业化制作流程和国家食品卫生标准的要求细节。所以，我国高速铁路餐饮采用委托专业公司经营餐饮业务的经营方式，一是可以借助专业公司的力量，快速地投入生产运营；二是可以减少铁路经营管理的压力。

委外承包经营模式根据配送外包范围可以将外包形式分为大外包和小外包。大外包，即食品从成品库出库到配送上列车的配送业务全部外包。小外包即将配送业务部分外包，这种小外包只将食品从成品库出库到配送至车站周转库的配送业务外包。在生产基地已经采取委托经营的情况下，可以将配送业务一起委托给生产基地。

委外承包经营模式的优点是，通过引进专业公司，有利于提高高铁动车组经营的市场化程度，推进铁路餐饮业改革深入发展；其弊端是，将铁路餐饮市场让给别人，同时铁路结合部管理较多，掣肘铁路餐饮业务的开展。

（三）合资经营模式

合资经营是由两个人或两个以上不同国家的投资者共同投资、共同管理、共负盈亏，按照投资比例共同分取利润股权式投资经营方式。

铁路餐饮的合资经营是指铁路部门引进先进的食品专业公司通过股权形式，设立合资公司共同经营铁路动车餐饮市场。目前，广州铁路集团公司的广深线、广九线、厦深线动车组均由合资公司经营，通过引入航空公司的先进经营理念、经营模式及市场认可的航空食品，基本上实现了动车组餐饮服务的规模化、标准化、规范化，从而使旅客认可度提高，经济效益较好。在国内，广州铁路集团公司（管辖范围含广东、湖南、海南三省）以招标形式引入海南航空公司，共同投资组建广州铁路餐饮服务公司。

二、影响列车餐饮供应的因素

铁路餐饮是餐饮行业中一个特殊的分支，由于它有"移动着的餐饮部"的特殊性，所以，动车组列车在餐饮及商品供应时需要考虑众多因素。一般而言，影响动车组餐饮供应的因素包括以下三个：

（一）列车运行时间的长短

列车运行时间的长短是影响列车餐饮供应模式的重要因素。由于动车组列车速度快，如果旅客在列车上的旅行时间不长，即使赶上"饭口"时间，旅客的就餐意愿未必很强，可能买些简单的食物"凑合一口"；如果旅客在列车上的旅行距离越长，经过的"饭口"时间越多，在列车上"奢侈"消费的意愿则会越强烈。所以，动车组要根据列车运行时间选择合适的配餐方式。一般情况下，对于1小时以内发车频率大的城际列车只需提供零售服务即可；对于行车 1 至 3 小时的列车，可采用以自助餐车或零售服务为主、正餐配备为辅的供餐方式；对于行车 3 小时以上的列车，可采用正餐配餐服务，即提供餐车配备或对动车组采用航空式配餐服务等。

（二）列车运行的不同区域

我国地域辽阔，不同的民族和地理环境形成了不同的饮食习惯和菜肴风味。在选择列车餐饮供餐方式时，必须考虑列车运行的区域差异。这种差异主要包括一个区域的地理环境、气候物产、文化传统及民族习俗，同时还要考虑该区域的地面配套设施和相关配餐的网络条件。

（三）旅客需求及结构特点

旅客来自各行各业、有着不同的消费观念，而且他们的旅行距离远近也不同，这就构成了旅客复杂的消费结构和特点。所以，动车餐饮在供应食品时要充分考虑到这一点，以满足不同旅客的消费需求并使旅客满意。这是铁路餐吧车经营的难点，也是铁路餐饮区别于普通餐饮业的特点。

三、动车组列车餐吧车供餐模式

列车的餐饮服务是建设和谐铁路的重要内容，是铁路行业的重要窗口，也是客运服务中不可缺少的组成部分。特别是动车组列车开行后，客运硬件环境有了明显改观，在社会上引起了广泛关注和良好的反响，但也对客运服务质量特别是餐饮服务质量提出了更高的要求，引发了铁路餐饮部对供餐模式的思考。根据我国对食品运输及储存要求的规定，目前，我国高铁供餐模式主要有以下四种：

1. 冷链供餐

冷链供餐是将盒饭的主食和菜肴烧煮后充分冷却（在 2 h 内须使中心温度降至 10 ℃ 以下），并在中心温度 10 ℃ 以下的条件下分装、储存、运输，食用前须加热至中心温度不低于 70 ℃ 的盒饭。这种供餐模式下的食品是从生产、储存、运输至配送、冷库储存时间不同而形成的一条低温链式结构，即食品始终处于低冷冻 $-20\ ℃ \sim -10\ ℃$，是保证食品质量安全、减少损耗、防止污染的特殊供应链系统。冷餐盒饭送上车后装进厨房冷藏箱，保存温度为 $0 \sim 4\ ℃$，给旅客供餐前放进烤箱进行加热 25 min 左右，加热温度达到 85 ℃ 以上，再给旅客食用。

冷链保存可分为冷藏和冷冻两种形式。冷藏指为保鲜和防腐的需要，将食品或原料置于冰点以上较低温度条件下贮存的过程，冷藏温度范围在 $0\ ℃ \sim 10\ ℃$。冷冻指将食品或原料置于冰点温度以下，以保持冰冻状态的贮存过程。冷冻温度的范围应在 $-20\ ℃ \sim -1\ ℃$。

冷链供应的盒饭是采用传统中餐烹饪方法加工出来的快餐食品（一般为米饭、蔬菜和肉食构成），经过快速降温冷藏后，基本保持食品加工好时的新鲜程度。盒饭贮存在冷藏箱内，保存时间通常为 24 h，饭菜口感好，营养搭配均衡，饮食合理，符合大多数中国人的餐食口味。所以，冷链供餐是我国动车组首选的一种配餐方式。

2. 热链供餐

热链供餐指主食和菜肴烧煮后加热保温，食用前中心温度始终保持在 60 ℃ 以上的盒饭。热链供应的盒饭口味一般，保存时间短，并且需要连续高温保存，适用于列车运营后立即开始供餐的情况。这种列车供餐方式利用餐车设备通过现场烹制，旅客等候时间将会大大缩短。因此，动车组供餐应快速，即现做现卖，或者食品在地面经过深加工，并加工后，送到列车上，再销售给旅客。热链供餐要有保温设备，考虑国家政策的要求和动车组运行时间因素，存放柜温度一般应控制在 80 ℃。

热链供应的盒饭能够即时食用，其口味要优于冷链供应的盒饭。但由于在动车组的实际供餐过程中，会受到动车组运营时间段和其他条件的限制，难以做到即时食用，需要连续高温保存，容易腐烂，所以还要限时保存，通常为 3 小时左右，因而实际上热链供应的饭菜口感不及冷链食品。目前，仅有少数列车采用这种热链供餐方式。

3. 常温链供餐

常温链供餐指主食和菜肴盛装于密闭容器中经高温灭菌，达到商业无菌要求，可在常温下保存的盒饭。常温链供餐可在列车上为旅客提供一些通过简易加工的食物，考虑将食品制作完成后运送到车站，或配送使用微波加热或者热水焖泡等方便食品，如方便面、方便米饭等。常温链供应的盒饭保存时间较长，一般为 3~6 个月，但饭菜口感较差，不符合大多数中国人的餐食口味，而且对厨房设备加热能力需求较高，所以常温链供餐方式只作为应急供餐方式。

4. 互联网订餐

长期以来，铁路餐饮始终处于"封闭式"的经营状态，旅客基本没有自主权，再加上价格贵，口味单一，铁路餐饮一直饱受诟病。很多人都希望火车上也能开展外卖服务，然而在铁路上叫外卖却不是一件容易的事。为了保证铁路的正常运营，非铁路工作人员不得进入铁路工作区域，再加上列车停靠的时间短暂，一旦协调出了问题，将可能导致无法想象的后果。现在互联网解决了信息不对称问题，因而在列车上叫外卖也已成为一种常态。如今，很多坐高铁的旅客都会通过铁路 12306 APP 订餐，由此还催生了一个新职业——高铁送餐员。

2017 年 7 月 17 日起，铁路部门先期在上海、天津、广州、南京、杭州、西安、沈阳、长春、武汉、济南、福州、厦门、长沙、成都、重庆、兰州等 27 个主要高铁客运站推出动车组列车互联网订餐服务，网络订餐直接送到车厢席位。为进一步满足旅客对高铁动车组互联网订餐的需要，全面提升客运服务质量，2018 年 6 月 5 日起，铁路部门又陆续新增沈阳站、天津站、南京站、青岛站、乌鲁木齐站等 11 个互联网订餐供餐站或特产预订配送站。新增站点主要是一些动车组密度较大的高铁普速混合车站和部分省会城市或计划单列市主要车站，以及个别客流较大的地市级车站。站点增加后，全国铁路互联网订餐和特产预订站达到 38 个。

旅客可登录 12306 网站以及"铁路 12306"APP，通过点击首页的"订餐服务"进行网络订餐，最后由列车配送人员依据列车餐食派送单分车厢依次派发给对应的旅客。

【资料阅读 5-1】

动车组网络订餐的流程

旅客通过 12306 官网订票成功后,将收到是否订餐的提示,需要订餐时,按页面功能提示办理,可使用银行卡、支付宝和微信支付。

通过电话、车站窗口、代售点、自动售票机等其他方式购票的旅客,也可通过 12306 官网、App 或者微信公众号订餐,只需提供车票信息和联系人信息。

下面以 12306 官网为例,具体介绍订餐过程。首先,打开 12306 官网,点击订餐服务菜单。在页面输入乘车日期、乘车站、到达站及车次之后,就可以搜索到相关餐食。

例如,7 月 17 日,13:37—19:31 从上海虹桥开往北京南站的 G140 次车,就可以选择在上海虹桥、南京南、济南西站订餐。

剩下的步骤就和我们平时点外卖一样,可以使用银行卡、支付宝和微信支付。注意:为了协调列车运营和商家备货的时间,必须提前 2 h 点餐!

如果遇到已订餐的旅客在网上退票、改签、变更到站,系统会提醒旅客进行退餐。在 12306 网站自动跳转出的网页上可自行办理退餐,商家会设定退餐时间规定。

在车站窗口退票、改签、变更到站的旅客,客票系统会进行信息提示,由窗口工作人员提醒旅客在网上自行办理退餐。

(本资料由作者根据相关资料改编)。

第四节　动车组列车餐饮服务质量管理

一、餐饮服务

(一)餐饮服务的定义

餐饮服务是餐饮企业的员工为就餐客人提供餐饮产品(包括菜肴、酒水等)的一系列活动。餐饮服务可分为直接对客的前台服务和间接对客的后台服务。

前台服务是指餐厅、酒吧等餐饮营业点面对面为客人提供的服务;而后台服务则是指仓库、厨房等客人视线不能触及的部门为餐饮产品的生产、服务所做的一系列工作。前台服务与后台服务相辅相成,后台服务是前台服务的基础,前台服务是后台服务的继续与完善。

(二)餐饮服务的原则

(1)从"物有所值"提高到"物超所值"。
(2)从"客人至上"的服务理念进化到客人是"亲人、朋友"的服务理念。
(3)从"讲究诚信"提升到"品牌"。

二、餐饮服务质量

(一)餐饮服务质量的定义

餐饮服务质量是指餐饮企业以其所拥有的设备设施为依托,为客人提供的服务在使用价值上适合和满足客人物质、精神需求的程度。

餐饮服务质量有狭义和广义之分。狭义的餐饮服务质量指餐饮服务人员服务劳动的水准，不包括餐饮产品实物形态提供的使用价值。广义的餐饮服务质量包含组成餐饮服务的三要素（设施设备、实物产品、劳务服务），是一个完整的餐饮服务质量概念。

（二）餐饮服务质量的内容

餐饮服务是有形产品和无形劳务的有机结合，餐饮服务质量则是有形产品质量和无形劳务质量的完美统一。有形产品质量是无形产品质量的凭借和依托，无形产品质量是有形产品质量的完善和体现，两者相辅相成。对有形产品和无形产品质量的控制，即构成完整的餐饮服务质量的内容。

1. 有形产品质量

有形产品质量是指餐饮企业提供的设备设施和实物产品及服务环境的质量，主要满足客人物质上的要求。

构成有形产品质量的三要素如下：

（1）餐饮设备设施的质量。餐饮设备设施包括客用设备设施和供应用设备设施。客用设备设施又称前台设备设施，是指直接供客人使用的设备设施；供应用设备设施是指餐饮经营管理所需的生产性设备设施，又称后台设施，如精美的餐桌。

（2）餐饮实物产品质量。餐饮实物产品质量通常包括菜品和酒水质量、客用品质量（包括一次性消耗品和多次性消耗品）和服务用品质量，如色香味俱全的一道菜肴。

（3）服务环境质量。服务环境质量是指就餐环境和气氛给客人带来感觉上享受和心理上满足的程度，如温馨的餐厅环境和优美的背景音乐。

2. 无形产品质量

无形产品质量是指餐饮部门提供的劳务服务的价值的质量，即劳务服务质量，主要是满足客人精神上的需求。

构成无形产品质量的要素如下：

（1）服务态度。服务态度是无形产品质量的关键所在，直接影响餐饮服务质量。

（2）服务技能。服务技能是餐饮部门提高服务质量的技术保证。

（3）服务效率。服务效率指在服务过程中的时间概念和工作节奏，它并非仅指快，而是强调适时服务，应根据客人的实际情况灵活运用。

（4）礼貌礼节。礼貌礼节是以一定的形式通过信息传输向对方表示尊重、谦虚、欢迎、友好等态度的一种方式。其直接关系着客人的满意度，也是餐饮部门为客人提供优质服务的基本点。

（5）职业道德。职业道德是餐饮从业人员应遵守的职业道德规范，要求餐饮从业人员真正做到爱岗敬业。

（6）安全卫生。安全卫生主要指餐饮环境清洁卫生和食品卫生。俗话说：民以食为天，食以安为先。餐饮安全是餐饮管理的重中之重。

【资料阅读 5-2】

良好的服务态度

在餐饮服务中,良好的服务态度主要表现在以下几方面:
(1)面带微笑,向客人问好,最好能称呼顾客的姓氏。
(2)主动接近顾客,但要保持适当距离。
(3)含蓄、冷静,在任何情况下都不能急躁。
(4)遇到顾客投诉时,按处理程序进行,注意态度和蔼,并以理解、谅解的心理接受和处理各类投诉。
(5)在服务时间、服务方式上,处处方便顾客,并在细节上下功夫,让顾客体会到服务的周到和效率。

(资料来源:http://www.taodocs.com/p-155128366.html。)

(三)餐饮服务质量的特点

我们一般认为,餐饮服务质量有下述五个显著特性。

1. 餐饮服务质量评价的主观性

尽管餐饮部自身的服务质量水平基本上是客观存在的,但由于餐饮服务质量的评价是由顾客享受了服务后,根据其物质和心理满足程度做出的,因而带有很强的个人主观性。顾客的满意程度越高,其对服务质量的评价也就越高,反之亦然。餐饮管理者没有理由要求顾客必须对餐饮服务质量做出与客观实际一致的评价,实际上是无法办到的,更不应指责顾客对餐饮服务质量的评价存在偏见,尽管有时的确是一种偏见。相反,这就要求餐饮管理者在服务过程中通过细心观察,了解并掌握顾客的物质和心理需要,不断改善对客服务,为顾客提供有针对性的个性化服务,用符合顾客需要的服务来提高顾客的满意度,从而提高并保持良好的餐饮服务质量。

2. 餐饮服务质量构成的综合性

餐饮服务质量的实现有赖于餐饮的计划、业务控制、设备、物资、劳动组合、服务人员的综合素质、财务控制与其他部门的协同配合,以及餐饮环境、餐饮营销策略、餐饮价格策略等多方面的保证与顺利运转。

3. 餐饮服务质量内容的关联性

从饮食产品生产的后台服务到为顾客提供餐饮产品的前台服务有众多环节,而每个环节的好坏都关系到服务质量的优劣。这众多的工序与人员只有通力合作、协调配合,发挥集体的才智与力量,才能够保证提供优质服务。

4. 餐饮服务质量显现的短暂性

餐饮产品现生产、现销售,生产与消费几乎同步进行。餐饮服务质量显现是短暂的,不像实物产品可以返工、返修或退换。这样短暂的时间限制对餐饮管理及其工作人员的素质是一个考验。

5. 餐饮服务质量考评的一致性

这里说的一致性是指餐饮服务与餐饮产品的一致性。质量标准是通过制定服务规程这个形式来表现的，因此服务标准和服务质量是一致的，即产品质量、规格标准、产品价格与服务态度均保持一致。

三、餐饮服务质量管理

随着经济的进步、社会的发展，餐饮业之间的竞争愈来愈激烈，竞争的关键之处就在于餐饮部门向客人提供的综合产品质量。这其中包括设施设备等实物产品质量，也包括服务态度、服务质量等无形的产品质量。在今天实物产品质量差别不大的竞争前提下，服务质量等无形产品更是餐饮业必须提高的。所以，餐饮服务质量管理对于企业发展来说尤为重要。

（一）有形产品质量管理

有形产品质量管理是指对餐饮企业提供的设施设备和实物产品以及服务环境质量进行的管理。有形产品质量主要满足顾客物质上的需求。

1. 餐饮设施设备的质量管理

餐饮设施设备是餐饮企业赖以存在的基础，是餐饮劳务服务的依托，反映出一家餐厅的接待能力。同时，餐饮设施、设备质量也是服务质量的基础和重要组成部分，是餐饮服务质量高低的决定性因素之一，因此，要对餐饮设施设备的质量进行管理。

2. 餐饮实物产品质量管理

实物产品可直接满足餐饮顾客的物质消费需要，其质量高低也是影响顾客满意程度的一个重要因素，因此实物产品质量控制也是餐饮服务质量控制的重要组成部分之一。

3. 服务环境质量管理

服务环境质量是指餐饮设施的服务气氛给宾客带来感觉上的享受和心理上的满足。它主要包括独具特色的餐厅建筑和装潢，布局合理且便于到达的餐饮服务设施和服务场所，充满情趣并富于特色的装饰风格，以及洁净无尘、温度适宜的餐饮环境和仪表仪容端庄大方的餐饮服务人员。所有这些构成餐饮所特有的环境氛围。它在满足顾客物质方面需求的同时，又可满足其精神方面的需求。

通常，对服务环境布局的要求是：整洁、美观、有秩序、安全。设备配置要齐全舒适、安全方便，各种设备的摆放地点和通道尺度要适当，运用对称和自由、分散和集中、高低错落对比和映衬，以及借景、延伸、渗透等装饰布置手法，形成美好的空间构图形象。同时，要做好环境美化，主要包括装饰布局的色彩选择运用，窗帘、天花、墙壁的装饰，盆栽、盆景的选择和运用。在此基础上，还应充分体现出具有鲜明个性的文化品位。

第一印象很大程度上是由餐饮环境气氛而形成的，为了使餐厅能够给顾客留下良好的印象，管理者应重视餐饮服务环境的管理。

（二）无形产品质量管理

无形产品质量管理是指对餐饮提供的劳务服务的使用价值的质量，即对劳务服务质量进行管理。无形产品质量主要是满足顾客心理、精神上的需求。劳务服务在使用以后，其劳务形态便消失了，仅给顾客留下不同的感受和满足程度。如餐厅服务员有针对性地为客人介绍其喜爱的菜肴和饮料，前厅问询员圆满地回答客人关于餐饮内各种服务项目的信息的询问，都会让客人感到愉快和满意。

无形产品质量管理主要包括餐饮价格，服务人员的礼貌礼节、仪容仪表、服务态度、服务技能、服务效率和清洁卫生等方面。

1. 礼貌礼节管理

餐饮服务员需要直接面对客人，因而其礼貌礼节在餐饮管理中备受重视。礼貌，是人与人之间在接触交往中相互敬重和友好的行为规范。它体现了时代风格和人的道德品质。礼节，是人们在日常生活和交际场合中，相互问候、致意、祝愿、慰问以及给予必要的协助与照料的惯用形式，是礼貌的具体表现。

2. 仪容仪表管理

餐厅服务员的着装必须整洁规范，举止优雅大方，面带笑容。根据规定，餐厅服务员上班前须洗头并吹干，剪指甲，保证无胡须，头发梳洗整洁，不留长发，牙齿清洁，口腔清新，胸章位置统一，女性化淡妆，不戴饰物。

餐饮服务的全体从业人员要注重仪容仪表，讲究体态语言，举止合乎规范。要时时、事事、处处表现出彬彬有礼、和蔼可亲、友善好客的态度，为顾客创造一种宾至如归的亲切之感。

3. 服务态度管理

餐饮服务员直接面对客人进行服务要有良好的服务态度：待人接物要热情，面带微笑，使用普通话，责任心强。在服务过程中，要"真情服务，用心做事"，做到"四声"（来有迎声，问有答声，上菜、上饭有唱收、唱付声，走有送声）、"五勤"（眼勤、耳勤、嘴勤、手勤、腿勤），确保服务质量。

4. 服务技能管理

服务技能是餐饮部服务水平的基本保证和重要标志，是指餐饮服务人员在不同场合、不同时间，对不同顾客提供服务时，能适应具体情况而灵活恰当地运用其操作方法和作业技能以取得最佳的服务效果，从而所显现出的技巧和能力。服务技能的高低取决于服务人员的专业知识和操作技术，要求其掌握丰富的专业知识，具备娴熟的操作技术，并能根据具体情况灵活运用，从而达到具有艺术性，给客人以美感的服务效果。如果服务员没有过硬的基本功，服务技能水平不高，即使态度再好、微笑得再甜美，顾客也会礼貌地拒绝。因此，应该掌握好服务技能，使餐饮服务达到标准，保证餐饮服务质量。

5. 服务效率管理

通常，餐饮服务效率有三种表示方法：第一，用工时定额来表示固定服务效率；第二，用时限来表示服务效率；第三，指有时间概念，但没有明确的时限规定，是靠顾客的感觉来衡量的服务效率。常见的情况如客人点菜后上菜时间特别长，容易让客人烦躁，这样会直接影响客人对餐饮企业服务质量的评价。服务效率并不是仅仅指快速，而是要强调适时服务。

6. 清洁卫生管理

餐饮清洁卫生主要包括：餐饮部各区域的清洁卫生、食品饮料卫生、用品卫生、个人卫生等。餐饮清洁卫生直接影响顾客身心健康，是优质服务的基本要求，所以也必须加强管理。具体包括以下方面：

（1）在厨房生产布局方面，应保证所有工艺流程符合法定要求的卫生标准。

（2）餐厅及整个就餐环境的卫生标准。

（3）各工作岗位的卫生标准。

（4）餐饮工作人员个人卫生标准。

同时，要制定明确的清洁卫生规程和检查保证制度。清洁卫生规程要具体地规定设施、用品、服务人员、膳食饮料等在整个生产、服务操作程序各个环节中为达到清洁卫生标准而在方法、时间上的具体要求。

（三）餐饮服务质量全面管理

1. 全面质量管理的概念

全面质量管理是列车餐饮工作综合利用自己的经营方式、专业技术思想教育等手段，形成从市场调查产品设计到服务消费的一个完整的质量体系，是列车餐饮服务质量管理进步标准化和科学化的过程。全面质量管理要求列车餐饮工作以旅客为中心，以全员参加为保证，以服务技能和科学方法为手段，实现最佳的经济效益与社会效益。列车餐饮工作全面质量管理改变了传统的质量管理思想，把质量管理的重点放在以预防为主上，从以检查服务为主转变为以控制服务质量问题产生的因素为主。

2. 全面质量管理的具体表现

（1）全方位的服务质量管理。全方位的服务质量管理是指列车餐饮服务工作全面质量管理的对象全面地涉及餐厅内部各部门及外部相关行业，为旅客提供的各方面服务的质量管理。不仅要对旅客的需求质量进行管理，而且要对全餐厅的各种工作的质量进行管理；不仅要对功能性质量进行管理，而且要对经济性、安全性、实践性、舒适性和文明性等方面的质量进行管理；不仅要对物进行管理，还要对前后台人员进行管理。

（2）全过程的服务质量管理。全过程的服务质量管理是指对餐车的各项服务从准备阶段到服务阶段、服务后阶段所采取的具有相关性和连续性的管理。一些餐车管理人员对于这种全过程的管理缺乏明确认识，便出现了一些不好的现象，如重服务操作、轻服务前的准备和服务后的善后工作；重营业高峰期，轻营业低谷期；重迎来送往，轻服务过程等。其实，很多服务过程中暴露出来的问题，其根源是前期准备不够充分。例如，厨房上菜不及时，可能是营业前加工准备不充分所致；宴会服务场面凌乱，可能是人员安排、分工不当所致。

（3）全员的服务质量管理。全员的服务质量管理是指管理人员、决策人员、操作人员、服务人员等各层次人员的人才素质管理和质量管理，它贯穿于全体人员执行餐车质量计划、完成质量目标的各过程之中。因此，要把餐车的质量计划和目标落实到每个员工、每个岗位，使餐车全体人员对质量计划、目标有统一的认识，并认真执行。

（四）动车组列车餐饮服务质量协调管理

1. 动车组列车餐饮协调管理的意义

列车餐饮工作管理包括五大要素，即计划、组织、指挥、协调和控制。协调管理是一项十分重要的管理工作。协调的目的是列车餐饮企业的一切工作都要和谐，以便于餐饮企业经营活动顺利进行。

协调是指餐饮工作内的各个环节和物品设备之间保持一定的比例。具体地说，协调就是餐饮工作内的技术、销售、财务和其他工作人员，都应注意本工作岗位对餐车整体工作所应承担的责任和对其他岗位带来的影响。协调就是要做到餐饮的收支、服务与需求、原材料的供应与消耗等保持适当比例。

要做好协调工作，沟通是非常重要的。协调管理工作是一门管理艺术，是餐饮企业管理者应具备的才能之一。

2. 动车组列车餐饮协调管理的内容

动车组列车餐饮协调管理工作涉及的范围广泛，按其工作涉及的关系，可以将协调管理分为以下四类：

（1）上下级关系的协调；
（2）部门之间的协调；
（3）业务关系的协调；
（4）内部关系的协调。

无论哪类协调，在协调管理时都需要注意关系协调、观点协调和感情协调。

3. 动车组列车餐饮协调管理的原则

动车组列车餐饮企业在日常经营管理过程中，需要协调的问题或事情很多，虽有难易和大小之分，但主要工作应由餐车长去协商或确定。协调管理工作中应遵循以下两个原则：

（1）实事求是。

实事求是是协调管理工作的重要原则。任何协调工作，都要有一定的依据，要控制在一定的范围内。离开了实际工作，协调工作就没有了尺度，处理时也易出现偏差。

（2）着眼全局。

从餐饮企业总体目标出发，着眼于全局，是协调工作的又一重要原则。如当局部利益与全局利益发生冲突时，要向有关部门和当事人进行耐心解释，并予以解决。

4. 动车组列车餐饮协调管理的形式

动车组列车餐饮企业在日常协调管理过程中，有以下五种常见的协调管理形式：

（1）程序式协调管理。

程序式协调管理是对一些反复出现的问题采用的协调管理方式。对于这类问题，在第一次出现时，因为没有先例可循，所以先应认真研究，严格按有关政策和规定，给出正确的处理意见，制定标准处理程序。当以后再出现类似问题时，一般按标准程序办理。

（2）磋商式协调管理。

磋商式协调管理指对某个问题或事情涉及餐饮企业内部和外部许多部门时而采用的协调

管理方式。餐饮企业有些问题或事情的解决，有时往往需要经许多部门的同意，如在户外设立广告牌、楼房扩建改造、增加服务项目和设施等。做这些事情都需要得到工商、环保、规划、交通等部门的同意，在办理过程中，当某个部门有阻力或不同意时，管理者就应该主动去向该部门的领导说明情况，做好沟通，力求解决问题。

（3）随机式协调管理。

在遇到一些特殊情况和问题，难以用某种固定不变的方式进行协调时，只能见机行事、随机应变、临场处理。通常的办法是：紧急情况下，一方面见机处理，另一方面向更高层的管理者汇报并请求指示；非紧急情况下，可及时向列车长汇报，并建议有关领导到场协助处理。

（4）咨询式协调管理。

咨询式协调管理即咨询运用到协调管理工作中，对所需协调的问题，用探讨研究的口吻发表自己的意见，征询对方的看法，以达到相互协商、共同寻求最佳处理方法的目的。

（5）建议式协调管理。

无论是上下级之间、平级之间，还是横向关系之间的协调工作，餐饮服务的管理者都应强化服务意识，以谦逊的态度、建议的口吻，将自己的意见转告对方，供其参考使用。建议式的意见不带有强制性，也不具有约束力，只具有影响力。而影响力的大小，取决于建议性意见本身的价值。一般情况下，应采用建议式的协调管理方式，以易于对方采纳和接受，从而达到协调的目的。

四、动车组餐饮服务质量规范

2014年年底，中国铁路总公司正式发布《铁路旅客运输服务质量规范》(铁总运〔2014〕178号)，对铁路总公司所属的不同等级的车站和列车的运输服务质量做了统一规范，并自2015年1月1日起施行。其中，《动车组列车服务质量规范》对动车组列车上餐饮服务的相关内容进行了规范。

（1）餐饮经营符合有关审批、安全规定，证照齐全有效。食品经营单位的食品安全管理制度健全。

（2）餐车销售的饮、食品符合国家有关规定。销售的商品质价相符，明码标价，一货一签，价签有"CRH"标志，提供发票。餐车、车厢明显位置、售货车、服务指南内有商品价目表和菜单，无变相卖座和只收费不服务情况。

（3）餐车整洁美观，展示柜布置富有艺术感，与就餐环境相协调；厨房保持清洁。各种用具定位摆放。商品、售货车等不堵通道，不占用旅客使用空间。售货车内外清洁，定位放置，有制动装置和防撞胶条。

（4）商品柜、冰箱、吧台、橱柜不随意放置私人物品（乘务员随乘携带的餐食等定位存放）。餐食、商品在餐车储藏柜、冰箱内定位放置，不占用旅客使用空间。

（5）餐车配置的微波炉、电烤箱、咖啡机等厨房电器符合规定的数量、规格和额定功率。

（6）经营行为规范，文明售货，不捆绑销售商品。非专职售货人员不从事商品销售等经营活动。餐车实行不间断营业，并提供订、送餐服务。销售人员不在车内高声叫卖，频繁穿梭，销售过程中主动避让旅客。夜间运行时，不得进入卧车销售，座车可根据情况适当延长或提前销售时间，但不得超过1 h。

（7）有高、中、低不同价位的预包装饮用水、盒饭等饮、食品供应，2元预包装饮用水和15元盒饭不断供（2017年年初取消15元盒饭不断供的规定）。尊重外籍旅客和少数民族旅客的饮食习惯。盒饭以冷链为主，热链为辅，常温链仅做应急备用，有清真餐食。

（8）不出售无生产单位、生产日期、保质期和过期、变质，以及口香糖、方便面等严重影响列车环境卫生的食品。超过保质期限的食品单独存放，回收销毁。

（9）一次性餐具符合国家卫生及环保要求。

五、动车组餐饮投诉处理的基本方法

动车组餐饮服务人员应维护旅客的合法权益，自觉接受旅客监督，虚心听取旅客意见，认真及时地处理旅客投诉，实行首问首诉负责制，让旅客满意。对非本职工作的投诉应及时转告列车长。接到关于餐饮工作的投诉要立即核实并向相关部门汇报。动车组餐饮投诉处理的基本方法有以下几种：

1. 绝不与旅客争辩

当旅客怒气冲冲前来投诉时，首先应适当地选择处理投诉的地点，避免在餐吧车公共场合接受投诉；其次应该让客人把话讲完，然后对客人的遭遇表示歉意，还应感谢旅客对餐吧车的关心。当旅客情绪激动时，餐服长更应注意礼貌，绝不能与旅客争辩。如果不给旅客投诉机会，与旅客争辩，就算是争赢了，顾客下次也不会光临我们的餐吧车。因此，餐服人员应设法平息顾客的怒气，以解决问题。

2. 言语切勿触及个人

大多数时候，旅客只对产品有意见，而不是对服务人员本人有意见。他们往往是因为觉得自己的利益受到了损害而大发脾气。如果服务人员因此而大放厥词，只图一时痛快，造成的损失是预想不到的。合格的动车组餐饮服务人员会保持理智和冷静，积极思考解决问题的办法。

3. 营造幽默和谐的气氛

销售中的幽默是自信的表现，是能力的展现，它反映了动车组餐饮服务人员的气质与心境。特别是在面对旅客投诉时，利用幽默的言语可以缓和尴尬气氛，拉近与旅客之间的距离，给旅客留下良好的印象。

4. 分流坏情绪

无论是谁，都会有不开心的时候，这时，保持微笑有一定的困难。优秀的动车组餐饮服务人员应该有效地管理自己的情绪，把烦恼留在工作之外。处理旅客投诉工作需要有好的心情，要把自己的坏情绪分解掉。分解和淡化烦恼与不快，时时刻刻保持一种轻松的情绪，把欢乐传递给旅客，是动车组餐饮服务人员需要学习、掌握的技巧。

5. 真诚地帮助旅客解决问题

旅客投诉说明餐吧车的管理及服务工作有漏洞，说明旅客的某些需求尚未被重视。餐饮服务人员应该理解旅客的心情，同情旅客的处境，努力识别并满足他们的真正需求，满怀诚意地理解并帮助旅客解决问题。只有这样，才能赢得旅客的信任与好感，才能有助于问题的解决。

第五节　动车组列车餐吧车销售服务要求

一、动车组餐吧车的销售要求

（1）要做到销售服务规范，销售方式新颖，销售工具先进，销售价格透明，服务态度友好，就餐环境宜人。

（2）销售人员聘用条件符合《动车组列车旅客运输管理办法》的要求。餐饮配送和销售人员应经过铁路知识和专业技能培训，持证上岗。销售人员要树立活力、热情、文明、自信的专业形象，服装得体大方，语言文明礼貌，服务规范符合《动车组站车客运人员服务规范》的要求。

（3）车上销售人员不少于3人，根据重联情况最多不得超过5人。

（4）移动售货在列车始发5 min后方可开始，终到前10 min停止。不得兜售，不得干扰旅客正常休息，服务过程中主动避让旅客。售货小推车应印有铁路标识，具有良好的防撞、刹车性能，使用过程中不得影响旅客通行。

（5）餐车经营要确保环境整洁，秩序良好。餐饮宣传品摆放位置合适，不得随意粘贴。列车终到前，动车组餐饮服务人员要及时整理餐车，恢复原貌。餐车备品符合国家环保要求，印有 CRH 商标。

（6）运行途中的饮用桶装水由动车组餐饮服务人员负责更换，折返站饮用桶装水由餐饮服务运营商负责配送。

（7）餐食垃圾必须采用专用回收工具和容器，及时分类回收，达到全密封处理，不渗漏，杜绝交叉污染。列车终到后，将回收物交接到指定地点，进行集中处理。

（8）车上餐饮经营必须备有发票。

（9）未经同意，不得在动车组列车上发布任何广告。

二、动车组餐吧车销售食品的要求

（1）实行烹调加工的配送食品。冷藏温度持续不高于 10 ℃，供餐前应经充分加热，加热后中心温度应持续不低于 60 ℃；无适当存放条件的，存放时间不得超过 2 h。

（2）为旅客提供餐饮服务的动车组应配备必要的食品储存、加热、冷藏或热藏、水池；餐（饮）具消毒、保洁等设施设备，并做到安全无害，清洁卫生。餐饮具、食品应定位存放，避免生熟混放、混用等现象。

（3）一次性餐饮具必须符合《一次性可降解餐饮具通用技术条件》，达到绿色环保要求；餐饮具必须洗净、消毒，符合《食（做）具消毒卫生标准》。

（4）预包装食品应标明生产厂名、厂址、生产时间，保质期和食用方法，符合国家卫生标准。

三、动车组餐吧车食品配送要求

（1）食品配送过程应坚持全程冷链原则。准冷链配送时，必须严格控制时间，确保食品安全。

（2）配送的餐饮食品包装必须完好，交接流程规范。保证配送的物品、车辆清洁卫生；配送人员服装统一，整洁卫生。

（3）餐食要及时送至站台，确保开车前 5 min 内所有餐食上车完毕。

复习思考题

1. 狭义的市场和广义的市场有什么区别？
2. 什么是 4P 营销理论？
3. 成功的餐饮营销必备的条件有哪些？
4. 高铁旅客的心理需求是怎样的？
5. 动车组列车餐饮营销的特点有哪些？
6. 动车组列车餐饮营销策略有哪些？
7. 餐饮成本核算有什么特点？
8. 动车组列车餐吧车经营模式有哪些？
9. 影响列车餐饮供应的因素有哪些？
10. 我国高铁供餐模式有哪些？
11. 高铁互联网网络订餐的流程是什么？
12. 什么是餐饮服务全面质量管理？
13. 无形产品质量管理包括哪些方面？
14. 有形产品质量管理包括哪些方面？
15. 动车组列车餐饮协调管理的形式有哪些？
16. 动车组餐饮投诉处理的基本方法有哪些？

第六章　动车组列车餐饮服务作业管理

【学习目标】

1. 了解动车组列车餐吧车的作业管理标准。
2. 能够按动车组列车餐吧车的作业标准开展相关工作。
3. 了解动车组列车餐吧车上餐情况检查标准。
4. 熟悉动车组列车商品、食品、备品放置标准。
5. 熟悉动车组列车餐吧乘务工作组织情况。
6. 掌握动车组列车餐服长的作业流程。
7. 掌握动车组列车餐服员的作业流程。

【知识要点】

1. 动车组列车餐吧车作业管理标准。
2. 动车组列车餐吧车上餐情况检查标准。
3. 动车组列车餐吧车保洁作业标准。
4. 动车组列车餐吧车商品展示柜陈列标准。
5. 小推车商品陈列标准。
6. 动车组列车餐吧乘务组的组成及岗位职责。
7. 餐服长作业流程及质量标准。
8. 餐服员作业流程及质量标准。

第一节　动车组列车餐吧车作业管理及标准

一、动车组列车餐吧车作业管理标准概述

（一）动车组列车餐吧车整备标准

1. 动车组列车餐吧车出库标准

动车组列车餐吧车橱、柜、箱干净无异味，分类标志清晰，商品、餐、饮品和备品等分类定位放置。保洁工具及售货车等备品定位放置，不影响旅客使用空间。定期进行"消、杀、灭"蚊、蝇、蟑螂等病媒处理，确保昆虫指数及鼠密度符合国家规定。

2. 动车组列车餐吧车途中标准

动车组列车餐吧车餐桌、吧台、工作台、微波炉及各橱、箱、柜内保持洁净。售货车配热水瓶，售货时为有需要的旅客提供补水服务。

3. 动车组列车餐吧车到站立即折返标准

动车组餐车厨、柜、箱干净无异味，分类标志清晰，餐、饮品等各类商品和备品分类定位放置。保洁工具及售货车等备品定位放置，不影响旅客的使用空间。

总之，动车组列车餐吧车卫生整备要求车内整洁、窗明几净、物件本色、无灰尘、无擦痕、无积垢、无死角、无油垢、无污渍。车容整理要求车内物品齐全、摆放有序。

（二）动车组列车餐饮服务人员服务标准

动车组列车餐饮服务人员在为旅客服务的过程中既要自觉遵守餐饮服务人员个人卫生规定，又要认真贯彻食品卫生"五四"制。具体要求如下：

1. 个人卫生

动车组列车餐吧车的每一名餐饮服务人员，都必须特别注重个人卫生，养成良好的卫生习惯。

（1）工作期间要求仪容整洁，着装统一，整齐规范，上岗必须穿工作服，穿工作鞋，鞋袜清洁、无异味，内衣、外衣保持清洁。

（2）在餐吧车加热、供应餐食时，须佩戴口罩、手套，女性穿围裙。

（3）在工作前、便后、准备食物前、摸了脸或头发之后、处理完脏东西后、摸了钱后，都应该用肥皂、热水将手洗净，保持指甲洁净，不涂指甲油。

（4）禁止浓妆艳抹，不要洒过多的香水。

（5）不戴珠宝首饰。

（6）在工作区域内禁止吸烟、嚼口香糖、吃零食。

（7）在工作区域内不要梳理头发、喷洒发胶、修剪指甲或化妆。

（8）不要在离食品近的地方咳嗽、打喷嚏。不要使用口袋里的手绢，如果有需要，就使用专门配置的纸巾，然后扔到指定的垃圾收集处。

（9）为客人服务前注意不食用韭菜、大蒜、大葱和榴莲等有强烈气味的食品。在客人面前咳嗽、打喷嚏须用手帕掩住口鼻，并背向客人。

（10）当手指割伤或戳伤时，应立即用止血胶带包扎好。

（11）当发生刀伤或烫伤事故时，应立即用止血胶带包扎好。

（12）女服务员上班要淡妆打扮，以保持皮肤的细润，显得年轻、有活力。男服务员不得化妆，但要经常修胡须、剪鼻毛。

2. 食品卫生"五四"制

食品卫生"五四"制是 1960 年 2 月由卫生部和商业部联合下发的《关于食品加工、销售、饮食卫生"五四"制》文件中提倡的在食品生产经营过程中应做到的 20 项基本卫生要求。该要求目前仍然有效。

(1) 四不制度。

从原料到成品内容：采购员不买腐烂变质的原料，保管验收员不收腐烂变质的原料，加工人员（厨师）不用腐烂变质原料，营业员（服务员）不卖腐烂变质的食品（零售单位不收腐烂变质的食品，不出售腐烂变质的食品，不用废纸、污物包装食品）。

(2) 四隔离制度。

成品（食物）存放实行"四隔离"：生与熟隔离；成品与半成品隔离；食品与杂物、药物隔离；食品与天然冰隔离。

(3) 四过关。

用（食）具实行"四过关"：一洗、二刷、三冲、四消毒。

(4) 四定内容。

环境卫生采取"四定"：定人、定物、定时间、定质量，划片分工，包干负责。

(5) 四勤内容。

个人卫生做到"四勤"：勤洗手、剪指甲；勤洗澡、理发；勤洗衣服、被褥；勤换工作服。

（三）发票管理

(1) 铁路局、站段必须给列车和车站的餐饮服务人员配备足量发票以供使用。旅客消费后需要发票时，餐饮服务人员必须及时提供，不得推诿拒绝。

(2) 动车组列车餐吧车发票为单张两联式，即存根联和发票联平行设置，左侧为存根联，右侧为发票联。定额发票的面值为壹元、贰元、伍元、拾元、贰拾元、伍拾元和壹佰元。

(3) 动车组列车餐吧车发票不得超范围使用、倒买倒卖，对违反发票管理法规的行为，各级税务机关应严格依照《税收征收管理法》和《发票管理办法》及其实施细则进行处理。

(4) 各班组餐服长为发票保管责任人，日常消耗凭装订完整的存根联换领新票。

(5) 定额发票只能用于旅客在列车上餐饮消费的收据。各班组需要按提供餐饮服务的额度提供发票，并按照收取款项的日期如实填写开票日期。

(6) 各班组对发票的日常管理应严防丢失、损坏。每趟退勤时应清点发票的使用情况，防止脱销。

二、动车组列车餐吧车上餐情况检查标准

列车经营要求如下：

(1) 餐饮经营符合有关审批、安全规定，证照齐全有效。食品经营单位的食品安全管理制度健全。

(2) 餐车销售的饮食品符合国家有关规定。销售的商品质价相符，明码标价，一货一签，价签有"CRH"标志，提供发票。餐车明显位置、售货车、服务指南内有商品价目表和菜单，无只收费不服务的行为。

(3) 供应品种多样，有高、中、低不同价位的旅行饮食品。尊重外籍旅客和少数民族旅客的饮食习惯。盒饭以冷链为主，热链为辅，常温链仅做应急备用，有清真餐食。

（4）不出售无生产单位、生产日期、保质期、过期、变质，以及口香糖、方便面等严重影响列车环境卫生的食品。超过保质期限的食品单独存放、回收销毁。

依据《铁路食品安全管理基本规范》要求，经营冷（热）藏快餐食品的，严格执行"四控一规范"制度（控制储藏温度、保质时间、生产日期标注、剩余食品，规范管理食品经营活动），生产、保质时间应标注年、月、日、时、分，不得销售超过保质期的快餐食品。

预包装食品标识应符合下列事项：① 名称、规格、净含量、生产日期；② 成分或者配料表；③ 生产者的名称、地址、联系方式；④ 保质期；⑤ 产品标准代码；⑥ 贮存条件；⑦ 所使用的食品添加剂在国家标准中的通用名称；⑧ 生产许可证编号；⑨ 法律、法规或者食品安全标准规定必须标明的其他事项。专供婴幼儿和其他特定人群的主辅食品，其标签还应当注明主要营养成分及其含量。

三、动车组列车餐吧车保洁作业

（一）动车组列车餐吧车出库保洁作业

1. 作业内容

清洁地面、边角、空调口、天花板、微波炉、消毒柜、保温箱、冰箱、烤箱、电磁炉、抽油烟机、服务台、垃圾桶、车内门缝、备品箱格、装饰板、化妆镜、餐台、餐桌（含桌腿）、座椅（含椅腿）、不锈钢部件、显示屏表面、壁柜、地柜、台面、扶手、水池、冰箱、展示柜，并清理隐蔽部位杂物等。

2. 动车组列车餐吧车卫生工作标准

动车组餐吧车的空调口、天花板、各处不锈钢壁板表面无污迹、无灰尘；微波炉、保温箱、电冰箱、烤箱内无碎渣、无油迹；服务台台面、操作台干净整洁；垃圾桶内无垃圾，桶内无异味，桶内套袋；车门缝干净、无污迹；备品柜格、装饰板表面无污迹、无灰尘，化妆镜干净明亮；餐桌、餐椅整齐，桌（椅）缝无杂物、无碎渣；显示屏屏幕表面干净；地面清洁干净，无污物，无卫生死角；座椅靠垫干净、整洁。

（二）动车组列车餐吧车途中保洁作业

1. 清理方法

清洁服务台面、柜面，用半干毛巾擦拭；小推车易沾杂质处需用去污剂、塑料刷等将死角内杂质挑出，然后用洗涤剂抹布擦拭，再用清水冲洗，最后用干净抹布擦拭。热水炉下的水池滤网下有锈垢，需用去污剂、钢丝球擦拭；清洁备品箱格、电开水炉、微波炉等用半干毛巾擦拭，微波炉内用干净清洁剂抹布擦拭。

2. 清洁内容及标准

清洁餐吧车、连接处地板；清洁水池、电开水炉；清洁吧台、服务台表面；清洁微波炉、电冰箱、冷冻柜、冷藏柜；清洁展示柜内部、表面；整理吧台、冰柜、展示柜上的物品。

垃圾桶内装袋，桶外无垃圾，桶内无异味，在定点站及时卸下垃圾；餐吧车地面无垃圾、无污渍、无水迹；水池、电开水炉内无水垢、污渍、锈迹；吧台、服务台表面干净、整洁，缝隙内无污物；微波炉、电冰箱、冷藏柜、冷冻柜内无碎渣、无残余食品、无油渍；展示柜内部无污迹、无锈迹，外部玻璃干净明亮，吧台、冰柜、展示柜上的物品摆放整齐、不杂乱、无杂物；餐桌表面无杂物、无污迹，及时清理剩余食品。

第二节 动车组列车商品、食品、备品放置标准及陈列

一、商品、食品、备品放置标准

为了满足广大旅客旅途用餐需要，动车组列车餐吧车配备品种多样的商品、食品及服务备品，应保持餐吧车整洁美观，展示柜布置艺术，与就餐环境相协调，符合餐吧车出库整备质量标准，餐车橱、柜、箱干净无异味，分类标志清晰，商品、餐、饮品和备品等分类定位放置。

动车组列车餐吧车商品、食品、备品放置效果图如图 6-1 所示。

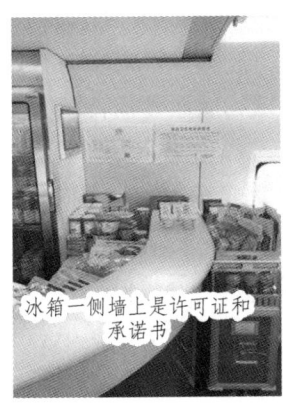  

图 6-1　列车餐吧车商品、食品、备品放置效果图

动车组列车餐吧车商品、食品、备品放置应遵循的标准：安全第一，摆放符合规范要求；保持整洁美观；操作便利；食品与非食品分开存放；私人物品不得随意摆放。

（一）CRH380AL 型动车组列车餐吧车商品、食品、备品放置标准

（1）餐车门左边保险柜与冰箱之间的空地摆放一等座专项物品及蓝色整理箱，重的、体积大的物品放在下面，码放整齐、箱口封闭。

（2）餐车门右边第一个三角吊柜摆放洁具。

（3）微波炉上方的若干吊柜用于摆放整件或整箱常温储存的商品，摆放时确保外包装完好、陈列整齐。

（4）冰箱与水池中间的台面摆放托盘、水壶，保持托盘洁净，横靠壁板；水壶置于托盘上面，壶嘴朝内，壶把对外，稍倾斜。

（5）吧台、微波炉下面的储藏柜摆放整件商品。摆放过程中确保外包装完好，码放整齐。

（6）微波炉下方的抽屉摆放餐服班组台账及相关备品，要求摆放整齐。

（7）吧台靠近过道的板壁上放挂画，挂画下面摆放价目表，吧台另一端摆放卫生许可证。

（8）吧台旁边的玻璃展示柜内摆放饮品，从上至下，第一层摆放高瓶瓶装饮料；第二层摆放中瓶瓶装饮料；第三层摆放小瓶瓶装饮料；第四层摆放罐装啤酒饮料。每层第一排摆放不同品种的商品，每一列为同一品种。要求左高右低，摆放整齐美观，汉字商标朝外。

（9）水池上方的储藏柜陈列干货小食品、袋装食品、盒装糕点，按照品种、包装规格、数量归类放置。袋装食品左高右低整齐排列，盒装食品码放整齐。

（10）水池上面摆放抹布。抹布要叠好，按颜色分开摆放。

（11）冰箱、保温箱内的餐食整齐摆放，储藏温度适宜，分类摆放。

（12）咖啡机摆放在微波炉与吧台之间的空台面上，咖啡机内槽、水槽、出水口保持清洁、无污迹，摆放平稳牢固，旁边不得放杂物。

（13）小推车摆放在一等座专项物品和蓝色整理箱旁的靠近车门处，处于刹车状态，不得阻挡车门，妨碍进出。推车上层水壶摆放在右手边，壶嘴朝内，壶把朝外，45°倾斜；水壶周边摆放瓶装饮品，每个品种摆放一至两瓶，左高右低，排列整齐美观，汉字商标朝外；袋装食品每个品种摆放一至两袋，左低右高，依次叠放，正面朝外；在袋装食品两侧摆放盒装点心，左低右高，摆放整齐美观，汉字商标朝外；价目表插放在袋装食品前排，正面朝外；第二层左边摆放瓶装饮品，左高右低，每个品种摆放一至两瓶，摆放整齐，汉字商标朝外；右边摆放袋装食品和点心，摆放要求跟上层一样；第二层以下抽屉摆放其他食品，要求摆放整齐美观。

（14）一等座专项服务车定位在一等座车厢。专项服务车展示台的前部防倒架内摆放各品种饮料一瓶，汉字商标朝外，面向旅客；防倒架内前排左手处摆放一次性航空杯或纸杯一提，不拆包装倒放。中部紧挨防倒架摆放2个水壶，壶嘴向内，壶把向外，不得倾斜。专项服务车内上部用2个托盘隔出上、下两层。上层的托盘放置备用茶包、统计表、记录本、笔、清洁布；下层摆放特色点心盒，点心盒正面朝上竖放，排列整齐。专项服务车内下层摆放适量特色点心盒及饮料各品种3瓶，瓶盖向外倒放，左中右每列为同一品种，还可放置一次性航空杯或纸杯适量。

（二）CRH5型动车组列车餐吧车商品、食品、备品放置标准

（1）吧台上方的网式陈列架陈列小食品，上层摆放袋装食品，中层摆放盒装食品，下层摆放杯装食品，品种齐全，按照左高右低，同一商品放一列，摆放整齐美观，汉字商标朝外；价目表摆放在陈列架下层中间位置，正面朝外。

（2）吧台左侧的玻璃展示柜里摆放饮品，要求左高右低，摆放整齐美观，汉字商标朝外。

（3）电开水炉与微波炉旁边的空台上摆放卫生许可证、托盘、水壶，卫生许可证背靠微波炉一侧板壁；托盘保持洁净，叠放整齐，水壶置于托盘上面，壶嘴对内，壶把对外，微倾斜。

（4）微波炉下方的冰箱用于冷藏饮品、食品。饮品按种类码放平稳，不得冷藏非餐车供应的饮品和食品。

（5）微波炉侧边立式冷藏冰箱用于储藏餐食，上层摆放旅客餐，下层摆放乘务餐，餐食包装完好，码放整齐，不得混放，严禁将私人物品和其他物品放入冰箱。

（6）餐车门旁面向吧台的立式冷藏冰箱用于储藏专项水果，储藏的水果外包装应完好。

（7）紧挨餐车门的三层储物柜，上层为动车组列车餐吧车餐饮服务人员的衣物柜，中层为乘务员的衣物柜，要求衣物折叠整齐；下层存放整件或整箱商品，商品外包装密封，码放整齐。

（8）水池上方三层铁架摆放清洁用品，抹布要叠好，按颜色分开摆放。

（9）微波炉下面的储藏柜摆放整件食品，食品外包装完好，码放牢固、整齐。

（10）微波炉下三层抽屉：上层放餐服班组台账及相关备品，摆放整齐；中层摆放餐车备品，如纸杯、纸巾等常用备品，分类摆放，摆放整齐；下层摆放餐车垃圾袋，垃圾袋叠放整齐；旁边的四层抽屉摆放餐具，餐具外包装完好，摆放整齐。

（11）小推车摆放在吧台右侧的板壁旁，小推车上的商品摆放整齐，商品汉字商标对齐朝外，小推车保持刹车状态。

（12）动车组列车餐吧车餐饮服务人员乘务拖箱摆放在操作间外、监控室对面下方储物柜中间一格，乘务箱要整齐平放。

二、动车组列车餐吧车商品展示柜陈列

动车组列车餐吧车商品展示柜陈列标准如表6-1所示。

表6-1 动车组列车餐吧车商品展示柜陈列标准

车型	陈列标准	饮料展示陈列标准		食品展示陈列标准	
		陈列位置	陈列品种	陈列位置	陈列品种
CRH380AL型	物品陈列做到安全整齐、表里美观，摆放稳固。始发时按照上货单品种摆放，不得缺项，汉字商标正面朝外，面向旅客。商品竖直摆放，不得倒放。途中可根据经营情况调整商品位置	立式玻璃门冰箱	从上至下，第一层摆放高瓶瓶装饮品；第二层摆放中瓶瓶装饮品；第三层摆放小瓶瓶装饮品；第四层摆放罐装啤酒和饮料。每层第一排摆放不同品种的商品，每一列为同一品种，左高右低摆放	水池上部食品柜	袋装食品、盒装糕点按照品种、包装规格归类放置
CRH1A型	同上	吧台玻璃展示柜	从上至下，从左到右，第一层摆放罐装啤酒和碳酸饮料；第二层摆放果味饮料及奶制品饮料；第三层摆放矿泉水；第四层摆放冷链盒饭及乘务员餐（乘务员餐放在里侧，用冷链盒饭遮挡）	水池上方食品柜	整箱食品
				左侧吧台台面下方食品柜	干货类食品

续表

车型	陈列标准	饮料展示陈列标准		食品展示陈列标准	
		陈列位置	陈列品种	陈列位置	陈列品种
CRH2A型	同上	吧台玻璃展示柜	正面上层摆放中、小瓶瓶装饮品,下层摆放高瓶瓶装饮品,弧形区至侧面上、下层摆放罐装啤酒和饮品。每层第一排摆放不同品种的商品,每一列为同一品种,左高右低摆放	食品陈列柜	从上至下,第一层摆杯装食品,第一排摆放不同品种的商品,每一列为同一品种;第二层摆放袋装食品,按照品种、包装规格竖直摆放;第三层摆放盒装糕点,按品种、包装规格竖直摆放
CRH2C型	同上	吧台玻璃展示柜	从上至下,第一层摆放高瓶瓶装饮品;第二层摆放中瓶瓶装饮品;第三层摆放小瓶瓶装饮品、罐装啤酒和饮品。每层第一排摆放不同品种的商品,每一列为同一品种,左高右低摆放	卧式冰箱上部陈列柜	左边陈列柜摆放袋装食品、盒装糕点、罐装食品,按照品种包装规格归类放置;右边陈列柜放置餐服班组台账及相关备品,物品分类放置,做到整齐美观
CRH5A型	同上	吧台玻璃展示柜	从上到下,第一层摆放高、中瓶装饮品;第二层摆放小瓶瓶装饮品、罐装啤酒和饮品。每层第一排摆放不同品种的商品,每一列为同一品种。左高右低摆放	不锈钢陈列柜	从上至下,第一层摆放袋装食品,按照品种、包装规格竖直摆放;第二层摆放盒装糕点,按照品种、包装规格竖直摆放;第三层摆放杯装、罐装食品,第一排摆放不同品种的商品,每一列为同一品种

三、小推车商品陈列标准

小推车上物品的陈列要做到安全整齐、便利美观,摆放稳固。始发时,按照上货单品种摆放,不得缺项,汉字商标正面朝外,面向旅客,竖直摆放,不得倒放;途中,可根据经营情况调整商品摆放位置。

(一)航空商品推车

航空商品推车展示台:前部中间摆放袋装食品,两侧摆放盒装糕点,按照品种、包装规格归类放置,前高后低。中、后部摆放杯装罐装食品和矿泉水饮料,各品种摆放 1~2 瓶,前低后高。后部右手处摆放 1 个水壶,壶嘴向外,倾斜 45°角。

航空商品推车内的上部:1 号食品盒摆放各品种的矿泉水、饮料适量;2 号食品盒摆放盒装糕点适量。

航空商品推车内的中部:1 号食品盒摆放袋装食品;2 号食品盒摆放杯装、罐装食品,按照品种、包装规格归类放置。

航空商品推车内的下部:摆放其他需要售卖的食品。

(二)不锈钢商品推车的陈列标准

不锈钢商品推车上层前部食品架摆放袋装食品,两侧摆放适量大杯装、大罐装饮品,按照品种、包装规格归类放置,前低后高。后部食品架摆放矿泉水,各品种 2~4 瓶,前低后高。后部食品架右手处摆放 1 个水壶,壶嘴向内,壶把向外,倾斜 45°角。

不锈钢商品推车中层摆放盒装糕点。

不锈钢商品推车下层前部食品架左边摆放各品种的杯装、罐装食品 2~4 个,前低后高;右边摆放适量方便面等商品。不锈钢商品推车下层后部食品架摆放各品种的矿泉水、饮料 2~4 瓶,前高后低。

(三)动车组一等座专项服务车商品陈列标准(见表 6-2)

表 6-2 动车组一等座专项服务车商品陈列标准

陈列标准	饮料展示陈列标准	食品展示陈列标准
	陈列品种	陈列品种
物品陈列要做到安全整齐、便利美观,摆放稳固。始发时按照上货单品种摆放,不得缺项,汉字商标正面朝外,面向旅客,竖直摆放,不得倒放,途中可根据销售情况调整商品摆放位置	专项服务车展示台:前部防倒架内摆放各品种饮料一瓶。汉字商标正面朝外,面向旅客。防倒架内前排左手处摆放一次性航空杯或纸杯一提,不拆包装倒放。中部紧挨防倒架摆放 2 个水壶,壶嘴向内,壶把向外,不得倾斜	专项服务车内上部用 2 个托盘分出上下两层。上层的托盘放置备用茶包、统计表、记录本、笔、清洁布,下层摆放特色点心盒。专项服务车内下部摆放适量特色点心盒及饮料每个品种各 3 瓶,瓶盖向外倒放,还可以放置适量一次性航空杯或纸杯

第三节 餐吧车乘务工作组织

一、动车组列车餐吧车乘务组织

动车组列车乘务组由列车长、乘务员、安全员、乘警、随车机械师、保洁员组成。当列车上保洁和餐饮由社会专业公司承担时,其员工视同列车乘务组成员。列车乘务组人员应当各司其职,在为旅客服务时,接受列车长的统一领导。通常,客运段设有旅行服务车间,餐吧车是旅行服务车间的一个基层单位,并且为一个营业单位。列车的乘务工作接受列车长的统一领导,但在餐吧车的餐饮经营上由餐服长负责,全面领导餐车业务。动车组列车餐吧车乘务组的组成、岗位职责如下:

(一)动车组列车餐吧车乘务组的组成

餐吧车乘务组应采用轮乘制或包乘制。餐吧车乘务组由1名餐服长和2名餐服员组成。动车组重联时,按2个餐吧车乘务组安排人员;编组16辆的动车组餐吧车按1名餐服长和4名餐服员配备。对运行时间较长的动车组可适当增加餐吧车的乘务人员。

(二)动车组列车餐吧车乘务组人员岗位职责

1. 餐服长的职责

(1)执行上级命令,听从列车长的指挥,做好旅客的饮食供应工作。

(2)负责餐吧车服务备品的检查,督促餐服员按标准作业,做好各类商品的补充、销售,保证列车食品安全,组织餐车服务人员严格执行饮食卫生"五四"制。

(3)按规定进行餐吧区设备设施检查,认真落实电器管理制度。

(4)在列车长的领导下,做好各类紧急情况的处置。

(5)做好餐吧车的备品定位和商品定位,负责餐吧区卫生清洁。

(6)负责货款安全、食品安全管理。

(7)落实首问首诉负责制,解决乘客旅途困难。

(8)负责餐吧班组在折返站及住宿期间的管理。

(9)负责向列车长反馈各种信息。

(10)完成上级交办的其他工作任务。

2. 餐服员的职责

(1)在列车长和餐服长的领导下,完成好旅客的饮食供应工作。

(2)负责餐吧车车厢服务备品的定位,按标准作业,做好各类商品的补充、销售,保证列车食品安全。

(3)熟悉饭菜质量、价格和中西餐摆台方法,悉心向旅客介绍,鉴别饭菜质量,做到"三不端"(凉了不端、不卫生不端、量不足不端),及时准确地取送饭菜,保证秩序良好。

(4)按规定进行餐吧区设备设施检查,认真落实电器管理制度。

(5)在列车长和餐服长的领导下,负责实施各类紧急情况的处置。

(6)认真执行饮食卫生"五四"制,负责餐吧区卫生清洁。

(7)落实首问首诉负责制,做好旅客服务工作。

(8)负责向餐服长反馈各种信息。

(9)完成餐服长交办的其他工作。

二、动车组列车餐吧车乘务交路

动车组列车乘务员运用计划是乘务员（组）的综合乘务计划，即根据给定的列车运行图、相关的乘务员乘务规程、乘务基地条件等，对乘务员（组）在什么时间、什么地点出乘，在什么时刻、担当哪次列车，在什么时间、什么地点退乘等做出具体安排，以确保列车开行计划的实现。乘务计划主要分为乘务日计划及乘务月度计划。

日计划由全体乘务交路构成，表示完成一日的运行图任务需要的乘务员数量及各乘务员担当的乘务交路。乘务交路就是一个乘务员（组）一日的工作计划，每一行是一个乘务交路，每条线段上的字符表示车次。月度计划描述各乘务员（组）在指定月度中各日担当的乘务交路及休息计划。

日计划主要考虑在完成运行图任务的基础上，使用的乘务员数量越少越好，即交路数越少越好；对日计划中的每个乘务交路，它的各项指标越接近理想值越好。月度乘务计划则主要考虑乘务组间劳动时间越均衡越好、各乘务组的平均劳动时间越接近给定值越好、编制的月度计划与前一个时期的月度计划差异性越小越好。

我国采用 8 小时工作制，全年 12 个月，全年日历 365 天，全年周休日 104 天，全年法定节假日 11 天，因此，乘务员每月工作时间为 166.7 小时。当乘务组采用包乘制时，根据乘务组一次往返工时，可以得出乘务组的月值乘次数和一对列车所需的乘务组数。根据上述原理得到的津保乘务交路如表 6-3 所示。

表 6-3 津保交路表

线路	班组	列车长	1六	2日	3一	4二	5三	6四	7五	8六	9日	10一	11二	12三	13四	14五	15六	16日	17一	18二	19三	20四	21五	22六	23日	24一	25二	26三	27四	28五	29六	30日	31一
G6753/6288	保1	甲	6753			6753			6753			6753			备上	6753			6753			6753			备上	6753			6753			6753	
G6753/6288	保2	乙			6753			6753			6753			备上			6753			6753	备下		6753					6753			6753		
	保3	丙	6753		6753			6753			6753			6753			6753			6753			6753			6753			6753				6753
	保4																																
	保5	丁	备连	6289	6271	备连	6289	6271	备连	6289	6271	备连	6289	6271	备连	6289	6271	备连	6289	6271	备连	6289	6271	备连	6289	6271	备连	6289	6271	备连	6289	6271	
G6289/6271	保6	戊	6271	备连	6289	6271	备连	6289	6271	备连	6289	6271	备连	6289	6271	备连	6289	6271	备连	6289	6271	备连	6289	6271	备连	6289	6271	备连	6289	6271	备连	6289	6271
	保7	己	备连	6289	6271	备连	6289	6271	备连	6289	6271	备连	6289	6271	备连	6289	6271	备连	6289	6271	备连	6289	6271	备连	6289	6271	备连	6289	6271	备连	6289	6271	备连
	保8	庚	6289	6271	备连	6289	6271	备连	6289	6271	备连	6289	6271	备连	6289	6271	备连	6289	6271	备连	6289	6271	备连	6289	6271	备连	6289	6271	备连	6289	6271	备连	6289
	保9																																

注：1. G6753 次 3 个班组休班第一天整组备连，做好津保车次及其他临时车次重连准备。
2. 津保非乘务车次休班第二天车长备连，做好临时替班及加开准备。

（根据天津客运段京津沪车队津保交路表整理。）

第四节 餐吧车乘务作业流程及质量标准

一、餐服长作业流程及质量标准

（一）餐服长作业流程（见表6-4）

表6-4 餐服长作业流程

岗位	工作内容	作业流程
高铁餐吧车餐服长	1.旅客上车前作业	（1）出乘准备
		（2）召开出乘会
		（3）进站、理货
		（4）立岗接车
		（5）列车始发前准备
	2.迎客作业	（1）立岗迎客
		（2）致欢迎词
		（3）查看车门
		（4）组织销售
		（5）规范销售
	3.途中作业	（1）销售作业
		（2）供餐作业
		（3）到站前作业
		（4）停站时作业
		（5）开车后作业
	4.折返作业	（1）到站前作业
		（2）站台作业
		（3）其他作业
	5.列车终到前作业	（1）打扫卫生
		（2）清点货品
		（3）填写票据
		（4）装箱整理
		（5）检查设备
		（6）征求意见
	6.列车终到作业	（1）立岗迎站
		（2）协助重点
		（3）巡视检查
		（4）卸下垃圾
		（5）终到交接
	7.退乘作业	（1）统一下车
		（2）乘车返段
		（3）解缴票款
		（4）点名退乘

（二）餐服长作业内容及质量标准

1. 旅客上车前作业

（1）出乘准备。

餐服长穿着规定服装，带齐乘务备品、用品，提前 2.5 小时到派班室报道，接受命令，确认当日担当乘务情况，填写"乘务日志"。

① 接受并记录派班员传达的上级命令、电报、注意事项及对本趟工作要点安排，电报文号及文件主要内容抄写完整，落实上级指示精神。编制《当趟餐服计划》，交派班员审阅。每天出乘前查询值乘车次自营餐网络订单情况，安排好送餐工作。同时，领取有关餐饮经营报表、资料、票据、备用金等。

② 确认值乘交路、车底编号、停靠站台及有关注意事项。

③ 核对乘务清单，核实当趟考勤情况。

④ 携带有效的健康证、上岗证，并接受派班员检查。

（2）召开出乘会。

餐服长召开出乘会，检查餐服员仪容、着装、应配物品及有关通信设备、备品等携带情况，布置乘务任务。

① 餐服长组织餐服乘务组召开出乘会，布置餐服计划、重点工作，安排具体工作。学习有关文件、通知和业务知识。

② 检查动车组餐饮服务人员的仪容、着装符合标准，要求淡妆上岗，发型整齐不散乱，头饰扎紧方位准，帽檐在眉上一指距离，帽徽正，胸卡不偏、不斜、不滑动，制服平展穿着到位，皮鞋光亮无灰尘；查看动车组餐饮服务员三证（上岗证或见习证、健康证、紧急救护证）、箱包钥匙，以及对讲机、耳机等出乘用品性能。

③ 收取手机。餐服长盯控餐服员手机关机，并收取手机。到派班室后，再将手机交列车长保管。

④ 结合重点内容对动车组餐饮服务员进行试问，对业务学习计划进行业务考核。

⑤ 组织好餐服乘务组成员准时到派班室列队、点名。

（3）进站、理货。

开车前 1.5 小时，餐服长组织餐服乘务组开车前进站，并进行库房理货。

① 列队时，所有私人物品均放入乘务箱内，右手拉箱子，小包放于大包之上。行进时步调一致，前后左右对齐。

② 接受安检，人过安全门，包过安检机，遵守安检制度。

③ 请领单据、发票、营业执照、卫生许可证、食品安全承诺书。

④ 领取消毒用品、垃圾袋、封箱条、一次性手套等。

⑤ 进行库房理货，按出库打印单据检验货品。搬运商品要轻拿轻放，逐一确认有效期、生产日期、保质期，确认上货总数，认真检质、检数、检查有无破损，确认后签字（货品由配送人员送站）。

（4）立岗接车。

配货完毕后，列车到达前 20 分钟，餐服长组织动车组餐饮服务人员按规定时间提前到达到指定站台并按标准立岗接车。

① 全体佩戴制帽，统一右手拉箱。餐服长走在动车组餐饮服务人员的前面。动车组餐饮服务人员按照餐服员、VIP餐服员的顺序，列队进站台接车，队列整齐，步调一致，切忌交谈。

② 站台交接。与配送人员交接货品件数，仔细清点，签字确认，派专人看守货物，防止丢失。

③ 餐服长与本次列车列车长接洽，沟通本趟乘务的主要工作。

④ 在站台列车中间车厢相应位置，听取列车长指挥，面向站台或线路方向，在客运乘务员后排以餐服长为第一位，动车组餐饮服务人员横向一字排开，乘务箱包统一放置于每人右侧，以立岗迎客的标准站姿迎接车底进站。

⑤ 听取列车长布置有关重点工作。

（5）列车始发前准备。

列车进站时，面带微笑行注目礼。列车停稳后，组织动车组餐饮服务人员按照分工，按时做好始发前的准备工作。

① 掌握餐吧车卫生质量情况。

餐吧车卫生检查项目包括：餐车墙板、地面、操作台、吧台、备品柜、电冰箱内外、烤箱、保温箱、水池下排水管处、小推车内外、座椅、餐桌、窗台、垃圾箱。

如发现卫生质量不达标，应及时向列车长汇报，并对不达标的部位采取补救措施，达到窗明几净、四壁无灰尘、洗消结合的标准。

② 确认设备状态良好。

接通电源查看微波炉、咖啡机、电开水炉、电冰箱、保温柜、冷冻柜、冷藏柜、小推车、餐吧标识使用性能是否良好。发现问题及时通知机械师修复，无法修复的挂故障牌，做好安全卡控措施，确保安全。

③ 点数确认。

清点货品、商品、餐盒数量，检查食品外包装；确认食品有效期；严格执行《食品安全管理手册》的各项规定，把好食品"三关、两期"；备品、台账资料清点清楚，签字交接；备品保持良好，发生损坏应及时更换。

④ 物品定位。

整理着装，乘务包按顺序定位在储藏柜内；大衣折叠三折，放在乘务包上面；水杯定位在乘务员专用柜内。

⑤ 货品定位。

饮料酒水，袋装食品分别定位、入柜摆放；吧台陈列商品；食品按存储要求及时存放。商品装车分类合理、品种齐全；售货车上商品、吧台和展示柜的商品摆放整齐、美观、平稳，方便旅客选取；餐吧台面上禁止摆放商品。

⑥ 餐车整容。

按照标准铺放台布、套座套、靠背纱、摆放茶盘、茶具、摆放花瓶、纸巾盒、价目表、卫生许可证，按照先整体后小节的顺序，做到整洁优雅。

⑦ 销售准备。

准备票款：准备发票、备好找给旅客的零用钱，保证旅客索票需求，严禁欠账。

准备商品：检查所售商品质量和售价标签，擦拭外包装，分类摆放整齐，禁止摆放外包装变形食品。

预热食品：使用微波炉预热餐食时，一是检查电路连接良好；二是确认加热功能和时间正确；三是微波炉工作时不得离人，失去盯控。

检查装束：检查餐服员着装干净整齐，头饰、胸卡佩戴规范；口罩、一次性手套备好，面带微笑按规定位置站立。

查看网络订餐：登录互联网订餐、特产预订APP，掌握当趟沿途各站订单情况，做好交接工作。

2. 迎客作业

（1）立岗迎客。

列车开车前，组织动车组列车餐饮服务人员按标准站姿定位立岗等待出站。餐服长站在餐吧内立正姿势迎站，姿势端正，面带微笑，注视前方，关注来往旅客，做到"来有迎声，走有送声"；组织餐服员在规定位置面向站台方向车窗立岗。

（2）致欢迎词。

安排负责车门立岗的餐饮服务人员，向乘车旅客致欢迎词，引导重点旅客就座，引导旅客摆好随身携带的行李物品。做到礼貌引导，妥善安排。动车组列车车厢广播播放，始发开车前15分钟播放始发欢迎词；开车后2分钟播放列车概况介绍词，内容为始发介绍、始发安全服务宣传；始发、到站前、开车后、终到，每个停站开车后及到站前播出禁烟宣传，在运行区段较长时增加播出频次，原则上不少于30分钟一次。

（3）查看车门。

开车铃响，观察所值乘车厢旅客乘降情况。车门关闭后，按顺序检查车门是否正常关闭，出现故障时及时报告列车长。确认车门正常后，在最后确认车门处面向站台方向立岗，行注目礼至列车驶出站台。

（4）组织销售。

开车后安排动车组列车餐吧车服务人员到车厢进行商品供应及销售服务。始发后及终到前10分钟以内、途中站到站前及开车后5分钟以内，均不得在车厢内流动售货。

（5）规范销售。

做好旅客盒饭和商品销售安排，根据销售规律进行盒饭加热，保证供应。销售时，唱收唱付。加热、供应餐食时，服务人员要戴口罩、手套，女性穿围裙。

3. 途中作业

（1）销售作业。

① 始发开车后，餐服长在餐吧前台做好销售宣传，保证旅客的需求。餐车明显位置有商品价目表和菜单，售货车有商品价目表。销售盒饭中心温度达标。安排服务员推售货车下车厢销售，在餐车或进入车厢推介、销售时，向旅客提供图文并茂的价目表，供旅客自主选择。

② 检查餐盒外包装整齐、密封良好，规范使用电器设备。

③ 餐服长及时安排餐服员推售货车下车厢销售；对餐服员、列车员通报的老、幼、病、残、孕等重点旅客及其他旅客的用餐、购物需求详细记录，及时组织餐服员送餐、送商品到座席。

④ 根据商品销售情况，途中、折返及时补充货物，保证盒饭、预包装食品高、中、低档供应齐全。

⑤ 遇有非正常突发情况，按照应急预案岗位分工安排，全力做好应急处置工作，做到责任明确，处置得当。

⑥ 发现设备故障、安全隐患等异常情况，及时向列车长报告，做到发现及时，报告准确。

（2）供餐作业。

① 根据销售规律进行盒饭加热，保证供应。按规定使用微波炉、电烤箱、保温柜、咖啡机等电器设备，使用中有人监管，用后清洁，餐车离人断电。盒饭加热及时，中心温度达标。扎孔加热后的盒饭存放在保温箱内，按照先进先出的原则拿取。

② 售饭时，坚持唱收唱付，当面点清；为旅客送餐时，坚持托盘呈上，报餐食名称；旅客用餐后，随即清理卫生；坚持"来有迎声，走有送声和微笑服务"的礼仪要求。

③ 餐后清理。按照"从上到下，从里向外"的顺序全面清扫；恢复车容卫生；清算账目，钱款及时入柜保管。清理后台台面及地面卫生，电器设备内壁洁净无油污。

④ VIP 供餐。餐服长提前向 VIP 车厢乘务员了解旅客用餐需求，做好供餐准备。由专人使用售货车或托盘将赠餐送至商务座车厢，并按照商务座列车员登记的信息为旅客送餐。

⑤ 随车就餐乘务人员应准时到达餐车，签字确认后用餐（用餐时间内实行轮流用餐制，并回避旅客用餐高峰时段，以保证旅客及时用餐）。

⑥ 中途停站时，安排餐服员向在餐吧车用餐的旅客做到站提示（到达车站站名、到站时间、停车时间，防止旅客坐过站，并提示旅客看管好自己随身携带的行李物品）。

⑦ 对变质、过期食品粘贴"报废"标签，并在盒饭塑封膜上划口，放入报废食品箱（柜）内存放。统计好报废数量，做好交接。

⑧ 销售结束后，停用开关归零、断电；微波炉、电烤箱、咖啡机"一餐一清"，清理立式保温箱、冰箱，做到无油垢、无污迹。随时恢复餐吧车卫生，物品摆放整洁，设施设备卫生清洁，货品定位。

⑨ 清点经营款。确保经营款正确无误，现金、票据及时入柜加锁，做到账目清晰，款物相符。

⑩ 广播作业。到站前 5 分钟按照列车长安排，广播通告站名、到开时刻和安全提示，提醒旅客不要在中途站下车散步，以免漏乘。到站前播报沿途省市介绍。查验车票前播放查验车票通告。列车到站前播放随身物品携带提示。乘降作业完毕，车门关闭时播放车门关闭提示。开车后 2 分钟播放"××站开车后"内容。途中大站，开车后 10 分钟顺序播放动车组乘车须知、服务监督、保持车厢卫生、旅行安全。用餐时播放餐吧车饮食供应宣传，早餐 8:00 以前，正餐 11:30—13:00、17:30—19:00，不超过 20 分钟 1 次。始发后、途中（特别是用餐时间）播放小桌板安全、防烫宣传。特殊情况需口播时，必须请示列车长审核，语句流畅、吐字清晰、用语标准、音量适宜。

（3）到站前作业。

① 列车进站前 30 分钟，使用 APP 查看旅客互联网餐食、特产订单，在指定位置与车站配送做好清点交接。

② 列车到站前，应清扫餐吧区卫生。餐服长安排餐服员将需要丢掉的物品及时收起装袋、扎口，准备卸下车。后台水池、垃圾桶内外清洁，无水渍。

③ 列车进站时，在车厢指定立岗位置面向站台方向行注目礼。

（4）停站时作业。

① 按照列车始发立岗定位及标准站立，做好旅客迎送工作。

② 遇有途中补料时，与供应商仔细清点交接，签字确认。

③ 中途站投放垃圾时，组织餐服员按照指定的垃圾投放站卸下垃圾，做到垃圾袋扎口投放，严禁污物外泄，禁止在安全线以内投放，应在风雨棚柱子下（无此设施时，应远离安全线和车门）投放。

④ 关门铃声响时，提醒车门处的旅客注意安全。

⑤ 车门关闭后，在立岗位置面向站台方向立岗。

（5）开车后作业。

① 开车后在立岗位置行注目礼，直至列车离开站台。

② 开车后可继续进行销售工作。

③ 接到车站配送的旅客互联网预订的餐食、特产后，安排餐服员核对数量，无异常的查看旅客预订信息，核对旅客车票或手机号码，开车后30分钟内送餐到位。异常订单的拍照取证，使用APP进行标记处理，同时做好旅客解释工作。

④ VIP供餐。餐服长安排餐服员准备VIP旅客所需餐食、备品，使用售货车或托盘将赠餐送至商务座车厢，并按照商务座列车员登记的信息为旅客送餐。

4. 折返作业

（1）到站前作业。

① 终到前40分钟，清点剩余冷链食品和商品，过期变质食品按规定报废妥存。核对账目，清点现金、票据，做好单程核算，及时将现金入柜加锁。终到前10分钟组织整理展示柜、售货车商品。

② 将剩余商品打包封箱，加锁保管，摆放在指定位置，做好账目查记、异地存储交接工作。

③ 清理餐车环境卫生，整理餐车车容，清理微波炉、咖啡机、热水瓶等设备设施和服务备品。做到车厢整洁，车容环境达标，备品复位。

④ 检查设备设施状态：接通电源查看微波炉、电茶炉、冰箱、保温柜、售货车、餐吧标识；清楚设备设施状态。发现问题及时向列车长汇报，无法修复的挂故障牌，做好安全卡控措施，确保安全。餐吧微波炉、电烤箱、咖啡机等厨房电器离人断电。

（2）站台作业。

列车进站前，在指定车厢位置站岗。迎送旅客，做到举止规范，主动热情。

（3）其他作业。

① 到站后巡视车厢，检查旅客有无遗漏物品，发现问题及时报告列车长。做到精神饱满，仪容整洁，巡视仔细。

② 旅客上下完毕后，再次检查餐车环境卫生，洗手池无污物、水迹，物见本色，地面、台面、柜面清洁无杂物，及时收取垃圾，废弃物入袋扎口存放，并在指定位置投放，禁止在安全线以内投放，应在风雨棚柱子下（无此设施时，应远离安全线和车门）投放。垃圾袋损坏时要及时套袋，防止外漏。微波炉、电烤箱、咖啡机等厨房电器离人断电。

③ 按始发站迎客作业程序和标准执行折返站迎客作业。同时，接受指示，到站听取列车长指示，接收返程 VIP 旅客信息。

④ 异地补货，确认货单，按货品清单认真验货、检数、检质、检查有无破损，核对签字。

⑤ 外段退乘，下公寓时在列车长的带领下列队到公寓，存放票据和经营款，遵守纪律，外出严格执行请销假制度。

⑥ 折返出乘前，参加出乘会，听取列车长的工作安排。

5. 列车终到前作业

（1）打扫卫生。

列车终到前，在规定时间内将餐吧车卫生擦抹、清扫一遍，确保设施设备清洁、无污，做到前台桌面、窗台无灰尘，后台台面、地面无水迹、死角。期间注意询问旅客将需要抛弃的物品及时收起、扎口，准备卸下车。列车到站旅客下车后进行撤台作业。

（2）清点货品。

与动车组餐饮服务人员一起核对、清点、整理剩余餐食、商品、报废食品。

（3）填写票据。

填写乘务报表、销售报表、缴款单、备品交接本等各类票据，清点营业款。做好当趟销售结算工作，正确填写各类台账、票据，确保报表填写规范、账款相符，不得信用交接。

（4）装箱整理。

① 餐食、备品按规定打包装箱、封箱，做好退库准备。确保商品商标齐全，终到站前 20 分钟对商品进行装箱整理（不允许提前下架），检查储藏柜、售货车，确保商品无遗漏。遇有旅客需要购买商品时，及时提供服务，满足旅客需求。

② 剩余商品打包摆放平整，大不压小、重不压轻，袋装、真空包装、盒装食品放在上部，严防打包造成商品破损，将打好包的商品、备品放置在规定位置。账目登记正确，做好交接准备。

（5）检查设备。

检查电器设备，电源处于关闭状态，保证餐吧电器安全。

（6）征求意见。

列车到达终到站前，征求旅客意见的同时，提醒旅客带齐私人物品，致告别语。

6. 列车终到作业

（1）立岗迎站。

列车到站前 5 分钟，安排餐服员负责本车厢报站。在餐吧区吧台一端，以标准站姿，定位立岗，面向旅客站立，通报站名，报时准确，声音洪亮。提醒旅客携带好自己的物品，以免遗落。

（2）协助重点。

组织餐服员帮助餐吧区的重点旅客或行动不便的旅客提前向车门移动。

（3）巡视检查。

乘客下车后，组织餐服员检查有无旅客遗失物品。

（4）卸下垃圾。

组织餐服员按照指定的垃圾投放站卸下垃圾。做到垃圾袋扎口投放，严禁污物外泄，禁止在安全线以内投放，应在风雨棚柱子下（无此设施时，应远离安全线和车门）投放。

（5）终到交接。

终到下车的班组要与分拨中心做好货品、备品交接。要有交接，有签字，货品清点清楚，装卸彻底，防止遗留。需要中途交接的班组要保证重点事项、设施设备、备品商品等交接清楚、无漏项。折返时间在30分钟内的必须与接班人员对岗交接。

7. 退乘作业

（1）统一下车。

交接完毕领取乘务包后统一从规定车门下车列队。按照顺序下车，按规定行走路线和始发接车标准随乘务班组列队出站。

（2）乘车返段。

与乘务班组一同乘坐班车返段前往派班室。

（3）解缴票款。

餐服长到达交款室，将整理好的销售报表、缴款单等各类票据及营业额一同上缴，不得代缴代签。将乘务报表上交到餐吧部。

（4）点名退乘。

餐服长组织餐服员列队至高铁派班室点名、退乘；返还手机；按规定路线行走，着装整齐；向派班室汇报工作时要准确、有重点。

餐服长安全风险控制关键点及控制措施如表6-5所示。

表6-5　餐服长安全风险控制关键点及控制措施

关键点	控制措施
应急处置	1. 对作业环境进行分析判断。 2. 发生突发情况，配合列车长做好现场处置。 3. 通报信息，做好旅客安抚工作
车门管理	餐吧区后台门锁闭到位
旅客烫伤	1. 销售热饮、汤类食品时，对旅客做好防烫伤提示。 2. 餐吧人员在后台作业中，保温箱温度较高，防止烫伤
食品安全	1. 商品有"QS""CRH"标志，一货一签，明码标价。 2. 发现问题食品，立即停止销售
电器管理	1. 电源周围不放杂物。 2. 使用微波炉前，打开排风扇按钮。 3. 餐吧后台不进行个人手机充电
货款管理	1. 严格管理现金、票据，无关人员禁入后台。 2. 终到交款，保证货款相符
人身安全	1. 班前班后列队，走规定路线。 2. 电气化区段，与接触网保持2米以上的安全距离 3. 车门作业时注意设施状态及脚下障碍

二、餐服员作业流程及质量标准

（一）餐服员作业流程（见表 6-6）

表 6-6　餐服长作业流程

岗位	工作内容	作业流程
高铁餐吧车餐服员	1. 旅客上车前作业	（1）出乘准备
		（2）进站、理货
		（3）立岗接车
		（4）列车始发前准备
	2. 迎客作业	（1）立岗迎客
		（2）致欢迎词
		（3）查看车门
		（4）组织销售
		（5）规范销售
	3. 途中作业	（1）销售作业
		（2）供餐作业
		（3）到站前作业
		（4）停站时作业
		（5）开车后作业
	4. 折返作业	（1）到站前作业
		（2）站台作业
		（3）其他作业
	5. 列车终到前作业	（1）打扫卫生
		（2）清点货品
		（3）核对账款
		（4）装箱整理
		（5）检查设备
		（6）征求意见
	6. 列车终到作业	（1）立岗迎站
		（2）协助重点
		（3）巡视检查
		（4）卸下垃圾
		（5）终到交接
	7. 退乘作业	（1）统一下车
		（2）乘车返段
		（3）解缴票款
		（4）点名退乘

（二）餐服员作业内容及质量标准

1. 旅客上车前作业

（1）出乘准备。

提前 2.5 小时到派班室报到，参加出乘会，接受命令，整理仪容仪表、着装，检查相关物品及有关通信设备、备品的携带情况。

① 排班室报到。穿着规定服装，到派班室参加出乘任务布置会，接受餐服长重点工作的布置。

② 业务学习。听取餐服长布置当趟重点乘务工作；电报文号及文件主要内容抄写完整，落实上级指示精神；接受业务考核。

③ 检查对讲机性能。要求对讲机电量充足，耳机性能良好。

④ 整理行装。淡妆上岗，发型整齐不散乱；头饰扎紧放位准；帽檐在眉上一指距离，帽徽正，胸卡不偏、不斜、不滑动；制服平展，穿到位；皮鞋光亮无灰尘；上岗证或见习证、健康证、紧急救护证齐全有效，并接受派班员检查。

⑤ 列队集合。明确值乘交路、车底编号、停靠站台及有关注意事项。

⑥ 核对乘务名单，核对当趟考勤情况。

（2）进站、理货。

开车前 1.5 小时列队进站，并进行库房理货。

① 列队出乘。将所有私人物品均放入乘务箱内，列队时右手拉箱子，小包放于大包之上，行进时步调一致，前后左右对齐。

② 接受安检。人过安全门，包过安检机，遵守安检制度。

③ 请领物资。协助餐服长请领价目表、营业执照、卫生许可证、食品安全承诺书，单据、发票、领取消毒用品、垃圾袋、封箱条、一次性手套、钥匙等资料备品、餐食、商品，确保供应品种多样，有高、中、低不同价位的旅行饮食品和清真餐食。

④ 进库理货。开车前 1.5 小时，餐服长指定人员到库房按照出库打印单据检验货品，搬运商品要轻拿轻放，逐一确认有效期、生产日期、保质期，确认上货总数，认真检质、检数、检查有无破损。

（3）立岗接车。

① 前往站台接车。配货完毕后，餐服员带配送人员离开分拨中心，共同押送物资在规定时间内到达指导站台，按标准立岗接车。

② 接车作业。餐服长走在餐饮乘务员的前面，餐服员按照餐服员、VIP 餐服员的顺序一路纵队，按规定行走路线上站台。做到列队整齐，步调一致，全体佩戴制帽，统一右手拉箱。

③ 站台交接。在站台上与配送人员交接货品件数，仔细清点，签字确认，派专人看守货物，防止丢失。

④ 列车到达前在规定时间内列队，由餐服长带领到站台接车。在列车中部车厢列队接车，与对班班组办理交接。

⑤ 听取列车长布置有关重点工作。

（4）列车始发前准备。

列车进站时面带微笑，行注目礼，列车停稳后，在餐服长的带领下由规定车门上车后，按照分工按时做好始发前的准备工作。

① 掌握餐吧车卫生质量情况。

餐吧车卫生检查项目包括：餐车墙板、地面、操作台、吧台、备品柜、电冰箱内外、烤箱、保温箱、水池下排水管处、小推车内外、座椅、餐桌、窗台、垃圾箱。

如发现卫生质量不达标，应及时向列车长汇报，并对不达标的部位采取补救措施，达到窗明几净、四壁无灰尘、洗消结合的标准。

② 检查设备状态。

接通电源查看微波炉、咖啡机、电开水炉、电冰箱、保温柜、冷冻柜、冷藏柜、小推车、餐吧标识使用性能是否良好。发现问题及时通知机械师修复，无法修复的挂故障牌，做好安全卡控措施，确保安全。

③ 物品定位。

整理着装，乘务包按顺序定位在储藏柜内；大衣折叠三折，放在乘务包上面；水杯定位在乘务员专用柜内。打开对讲机，调至统一频道，与餐服长进行对讲机频道调试和时间校对。

④ 货品定位。

上货时使用餐车上货门，作业完毕后，立即锁闭上货门，与随车机械师交接确认；不使用上货门时，应在临近指定车门上货、动作迅速、礼让旅客，不干扰旅客乘降。食品、备品按规定位置摆放，饮料酒水、袋装食品分别定位、入柜摆放；吧台陈列商品；食品按存储要求及时存放。按规定储存冷链餐食、食品，需检查温度、价签及质量达标情况。做好商品出样，商品装车分类合理、品种齐全；售货车上商品、吧台和展示柜的商品摆放整齐、美观、平稳，方便旅客选取。餐吧台面上禁止摆放商品。挂放价目表，做到整齐美观。

售货车分别定位于餐吧车后厨门内正对面、后厨门外顺向靠板壁处和吧台外储藏柜前，且吧台外售货车停放数量不超过 2 辆，不影响旅客通行，不占用旅客使用空间。

⑤ 餐车整容。

按照标准铺放台布、座套、靠背纱，摆放茶盘、茶具，摆放花瓶、纸巾盒、价目表，悬挂卫生许可证、挂钟；准备好当餐所需的餐具。按照先整体后小节的顺序，做到整洁优雅。

⑥ 销售准备。

准备票款：准备发票、备好找给旅客的零用钱，保证旅客索票需求，严禁欠账。

准备商品：检查所售商品质量和售价标签，擦拭外包装，分类摆放整齐，禁止摆放外包装变形食品。

预热食品：使用微波炉预热餐食时，一是检查电路连接良好；二是确认加热功能和时间正确；三是微波炉工作时不得离人，失去盯控。

检查装束：检查餐服员着装干净整齐，头饰、胸卡佩戴规范；口罩、一次性手套备好，面带微笑按规定位置站立。

查看网络订餐：登录互联网订餐、特产预订 APP，掌握当趟沿途各站订单情况，做好交接工作。

2. 迎客作业

（1）立岗迎客。

列车开车前，根据餐服长通知，餐服员分别在规定位置立岗迎接旅客上车。通常是1人在餐吧车吧台内，1人在餐吧车相邻大号车厢一端车门。主动迎接旅客上车，做到举止规范，主动热情。

（2）致欢迎词。

负责车门立岗，向乘车旅客致欢迎词，引导重点旅客就座，引导旅客摆好随身携带的行李物品。做到礼貌引导，妥善安排。负责广播播放，始发开车前15分钟播放始发欢迎词；开车后2分钟播放列车概况介绍词，内容为始发介绍、始发安全服务宣传；始发、到站前、开车后、终到，每个停站开车后及到站前播出禁烟宣传，在运行区段较长时增加播出频次，原则上不少于30分钟一次。

（3）查看车门。

开车铃响，观察所值乘车厢旅客乘降情况。车门关闭后，按顺序检查车门是否正常关闭，出现故障时及时报告列车长。确认车门正常后，在最后确认车门处面向站台方向立岗，行注目礼至列车驶出站台。

（4）组织销售。

开车后按分工到车厢进行商品供应及销售服务。始发后及终到前10分钟以内、途中站到站前及开车后5分钟以内，均不得在车厢内流动售货。售货车配有热水瓶，利用售货时为有需求的旅客提供补水服务。

（5）规范销售。

做好旅客盒饭和商品销售安排，根据销售规律进行盒饭加热，保证供应。销售时唱收唱付。加热、供应餐食时，服务人员要戴口罩、手套，女性穿围裙。

3. 途中作业

（1）销售作业。

① 餐车明显位置有商品价目表和菜单，售货车有商品价目表。销售盒饭中心温度达标。按分工到车厢进行商品供应服务，在餐车或进入车厢推介、销售时，向旅客提供图文并茂的价目表，供旅客自主选择。进入车厢流动售货，一是执行需求服务理念，禁止大声喧哗售货；二是掌握流动频率，杜绝反复穿梭；三是坚持售货"唱收、唱付、当面点清"，遇有旅客通行应主动避让。

② 车厢内订餐时使用订餐单，及时送餐、送商品到座席。对需要用餐的老、幼、病、残、孕等重点旅客及其他需要用餐旅客的用餐、购物需求进行详细记录，并向餐服长汇报。

③ 根据商品销售情况，途中、折返及时补货货物，巡回销售。保证盒饭、预包装食品高中低档分层分类供应齐全。售货车补充商品应整齐、美观、洁净，分类摆放。

④ 遇有非正常突发情况，按照应急预案岗位分工及餐服长的安排，全力做好应急处置工作。做到责任明确，处置得当。

⑤ 发现设备故障、安全隐患等异常情况，及时向餐服长报告，做到发现及时，报告准确。

（2）供餐作业。

① 根据销售规律进行盒饭加热，保证供应。按规定使用微波炉、电烤箱、保温柜、咖啡

机等电器设备，使用中有人监管，用后清洁，餐车离人断电。盒饭加热及时，中心温度达标。扎孔加热后的盒饭存放在保温箱内，按照先进先出的原则拿取。

② 销售餐饮商品时坚持唱收唱付，当面点清；为旅客送饭时坚持托盘呈上，报餐食名称；旅客用餐后，随即清理，按照"从上到下，从里到外"的顺序全面清扫，恢复车容卫生。

③ 为商务座免费提供饮品、餐食、小食品，为"G"字头跨局动车组特、一等座车免费提供饮品、小食品。由乘务员询问商务座旅客用餐需求，按时将餐食送至商务座车厢，协助乘务员做好盒饭供应。

④ 列车工作人员应在吧台内用餐，就餐时挂放挡帘遮挡，挂放位置不得遮挡微波炉、电茶炉，用餐完毕后及时收取。原则上用餐时间为 7：00—9：00、12：00—14：00、17：00—19：00，由餐服长安排具体就餐时段，同一工种每次不超过 1 人，时长不超过 15 分钟。餐服员做好工作人员供餐工作。

⑤ 中途停站时，向在餐吧车用餐的旅客做到站提示（到达车站站名、到站时间、停车时间、防止旅客坐过站，并提示旅客看管好自己随身携带的行李物品）。

⑥ 对变质、过期食品粘贴"报废"标签，并盒饭塑封膜上划口，放入报废食品箱（柜）内存放。终到统计好报废数量，做好交接。

⑦ 销售结束后，停用开关归零、断电；微波炉、电烤箱、咖啡机"一餐一清"，清理立式保温箱、冰箱，做到无油垢、无污迹。

⑧ 清点经营款，确保经营款正确无误。及时将现金、票据入柜加锁，做到账目清晰，款物相符。

⑨ 检查食品使用结余情况，根据客流情况及时在途中或折返站补充，以满足供应。

⑩ 广播作业。到站前 5 分钟按照列车长安排，广播通告站名、到开时刻和安全提示，提醒旅客不要在中途站下车散步，以免漏乘。到站前播报沿途省市介绍。查验车票前播放查验车票通告。列车到站前播放随身物品携带提示。乘降作业完毕，车门关闭时播放车门关闭提示。开车后 2 分钟播放"××站开车后"内容。途中大站，开车后 10 分钟顺序播放动车组乘车须知、服务监督、保持车厢卫生、旅行安全。用餐时播放餐吧车饮食供应宣传，早餐 8：00 以前，正餐 11：30—13：00、17：30—19：00，不超过 20 分钟 1 次。始发后、途中（特别是用餐时间）播放小桌板安全、防烫宣传。特殊情况需口播时，必须请示列车长审核，语句流畅、吐字清晰、用语标准、音量适宜。

⑪ 恢复整容。随时恢复餐吧车卫生，物品摆放整洁，设施设备卫生清洁，货品定位。

（3）到站前作业。

① 列车进站前 30 分，使用 APP 查看旅客互联网餐食、特产订单，在指定位置与车站配送做好清点交接。

② 列车到站前，餐吧区卫生应清扫一遍，将需要丢掉的物品及时收起装袋、扎口，准备卸下车。

③ 遇在车厢销售时，进站前 5 分钟，将售货（饭）车就近停在非站台一侧车门处，严禁影响旅客乘降。

④ 列车进站时，在车厢指定立岗位置面向站台方向行注目礼。

（4）停站时作业。

① 按照列车始发立岗定位及标准站立，做好旅客迎送工作。

② 遇有途中补料时，应与供应商仔细清点交接，签字确认。

③ 按照指定的垃圾投放站卸下垃圾，做到垃圾袋扎口投放，严禁污物外泄，严禁在安全线以内投放，应在风雨棚柱子下（无此设施时，应远离安全线和车门）投放。

④ 关门铃声响时，提醒在车门处的旅客注意安全。

⑤ 车门关闭后，在立岗位置面向站台方向立岗。

（5）开车后作业。

① 开车后在立岗位置行注目礼，直至列车离开站台。

② 开车后5分钟可继续进行销售工作。

③ 接到车站配送的旅客互联网预订的餐食、特产的，核对数量，无异常的查看旅客预订信息，核对旅客车票或手机号码，开车后30分内送餐到位。异常订单的拍照取证，使用APP进行标记处理，同时做好旅客解释工作。

④ VIP供餐。按照餐服长的安排，准备VIP旅客所需餐食、备品，使用售货车或托盘将赠餐送至商务座车厢，并按照商务座列车员登记的信息为旅客送餐。

4. 折返作业

（1）到站前作业。

① 终到前40分钟，清点剩余冷链食品和商品，过期变质食品按规定报废妥存。核对账目，清点现金、票据，做好单程核算，及时将现金入柜加锁。终到前10分钟组织整理展示柜、售货车商品。

② 将剩余商品打包封箱，加锁保管，摆放在指定位置，做好账目查记、异地存储交接工作。

③ 清理餐车环境卫生，整理餐车车容，清理微波炉、咖啡机、热水瓶等设备设施和服务备品。做到车厢整洁，车容环境达标，备品复位。

④ 检查设备设施状态：接通电源查看微波炉，电茶炉、冰箱、保温柜、售货车、餐吧标识；清楚设备设施状态。发现问题及时向列车长汇报，无法修复的挂故障牌，做好安全卡控措施，确保安全。微波炉、电烤箱、咖啡机等厨房电器离人断电。

（2）站台作业。

列车进站前，在指定车厢位置站岗。迎送旅客，做到举止规范，主动热情。

（3）其他作业。

① 到站后巡视车厢，检查旅客有无遗漏物品，发现问题及时报告列车长。做到精神饱满，仪容整洁，巡视仔细。

② 旅客上下完毕后，再次检查餐车环境卫生，洗手池无污物、水迹，物见本色，地面、台面、柜面清洁无杂物，及时收取垃圾，废弃物入袋扎口存放，在指定位置投放，严禁在安全线以内投放，应在风雨棚柱子下（无此设施时，应远离安全线和车门）投放。垃圾袋损坏时要及时套袋，防止外漏。微波炉、电烤箱、咖啡机等厨房电器离人断电。

③ 按始发站迎客作业程序和标准执行折返站迎客作业。同时，接受指示，到站听取餐服长指示，接收返程VIP旅客信息。

④ 异地补货，确认货单，按货品清单认真验货、检数、检质、检查有无破损，并核对签字。

⑤ 外段退乘，下公寓时在列车长的带领下列队到公寓，存放票据和经营款，遵守纪律，外出严格执行请销假制度。

⑥ 折返出乘前，参加出乘会，听取餐服长工作安排。

5. 列车终到前作业

（1）打扫卫生。

到站前在规定时间内将餐吧车卫生应擦抹、清扫一遍，确保设施设备清洁、无污，做到前台桌面、窗台无灰尘，后台台面、地面无水迹、死角。期间注意询问旅客将需要抛弃的物品及时收起、扎口，准备卸下车。列车到站旅客下车后进行撤台作业。

（2）清点货品。

协助餐服长清点货品，与 VIP 餐服员核对清点销售货品，整理剩余餐食、商品、报废食品。小推车等服务备品要定位摆放。

（3）核对账款。

协助餐服长核对现金、商品、餐具、备品等。认真核对账目清单，做好当趟销售结算工作。正确填写各类台账、票据，确保账款相符，不得信用交接。

（4）装箱整理。

① 餐食、备品按规定打包装箱、封箱，做好退库准备。确保商品商标齐全，终到站前 20 分钟对商品进行装箱整理（不允许提前下架），检查储藏柜、售货车，确保商品无遗漏。遇有旅客需要购买商品时，及时提供服务，满足旅客需求。

② 剩余商品打包摆放平整，大不压小、重不压轻，袋装、真空包装、盒装食品放在上部，严防打包造成商品破损，将打好包的商品、备品放置在规定位置。账目登记正确，做好交接准备。

（5）检查设备。

检查电器设备，电源处于关闭状态，保证餐吧车安全。

（6）征求意见。

旅客终到站即将到达，征求旅客意见的同时，提醒旅客带齐私人物品，致告别语。

6. 列车终到作业

（1）立岗迎站。

餐服员在规定位置以标准站姿面向站台一方车窗立岗。

（2）协助重点。

餐服员帮助餐吧区的重点旅客或行动不便的旅客提前向车门移动。

（3）巡视检查。

乘客下车后，餐服员检查有无旅客遗失物品。

（4）卸下垃圾。

列车到站后，按照指定的垃圾投放点卸下垃圾，做到垃圾袋扎口投放，严禁在安全线以内投放，应在风雨棚柱子下（无此设施时，应远离安全线和车门）投放。

（5）终到交接。

终到下车的班组要与分拨中心做好货品、备品交接。要有交接，有签字，货品清点清楚，装卸彻底，防止遗留。需要中途交接的班组要保证重点事项、设施设备、备品商品等交接清楚、无漏项。折返时间在 30 分钟内的必须与接班人员对岗交接。

7．退乘作业

（1）统一下车。

交接完毕领取乘务包后统一从规定车门下车列队。按照顺序下车，按规定行走路线和始发接车标准随乘务班组列队出站。

（2）乘车返段。

与乘务班组一同乘坐班车返段前往派班室。

（3）解缴票款。

等待餐服长到达交款室，将整理好的销售报表、缴款单等各类票据及营业额一同上缴，不得代缴代签。将乘务报表上交到餐吧部。

（4）点名退乘。

餐服员随同餐服长列队至高铁派班室点名、退乘；领取手机；按规定路线行走，着装整齐；向派班室汇报趟工作时要准确、有重点。

餐服员安全风险控制关键点及控制措施如表 6-7 所示。

表 6-7　餐服员安全风险控制关键点及控制措施

关键点	控制措施
应急处置	1. 对作业环境进行分析判断。 2. 发生突发情况，配合列车长做好现场处置。 3. 通报信息，做好旅客安抚
车门管理	餐吧区后台门锁闭到位
旅客烫伤	1. 销售热饮、汤类食品时，对旅客做好防烫伤提示。 2. 餐吧人员在后台作业中，保温箱温度较高，防止烫伤
食品安全	1. 商品有"QS""CRH"标志，一货一签，明码标价。 2. 发现问题食品，立即停止销售
电器管理	1. 电源周围不放杂物。 2. 使用微波炉前，打开排风扇按钮。 3. 餐吧后台不进行个人手机充电
货款管理	1. 严格管理现金、票据，无关人员禁入后台。 2. 终到交款，保证货款相符
人身安全	1. 班前班后列队，走规定路线。 2. 电气化区段，与接触网保持 2 米以上安全距离。 3. 车门作业时注意设施状态及脚下障碍

【阅读资料 6-1】

专项服务质量标准

根据旅客乘坐列车等级和席别提供相应服务。

1．商务座车配有专职人员，主动介绍专项服务项目，提供饮品、餐食、小食品、小毛巾、耳塞等服务。

（1）饮品有茶水、饮料，品种不少于 6 种。茶水全程供应。

（2）逢供餐时间内，免费供应餐食。供餐时间为：早餐 8：00 以前，正餐 11：30—13：00、17：30—19：00。

（3）正餐以冷链为主，配用速溶汤，分量适中，可另行配备面点、菜品、佐餐料包等。品种不少于 3 种，配有清真餐食，定期调整。

（4）选用非油炸类点心、蜜饯类、坚果类等无壳、无核、无皮、无骨的休闲小食品，品种不少于 6 种，独立小包装。

2. "G"字头跨局动车组特、一等座车提供饮品、小食品、送水等服务。

3. 验票服务。必须双手接过旅客证件及车票，快速、准确查验；及时记录旅客姓名、席位、到站。

4. 毛巾服务。列车开车后，使用推车服务发放毛巾时，应双手将毛巾交给旅客；观光区内服务时，可将小毛巾整齐摆放在毛巾托盘内递送。回收时，使用毛巾夹（或一次性手套）将毛巾回收至托盘内。

5. 饮品服务。列车始发、途中应采取定时推车到座位边旅客自选服务方式，但在观光区内商务座提供服务时，可将饮品放在托盘上为旅客服务；服务人员行走途中托盘的高度基本与自身的腰线齐平；避免从旅客身后或头顶上方递送饮料，提供热饮（茶水、咖啡）时须提醒旅客小心烫手；送咖啡时，杯子边放茶匙、糖包、伴侣（采用速溶咖啡的除外）；原则上茶水、饮料均应使用一次性硬质塑料杯按需提供服务；茶或咖啡要以杯子七成满为标准，用请的手势请旅客随意；茶水应根据红茶、绿茶配以适温开水；递送饮品时，应拿杯子的下 1/3 处；上饮品时，要提醒旅客注意，服务结束后，离开时应自然地后退两步再转身离开，以示尊重；须及时为旅客续加茶水或饮料；茶水续水时，热水瓶壶嘴不得对着客人，且不能接触杯具。续加饮料时，须手持盛有各种已开启的饮料推车向旅客提供服务；旅客下车或更换饮料品种时，须及时收回不用的杯子。

6. 报刊服务。杂志应按规定定位摆放，报纸折叠整齐，露出报头位置；开车后，主动询问旅客需求，由旅客自行选择，份数不限；报纸发完后及时洗手，避免污染其他物品。

7. 防寒毯服务。应征询每名旅客是否需要防寒毯，需要时应及时提供；提供前，应检查防寒毯包装封口是否完好；提供时，应在旅客面前拆封，并将动车组英文标识（CR 或 CRH）和消毒标识朝上；巡视中，应根据车厢温度、旅客状态（如旅客睡着或重点旅客）主动为旅客盖上防寒毯；盖防寒毯时，应注意与旅客脸部保持距离，不与旅客头部在一条直线上，避免与旅客肢体触碰；旅客下车或使用完毕，须及时收回防寒毯。

8. 餐食服务。要在始发时或规定用餐时间前 30 分钟内征询旅客是否用餐；需用餐的，应征询用餐口味、用餐时间；按照旅客用餐时间提供餐食，应做到"一客一餐一托盘"，托盘上放托盘垫纸；送餐时应使用托盘、垫纸，餐具、餐巾纸、牙签等应置于托盘右侧，速溶汤应置于托盘左上侧；待旅客用餐完毕后，须及时收回托盘和垃圾。

9. 其他服务。应征询每名旅客是否需要鞋套、眼罩、耳机等，不实施一次性拖鞋定位摆放的列车，也应征询旅客是否需要，需要时应及时提供；提供前，应检查包装封口是否完好；提供时，应在旅客面前拆封；旅客下车或使用完毕时，须及时收回不用的服务备品；旅客下车时，检查车厢座位，确保无旅客随身物品遗漏。

10. 收取垃圾。收取垃圾和不用的服务备品时，观光区内商务座应使用托盘收回；非观光区内商务座途中可使用托盘收回，终到前收取垃圾时可使用垃圾小推车收回。

（本资料由作者根据相关资料改编。）

复习思考题

1. 简述动车组列车餐吧车作业管理标准。
2. 简述动车组列车餐吧车上餐情况检查标准。
3. 简述动车组列车餐吧车商品展示柜陈列标准。
4. 简述小推车商品陈列标准。
5. 简述动车组列车餐吧车乘务组的组成及岗位职责。
6. 简述餐服长作业流程及质量标准。
7. 简述餐服员作业流程及质量标准。

第七章 动车组列车餐饮安全管理

【学习目标】
1. 掌握食品污染的种类、预防措施及餐饮安全管理的基本要求。
2. 掌握动车组列车餐饮供应模式及保管标准。
3. 掌握餐吧车餐具管理的要求。

【知识要点】
1. 食品污染的种类、预防措施及餐饮安全管理的基本要求。
2. 动车组列车餐饮供应模式及保管标准。
3. 餐吧车餐具管理。

第一节 餐饮安全管理

一、食品污染及预防

食品是构成人类生命和健康的三大要素之一。食品一旦受污染，就会危害人类的健康。食品污染是因人们吃的各种食品，如粮食、水果、蔬菜、鱼、肉、蛋等，在生产、运输、包装、贮存、销售、烹调过程中，混进了有害有毒物质或者病菌。具体来说，食品污染是指食品及其原料在生产和加工过程中，因农药、废水、污水各种食品添加剂及病虫害和家畜疫病所引起的污染，以及霉菌毒素引起的食品霉变，运输、包装材料中有毒物质和多氯联苯、苯并芘所造成的污染的总称。防止食品污染，不仅要注意饮食卫生，还要从生产、运输、加工、贮藏、销售等各个环节着手。只有这样，才能从根本上解决问题。

食品污染分为生物性污染、化学性污染及物理性污染三类。

（一）生物性污染

生物性污染主要指病原体的污染。细菌、霉菌以及寄生虫卵侵染蔬菜、肉类等食物后，都会造成食品污染。在受潮霉变的食物上，能生长一种真菌——黄曲霉。黄曲霉能产生一种剧毒物质——黄曲霉毒素。这是一种强烈的致癌物质。霉菌毒素的污染，可能是世界上某些湿热地区肝癌高发的重要原因。

1. 生物性污染种类

（1）微生物（细菌与细菌毒素、霉菌与霉菌毒素）；

（2）寄生虫（包括虫卵，指病人或病畜的粪便间接或直接污染食品）；

（3）昆虫（甲虫、螨类、蛾、蝇、蛆）；

（4）病毒（肝炎病毒、脊髓灰质炎病毒、口蹄疫病毒）食品污染。

2. 细菌对食品的污染途径

食品的细菌污染指标主要有菌落总数、大肠菌群、致病菌等。常见的易污染食品的细菌有假单胞菌、微球菌、葡萄球菌、芽孢杆菌、芽孢梭菌、肠杆菌、弧菌、黄杆菌、嗜盐杆菌。

细菌对食品的污染主要有三种途径：一是对食品原料的污染，食品原料品种多、来源广，细菌污染的程度因不同的品种和来源而异；二是对食品加工过程中的污染；三是在食品贮存、运输、销售中对食品造成的污染。

（二）化学性污染

化学性污染是指有害化学物质的污染。在农田、果园中大量使用化学农药，是造成粮食、蔬菜、果品化学性污染的主要原因。这些污染物还可以随着雨水进入水体，然后进入鱼虾体内。我国某地湖泊受到农药污染后，不少鱼的身体变形，烹调后药味浓重，被称为"药水鱼"。这些"药水鱼"曾造成数百人中毒。有些农民在马路上晾晒粮食，容易使粮食沾染沥青中的挥发物，从而对人体健康产生不利影响。

1. 化学性污染的原因

（1）来自生产、生活和环境中的污染物，如农药、兽药、有毒金属、多环芳烃化合物、N-亚硝基化合物、杂环胺、二噁英、三氯丙醇等。

（2）通过食品容器、包装材料、运输工具等溶入食品（有害物质）。

（3）滥用食品添加剂。

（4）食品加工、贮存过程中产生的物质，如酒中有害的醇类、醛类等。

（5）掺假、造假过程中加入的物质。

2. 农药污染及预防

农药能防治病、虫、鼠害，提高农畜产品产量，是获取农业丰收的重要措施，但如果使用不当，就会对环境和食品造成污染。施用农药后，在食品表面及食品内残存的农药机器代谢产物、降解物或衍生物，统称为农药残留。食用含有农药残留的食品，大剂量可能引起急性中毒，低剂量长期摄入可能致畸、致癌和致突变。

1）农药污染的途径

（1）直接污染。喷洒农药可造成农作物表面黏附污染，被吸收后转运至各个部分而造成农药残留。污染的程度与农药的性质、剂型、施用方法及浓度和时间有关。内吸性农药（如内吸磷、对硫磷）残留多，而渗透性农药（如杀螟松）和触杀性农药（如拟除虫菊酯类）残留少；易降解的品种如有机磷残留时间短，不易降解的品种如有机氯、重金属制剂则残留时间长；油剂比粉剂更易残留，喷洒比拌土施撒残留高；施药浓度高、次数频、距收获间隔期短则残留高。其他与气象因素、农作物的品种等也有一定关系。

（2）间接污染。由于大量施用农药以及工业"三废"的污染，大量农药进入空气、水体和土壤，成为环境污染物。农作物长期从污染的环境中吸收农药，可引起食品的二次污染。

（3）生物富集作用与食物链。生物富集作用是指生物将环境中低浓度的化学物质，通过食物链的转运和蓄积达到高浓度。食物链是指在生物生态系统中，由低级到高级顺次作为食物而联结起来的一个生态链条。某些化学物质在沿着食物链转移的过程中产生生物富集作用，即每经过一种生物体，其浓度就有一次明显的提高。某些理化性质比较稳定的农药，如有机氯、有机汞和有机砷制剂等，脂溶性强，与酶和蛋白质有较大的亲和力，不易排出体外，在食物链中通过生物富集作用逐级在生物体内浓缩，使其残留量增高。生物富集作用以水生生物最为明显。

2）农药污染的预防措施

（1）发展高效、低毒、低残留农药。高效就是用量少，杀虫效果好；低毒是指对人畜的毒性低，不致癌、不致畸、不产生特异病变；低残留是农药在施用后降解速度快，在食品中残留量少。

（2）合理使用农药。我国已颁布《农药安全使用标准》和《农药合理使用准则》，对主要作物和常用农药规定了最高用药量或最低稀释倍数，最高使用次数和安全间隔期（最后一次施药到距收获时的天数）。

（3）加强对农药的生产经营和管理。许多国家都有严格的农药管理和登记制度。国务院1997年发布的《农药管理条例》中规定，由国务院农业行政主管部门负责全国的农药登记和农药监督管理工作。同时还规定了我国实行农药生产许可制度。未取得农药登记和农药生产许可证的农药不得生产、销售和使用。

3. 食品容器和包装材料污染及预防

食品在加工、运输、储藏、销售、消费者使用的过程中均需包装。食品包装容器通常是指与食品直接接触的包装容器，即内包装容器。包装材料是指包装、盛放食品用的纸、竹、木、金属、陶瓷、塑料、化学纤维、玻璃等制品和接触食品的涂料。应根据相关规定，合理使用食品容器、包装材料用助剂。

（1）塑料本身应纯度高，禁止使用有可能游离出有害物质（如酚、甲醛）的塑料。酚具有凝结组织中蛋白质的作用。如果酚中毒，口腔、咽喉及胃均有烧灼感，易发生呕吐，重者呼吸困难。

（2）树脂和成型品应符合国家规定的塑料卫生标准。餐饮业在选购食具和食品包装材料时，应注意选择符合国家卫生标准的塑料制品，不得使用再生塑料。

（3）橡胶的污染问题主要是单体和添加剂。接触食品的橡胶不可使用氧化铅作硫化促进剂。

（三）物理性污染

1. 物理性污染的概念

物理性污染是指有杂物污染。污染物可能不威胁健康，但会影响食品的感官性状或营养价值，不能保障食物质量。物理性污染主要有：① 产、储、运、销过程中的污染物，如粮食收割时混入的草籽；② 掺假造假，如粮食中掺入的沙石、肉中注入的水、奶粉中掺入的大量的糖和三聚氰胺等；③ 放射性污染，主要来自放射性物质的开采、冶炼、生产、应用及意外事故造成的污染。

随着社会城市化的发展，人们已经摆脱了自给自足的田园式生活。许多粮食、蔬菜、果品和肉类，都要经过长途运输或储存，或者经过多次加工，才能送到人们面前。在这些食品的运输、储存和加工过程中，人们常常往食品中投放各种添加剂，如防腐剂、杀菌剂、漂白剂、抗氧化剂、甜味剂、调味剂、着色剂等，其中不少添加剂具有一定的毒性。例如，过量服用防腐剂水杨酸，会使人呕吐、下痢、中枢神经麻痹，甚至有死亡的危险。

2. 食品放射性污染及其预防

食品放射性污染是指食品吸附或吸收了外来的（人为的）放射性核素，使其放射性高于自然放射性本身。

食品的放射性污染预防要加强卫生防护和食品卫生监督，食品加工厂和食品仓库应建立在从事放射性工作单位的防护监测区以外的地方，对产生放射性废物和废水的单位应加强监督，对单位周围的农、牧、水产品等应定期进行放射性物质的监测。国家规定了粮食、薯类、蔬菜水果、肉鱼虾类和鲜奶等食品中人工放射性核素的限制浓度，应严格执行。

二、食物中毒及预防

（一）食物中毒的含义

食物中毒是指摄入了含有生物性和化学性有毒有害物质的食品，或把有毒有害物质当作食品摄入后出现的非传染性急性或亚急性疾病。

食物中毒既不包括因暴饮暴食而引起的急性胃肠炎、食源性肠道传染病（如伤寒）和寄生虫病，也不包括因一次大量或长期少量摄入某些有毒、有害物质而引起的以慢性毒害为主要特征（如致癌、致畸、致突变）的疾病。

食物中毒的症状主要包括恶心、呕吐、腹痛、腹泻、头晕、头痛、乏力、发热、抽搐等。

（二）食物中毒的特点

（1）人中毒之后，潜伏期短、发病急，短时间内可能导致许多人同时发病，病程较短。
（2）出现的症状一般与食品有关，患者在近期内或者短时间内都食用过相同的食物，发病范围局限在食用该有毒食物的人群中，未食用者不会有任何症状。
（3）中毒病人的临床表现一般具有相似的特征。
（4）食物中毒病人患病突然，但不具传染性，只要是未食有毒食物则不会中毒。

（三）食物中毒的分类

1. 真菌（霉菌）毒素食物中毒

真菌性食物中毒主要是谷物、油料或植物储存过程中生霉，未经适当处理即作食料，或是因已做好的食物放久发霉变质误食引起的，也有的是在制作发酵食品时被有毒真菌污染了的。发霉的花生、玉米、大米、小麦、大豆、小米，以及黑斑白薯是引起真菌性食物中毒的常见食料。

一般来说，急性真菌性食物中毒潜伏期短，先有胃肠道症状，如上腹不适、恶心、呕吐、腹胀、腹痛、厌食、偶有腹泻等（镰刀霉菌中毒较突出）。以后依各种真菌毒素的不同作用，发生肝、肾、神经、血液等系统的损害，出现相应症状，如肝脏肿大、压痛，肝功异常，出现黄疸（常见于黄曲霉菌中毒），蛋白尿，血尿，甚至尿少、尿闭等。有些真菌中毒易发生神经系统症状，有头晕、头痛、迟钝、躁动运动失调甚至惊厥、昏迷、麻痹等症状。

2. 细菌性食物中毒

细菌性食物中毒是指患者摄入被细菌或其毒素污染的食物或水所引起的急性中毒性疾病。细菌性食物中毒全年皆可发生，但在夏秋季节发生会更频繁。这主要是由于气温高、适合细菌生长和繁殖，另外也由于人体肠道的防御机能下降，易感性增强。

引起细菌性食物中毒的食物主要为肉、乳、蛋和水产等动物性食品，少数是由植物性食品如剩饭、糯米、凉糕等引起的。细菌性食物中毒与非细菌性食物中毒相比，潜伏期较长，急性胃肠炎症状明显，有低度或中度发热，病情较轻，易治疗。

3. 动植物性食物中毒

动植物食物中毒是指误食有毒动植物或食用方法不当而引起的食物中毒，包括：有毒动物组织中毒，如河豚、贝类、动物甲状腺及肝脏等；有毒植物中毒，如木薯、四季豆、发芽马铃薯、山大茴及鲜黄花菜等。

4. 化学性食物中毒

化学性食物中毒是指健康人经口摄入了正常数量、感官无异常，但含有较大量化学性有害物的食物后，引起身体出现急性中毒的现象。通常，引发化学性食物中毒的原因主要有：有害、有毒的化学物质直接污染食品或被误做成食品，如误将化学毒物当调味剂或添加剂；误食刚喷洒过农药的蔬菜和水果；误用被化学毒物污染的容器；有毒有害的化学物质间接污染食品；无毒或毒性小的化学物在体内转化为毒性强的物质，硝酸盐转变为亚硝酸盐；化学性食物中毒的发病潜伏期较短，多在数十分钟至数小时，少数超过一天，多数患者无发热症状。

（四）食物中毒的预防

1. 细菌性食物中毒

（1）防止细菌对食品的污染。

对直接入口食品特别是动物性熟食品的加工、运输、贮藏及销售进行卫生监督。做到符合卫生规范要求，符合卫生标准，"生熟分开"，食品工具、容器和餐具消毒，提倡小包装出售，冷冻运输、低湿贮藏、防尘防蝇，从业人员个人卫生符合要求等。

（2）控制细菌繁殖及产生毒素。

按食品的特质，不能完全避免微生物的污染，少量微生物与食品一起吃入，并不会引起食物中毒；大量被中毒菌污染繁殖的食品会引起食物中毒，防止食品被细菌繁殖是预防食物中毒最重要的一环。为此，加工后的食品要尽早食用，低温储存，以防细菌繁殖而产生毒素。

（3）杀灭病原菌。

杀灭病原菌的主要措施是高温杀菌，食品的中心温度应达 80 ℃ 以上，以杀灭中毒菌及破坏不耐热的毒素。

2. 化学性食物中毒

（1）防止误食有毒化学物质：严格保管和使用化学毒物，有害有毒物质不能与食品同店出售，同库存放。

（2）加强农药管理：专库存放，防止污染食品。

（3）食品容器卫生：不用盛放或接触过有毒有害化学物品的容器来包装或盛放食品。

3. 有毒动植物中毒

（1）识别有毒动植物：加强宣传教育，防止误采误食有毒动植物。

（2）挑选并剔出有毒动植物：采购、加工、捕捞、批发、零售的企业及人员要挑选并剔出有毒动植物。

（3）不随便采食野生动植物：未经毒性鉴定，对其毒性不了解和不能准确识别的野生动植物，不要随意采集及加工食用，更不能采购、加工和销售。

（五）对于食物中毒病人的应急处理

1. 食物中毒病人的抢救处理原则

（1）清除未被吸收毒物：催吐、洗胃和导泻是经常采用的三条行之有效的措施。一般根据误食或摄入毒物或食物时间的长短、患者的意识状况来决定采取哪一种或全部措施为宜。

（2）阻止毒物吸收：可给予局部拮抗剂如中和剂的应用、活性炭的沉淀利用等，减少毒物与胃黏膜的接触机会，减少刺激，如口服牛奶、蛋清等阻止毒物吸收。

（3）促使毒物排泄：常用措施有大量输液或大量饮温开水或糖盐水；促使肾脏排出毒物，可用甘露醇或山梨醇利尿，还可采用透析疗法。

（4）解毒治疗：促进利尿，加速毒物排出。

（5）对症治疗：对于病人的其他症状，根据病情对症治疗。

2. 毒物的排出

（1）催吐。

一般来说，催吐越早效果越好。催吐可排出残留在胃内的毒物。在中毒后不久，毒物尚未吸收时，患者胃内有大量食物或固体毒物时，催吐比洗胃更适宜。

（2）洗胃。

洗胃可以清除胃内含毒的食物，最好在发病后 4~6 小时内洗出胃内容物，直至洗出液澄清为止。

（3）导泻。

常用硫酸镁（50%）液 40~50 mL 或硫酸钠（25%）液 30~60 mL 口服或洗胃后灌入。

（4）灌肠。

用生理盐水或肥皂水高位灌肠。

（5）毒物排出。

大量饮用水或糖盐水或静脉滴注生理盐水、5%葡萄水或10%葡萄糖。

（6）对症治疗。

对食物中毒病人非特异性症状给予对症治疗，对感染型中毒病人要给予抗菌毒，对金属中毒要给予特殊解毒剂，对有机磷中毒患者给予解磷治疗。

三、动车组列车餐吧车安全管理

（一）动车组食品安全要求

（1）动车组食品生产经营单位应当自觉遵守国家食品安全法律、法规和食品安全标准规范，建立食品安全责任制度，落实食品安全第一责任人，设置专（兼）职食品安全管理员，建立食品安全自检制度，采用先进技术设备，保证食品质量安全。

（2）动车组食品经营者、专供动车组的食品配餐生产者，应按《铁路餐饮服务和食品流通许可管理办法》，向辖区铁路食品安全监督管理办公室申办食品餐饮流通许可证。

（3）动车组食品经营者应达到如下要求：

① 为旅客提供餐饮服务的动车组应建立食品经营操作规程，配备必要的食品冷（热）储藏、加热、清洗、餐（饮）具消毒、保洁等设施、设备，并做到安全无害，清洁卫生，性能达标。

② 预包装食品应达到食品安全标准要求，包装标签符合《食品安全法》规定。

③ 一次性餐饮具必须符合食品安全标准要求和《一次性可降解餐饮具通用技术条件》标准，达到环保要求。

④ 经营冷（热）藏快餐食品的，应严格执行"四控一规范"制度，生产、保质时间应标注年、月、日、时、分，不得销售超过保质期的食品。

⑤ 经营冷藏快餐盒饭的，冷藏温度持续不高于10 ℃，保存时间不超过24 h；供餐前应经充分加热，加热后食品中心温度不低于70 ℃。

⑥ 经营热藏快餐盒饭的，热藏温度持续不低于60 ℃，2 h 内中心温度应持续不低于60 ℃，保存时间不超过4 h，无温控存放条件的，存放时间不得超过2 h。

⑦ 冷（热）藏快餐品卫生指标应达到铁路运营食品安全要求。

⑧ 食品经营环境整洁。食品、餐饮具等用品应定位存放，避免生熟混放、混用。垃圾污染物应密闭存放，防止食品污染。

（4）经营过程中，发现食品感官性状异常、包装破损不洁、包装标签不符合要求或不清楚时，应立即停止经营该食品。

（5）对国家、地方或铁路食品安全监督机构公布的不符合食品安全标准要求或存在食品安全隐患的食品，动车组食品经营单位应立即停止经营该食品。

（6）动车组食品经营单位应当制定食品安全事故应急处置方案。发生食品安全事故时，应立即封闭经营场所和封存经营食品，组织救治患者，并及时报告前方停靠车站、主管部门和铁路食品安全监督机构，协助做好调查处理工作。

（二）餐饮包装的要求

（1）餐饮外包装必须标明餐饮成分、食用方法、保质期、生产日期、质量安全图示等标示。

（2）包装材料必须选择可重复使用、可回收利用或可降解的材料，确保印制或粘贴的标识标签无毒，且不直接接触食品。

（3）CRH 商标的使用要严格按《商标使用许可协议》施行，CRH 商标应印制在产品外包装的显著位置。未经许可，餐饮服务运营商不得标注自有商标和标识。

（三）食品配送的要求

（1）配送的餐饮包装完好，交接流程规范。配送的物品、车辆清洁卫生。配送人员服装要统一，并且整洁卫生。

（2）配送过程应坚持全程冷链原则。准冷链配送时，必须严格控制时间，确保食品安全。

（3）餐饮要及时送至站台，确保开车前 5 min 所有餐食上车完毕。

（四）动车组销售食品的要求

（1）预包装食品应标明生产厂名、厂址、生产时间、保质期和食用方法，符合国家卫生标准。

（2）实行烹调加工的配送食品，冷藏温度持续不高于 10 ℃，供餐前应经充分加热，加热后中心温度应持续不低于 60 ℃；无适当存放条件的，存放时间不超过 2 h。

（3）为旅客提供餐饮服务的动车组应配备必要的食品储存、加热、冷藏或热藏、水池、餐饮具消毒、保洁等设施、设备，并做到安全无毒、清洁卫生。餐饮具、食品应定位存放，避免生熟混放、混用。

（4）一次性餐饮具必须符合《一次性可降解餐饮具通用技术条件》标准，达到绿色环保要求。餐饮具必须洗净消毒。

（五）现金及有价证券安全管理

（1）现金及有价证券应及时存放在保险柜内，并用双锁锁闭。
（2）任何人不准私自挪用现金，严禁压款压账。
（3）金柜内不得存放私人现金、物品。
（4）厨房严禁收取现金。
（5）任何人不准私自开或出售有价证券。
（6）乘务组终到后，餐车长要及时缴款（缴款必须保持三人以上，其中有一名男厨师）。
（7）现金差错率不超过 2%，工作中所发生的现金交接要认真清点。
（8）应保持餐车保险柜性能良好，不得泄露密码，如有故障要立即通知有关部门修复。
（9）餐车长应随身携带金柜钥匙，不得随意乱放，不准泄露保险柜密码。
（10）有价证券填写要准确，填写有误时要及时收回，更换时要认真检查。

第二节 动车组列车餐饮供应及保管标准

一、餐饮供应

(一) 餐饮供应规定

(1) 制定科学合理、营养健康、绿色环保的餐饮品种体系,针对不同区域、不同季节、不同时段、不同层次旅客的需求,提供规范标准的餐饮产品。

(2) 各种餐饮食品营养搭配合理,各种营养素含量符合国家有关标准。

(3) 餐饮商品品类丰富、口味多样、方便快捷,应根据顾客的要求及时调整。

(4) 餐饮商品的各项主辅料搭配要定量化,设置科学合理的上下限标准,并在外包装中标明。

(5) 食品原料绿色化,不提供以野生保护动植物为原料的食品。餐具环保化,顾客必须使用可降解、可回收的餐具。禁止出售损害顾客人身安全、影响列车环境卫生的食品。

(6) 餐饮商品应质价相符、物有所值,满足旅客旅行中的基本餐饮需求。并充分考虑铁路票价和旅客的消费水平,提供高、中低档不同的供应方案。对于顾客必需的餐食品种,要坚持保本微利原则;对于非必需的餐饮品种,可根据市场情况提供差异化服务,且乘务餐不得高于成本价。

(二) 餐饮供应标准

(1) 卫生管理制度健全,持有有效的(餐饮服务)许可证;从业人员个人卫生合格,上岗持健康证。

(2) 执行《食品安全法》。食品、原料的采购、保管、加工、出售符合规定。严禁出售无生产单位、日期、保质期、过期、变质食品。餐、炊、酒、茶具清洁,消毒合格;刀、板、墩、盆、冰箱等"生""熟"分用,并有标记;餐料、食品生熟分开存放;各种容器、备品保持清洁,用具定位摆放;销售无包装直接食用食品时,应有防蝇、防尘措施,不得徒手接触食品。

(3) 饭菜质量标准:

① 饭菜质量是餐车供应工作质量的综合体现,应做到:供应品种多样化、突出反映本地区的风味特点;高中低档相结合,充分满足旅客不同消费水平的饮食需求。

② 制作饭菜要按照标准投料,按操作规程烹调,除应提前加工或半加工的饭菜品外,其他都必须现炒现做。

③ 原料加工,青菜要一选、二泡、三洗、四加工;肉类要先洗后加工,"条、丁、段、块"均匀、丝细片薄不连不碎。

④ 蒸煮米饭软硬适宜,不夹生、不焦、不糊底;粥稀稠适度,不焦、不糊底;煮面水量足够,不糊烂。

⑤ 菜肴的主配料搭配适宜,口味适中。

(4) 尊重外籍旅客和少数民族旅客的饮食习惯。

二、动车组列车餐吧车餐饮供应的要求

（1）列车上销售的食品和商品，必须由餐饮公司统一采购。餐饮公司销售人员应将上车食品、商品的出库单交列车长以备检查。列车销售的食品和商品应当明码标价、一货一签，并有"CRH"标记。

（2）列车餐饮服务由与中国铁路各局集团有限公司（以下简称铁路局）签订餐饮服务合同的专业餐饮公司承担。为列车提供餐饮服务的企业必须通过 ISO 9000 或 HACCP 质量认证。列车上销售的食品、饮品应当为全国名优产品。

（3）铁路局应当监督餐饮企业严格遵守国家卫生法律法规的规定，建立健全加工食品的场地、加工程序、设备、保管、运输、列车供餐服务质量、商品价格等各环节的管理和考核制度。

（4）动车组供应的食品、饮品应当品种丰富，价格合理。餐饮企业应当经常征求旅客对餐饮服务的意见和建议，并根据旅客的意见不断调整所供应商品的数量和品质，不断改善服务质量。

（5）动车组餐饮服务人员负责列车运行中餐吧车的清洁卫生工作。餐吧车展示柜布置应当丰富美观，其他商品、备品存放不得侵占通道或影响安全。列车开车、到站时，餐饮服务人员应当在餐吧车门内立岗迎送旅客。

（6）加热后未售出的食品应严格实行定时报废制度。在列车上，报废的食品在未处理前应在醒目的位置上标明"报废"字样。

三、动车组列车餐吧车服务工作的标准

坚持"人民铁路为人民"的宗旨和"全面服务好，重点照顾到"的原则，文明又礼貌地为旅客服务。

（1）穿着工作服，佩戴服务标志。仪容整洁，不留奇异发型，男不留长发胡须，女不留披肩发，姿态端正，举止大方，表情自然。

（2）接待就餐旅客时，要主动热情，诚恳周到，态度和蔼。表达得体称呼恰当，声调适宜，运用十字文明服务用语做到"来有迎声；问有答声；端付饭菜有唱收唱付声；走有送声"，让旅客满意，无不良反应。

（3）托盘上餐具、酒具、饭菜时，按规则操作，不简化程序、不漏项，做到精心操作，优质服务。

（4）当好就餐旅客的参谋，做饭菜选择的向导，不断增加服务项目，方便旅客就餐。

（5）售货人员不能在车厢内高声喧哗叫卖、频繁穿梭、干扰旅客，必须在规定的时间到车厢进行销售，并提供订、送餐服务。

（6）不在旅客面前吃食物、剔牙齿、高声喧哗、打闹嬉戏、勾肩搭背等，接班前和工作中不食用葱、蒜等有异味的食物。

第三节　餐吧车餐具管理

一、餐吧车商品的保管

（1）餐吧车的食品、饮料等预包装食品要把好进货验收关，注意检查商品生产日期及保质期、食品合格证等相关证件是否齐全。不符合《食品安全法》要求的食品不得入库。

（2）用于冷藏食品的冰柜，应定期除霜清洁和维修，以确保其温度达到要求并保持卫生。

（3）对易变质的食品视销售情况进货，食品不要储存过多，食品与非食品要隔离，食品与药品要隔离，腐烂变质的食品要及时清除。

（4）加强库存食品的整理存放，做到干净卫生，做好食品防蝇防鼠防变质变霉和防污染等工作。及时检查待售食品的质量、保质期，发现变质和过期食品应及时清除。

二、餐吧车饮料的保管

（1）原料要按其属性分类，每个类别、每种原料都要有固定的存放位置。

① 干货原料的主要类别有米、面粉、豆类食品、粉条、果仁、调料、罐头、瓶装食品、脱水蔬菜等。干货应保持相对干燥储藏，一般不需要供热和制冷设备，其最佳储存温度为 15 ℃~21 ℃。

② 新鲜蔬菜和水果储存温度为常温，最适宜的温度为 10 ℃~15 ℃，一般储存 2~3 天。

（2）餐饮工作人员要注意控制冷藏室和冰箱的温度。

① 需要冷藏的原料，应尽快冷藏。温热的成品和半成品在冷藏前应先冷却再储存，否则容易损坏制冷设备。生食和熟食要分开储存，冷藏前要检查食物是否已变质、变质的食物以及脏的食物会污染空气和储存设备，切忌放入冷藏室或冰箱中储存。鱼、肉、食类原包装盒往往粘有污泥且有细菌，要拆除包装盒后储存。有强烈和特殊气味的食物（鱼虾）应在密封的容器中冷藏，以免影响其他食物。已加工的半成品和熟食应密封冷藏，以免干缩和沾染其他气味。冰箱中如有污水沉积应立即擦掉，以免变质污染空气。

② 冷冻速度要迅速。食品冷冻储存可分三个步骤：降温、冷冻、储存。为保持食品质量鲜美，要求食品降温和冷冻的速度要迅速。食品在速冻的情况下，内部冰结晶的颗粒细小，不易损坏食品结构。

③ 冷冻储存温度要低。许多食品在 0 ℃ 下已经冰冻，但是微生物并没有死亡。有资料证明，食品在 -18 ℃~-1 ℃ 的温度下储存时，温度每升高 5 ℃~10 ℃，质量下降的速率增加 5 倍。食物冷冻储存的一般温度宜在 -17 ℃~18 ℃ 以下。食品冷冻可储存时间较长，但这并不等于食品可无限制储存。一般来说，食品的冰冻储存不要超过 3 个月，各类食品冷冻储存的最长时间（储存温度 -18 ℃）如表 7-1 所示。

表 7-1　食品储存期

食品原料	最长储存期
香肠、肉沫、鱼类	1~3 个月
猪肉	3~6 个月
羊肉、小牛肉	6~9 个月
牛肉、禽、蛋类	6~12 个月
水果、蔬菜	一个生长间隔期

（3）冷链食品出厂至销售复热前，温度必须保持在 0 ℃~10 ℃；复热后食品中心温度在 70 ℃ 以上；热链食品热藏 4 小时内，常温 2 小时内。看是否超过保质期，超过保质期限的食品应销毁，且回收销毁前应单独存放，不能向旅客供应。

严格落实仓库食品安全工作，冷链食品需在 0 ℃~10 ℃ 的环境下保存，并由专人负责测温。坚持先进先出原则，及时清查盘点库存，清理积压、过期食品。

三、餐吧车餐具的使用与保管

（一）餐具的使用与保管

1. 餐具的使用

（1）使用餐具时必须轻拿轻放。在餐吧车运行过程中要注意车身的摇晃，要站稳拿牢，以减少破损。

（2）茶杯、酒杯应分别使用，分别存放，并保持干净。擦抹玻璃杯时，不得以手直接接触杯体内外，应以擦碗布裹住杯体的内外，然后用左手握住杯底，右手拇指在杯外，其余手指在杯内，转杯擦抹。擦后扣放在固定地点（下部应有洁白的垫布）。

（3）餐后，必须将餐具（筷、刀、勺、叉、酒具、茶具）冲净消毒。动车组列车餐吧车由于条件所限，可用药物消毒，坚持一用（客）一消毒。西餐叉必须将叉缝内不洁之物擦掉，然后洗刷、消毒，擦干后方能使用。

2. 餐具的保管

（1）餐具保管必须由专人负责，按不同性质进行分类保管，外宾及少数民族用的餐具要单独保管。餐具必须有固定放置位置，易碎品不要摞得过高，并且要放置在稳妥地点。换班交接，要清点数量，认真交接。

（2）金属餐具，在保管时应放在干燥的地方，不沾水、不受潮。长期保管时，应涂油或撒上滑石粉，以防生锈。

（3）餐具使用后，必须彻底洗刷、消毒，擦抹干净后才能分类保管于固定地点，避免污染及生锈，以便下次使用。

（二）餐具消毒

动车组列车餐吧车内部分餐具是公共轮流使用的，餐具的卫生情况将直接关系到旅客的身体健康。为了进一步防止疾病通过餐具进行传播，就要求餐服人员必须严把餐具消毒关。常用的餐具消毒方法可分为物理方法和化学方法两大类。

1. 物理方法

1）煮沸消毒

在 100 ℃ 的沸水中煮 3～5 min，可杀灭微生物繁殖体。煮沸消毒法适用于食品餐饮用具、茶具、酒具和直接入口食品的容器、材料器具的消毒。

2）蒸汽消毒

使用 100 ℃ 以上的高温蒸汽杀灭微生物繁殖体，常用于管道、容器设备及食品的消毒。蒸汽消毒简便实用，但热能消耗大。由于高压蒸汽灭菌利用较高的压力和温度，灭菌效果比较好。

3）干烤消毒

用 120 ℃～180 ℃ 的干热空气加热物品，可杀灭微生物。干烤消毒多用于不能耐受湿热蒸气、不能用高压蒸气灭菌的物品消毒。

4）红外线消毒

红外线消毒是利用热能直接由电磁波照射产生的原理来实现消毒。电磁波波长 30 um 以上的红外线，工作温度达 200 ℃。温度的高低、快慢与光源的强弱和距离有关，距离越近，温度越高。红外线消毒适用于物体表面消毒。

5）巴氏消毒

巴氏消毒可分为低温 63 ℃（持续 30 min）和高温 80 ℃～90 ℃（持续 30～60 s）两种。为提高效率，缩短加热时间，减少对食品质量的影响，多采用后一种方法。近年来发明了高温瞬间消毒法，即加热到 130 ℃～150 ℃（持续 0.5～2 s），几乎全部杀灭细菌。这种方法主要应用于牛奶消毒。

6）紫外线消毒

紫外线是低能量的电磁辐射，杀菌力强，多用于食品超净车间、冷菜间和饮用水消毒。

2. 化学方法

化学消毒法通常是指用药物溶液浸泡消毒的方法。理想的化学消毒剂，杀菌效果好，性质稳定，毒性低，来源充足，价格低，对人体不构成危害，为人们普遍接受。

1）含氯制剂

使用含氯制剂消毒时，可将原液配制成 3‰～5‰ 的溶液，用于餐具、酒具、茶具的消毒。直接入口的公用具容器，浸泡 3～5 mim；用 3‰ 浓度的溶液进行果蔬消毒，浸泡 10 min，清水冲净。含氟制剂须凉水配制避光保存。

2）过氧化物制剂

浓度 0.5%～1% 的过氧化物溶液，浸泡 3～5 分钟，采用擦拭、喷洒等方式，适用于瓜果蔬菜、餐具、茶酒具、容器、生产环境及工作人员手掌的消毒。

3）醇类消毒剂

浓度65%～75%的醇类消毒剂，多用于公用具和冷荤间刀、墩、从业人员手掌的消毒。

3. 餐具清洗、消毒程序

（1）清：将剩余在餐具内的食物残渣倒入废物桶内并刮干净。

（2）洗：将刮干净的餐具用加入适量的洗涤剂的水清洗干净。

（3）冲：用流动的清水将附在餐具上的洗涤剂冲洗干净。

（4）消毒：使用合适的消毒方法对餐具进行消毒。消毒时应注意，餐具不能露在消毒水外面，消毒水不能重复使用，消毒清洗时要戴手套。

4. 餐具消毒注意事项

（1）餐具消毒后，不要用不洁净的抹布擦拭，以免遭受新的污染。

（2）消过毒的餐具要存放在具备防蝇、防尘功能的橱柜内，并将餐具倒扣存放。

（3）使用漂白粉、次氯酸钠等含氯制剂消毒时，必须保持一定的有效氯量，才能使消毒液达到应有的效果。有效含氯量根据说明使用。

第四节　动车组列车餐吧车应急处理

一、铁路突发公共卫生事件应急处理

（一）基本规定

（1）铁路突发公共卫生事件（以下简称突发事件）是指国内突然发生重大传染病疫情、群体性不明原因疾病，造成或者可能造成社会公众健康严重损害，并有可能借铁路传播的事件；铁路车站、列车发生3人以上集体性或有死亡的食物中毒事件，铁路单位内部发生的3人以上集体性职业中毒、食物中毒、传染病暴发流行事件。

（2）为保障广大旅客、铁路职工的身体健康与生命安全，维护正常的运输生产秩序，结合铁路实际，制定铁路预防和控制突发公共卫生事件的相关规定。

（3）中国铁路总公司统一领导指挥铁路突发事件的预防、控制、消除等工作。其主要职责如下：

① 采取应急处理措施，防止疫情在铁路传播或事态扩大。

② 做好旅客、铁路职工家属的健康保护。

③ 保证突发事件急需物资运输。

④ 做好病人的救治工作。

（4）铁路预助和控制突发事件应坚持以下原则，最大限度地减小突发事件产生的可能和危害。

① 依靠科学、加强合作、反映及时、措施果断。

② 领导负责、分级负责、系统负责、岗位负责。

③ 防治结合、专群结合、路地联控。

④ 早发现、早报告、早隔离、早治疗。

（5）中国铁路总公司、各铁路局对参加突发事件应急处理人员，应该给予适当补助；对于做出贡献的，应给予表彰和奖励；对因参与应急处理工作而致病、致残、死亡的，应按照国家有关规定，给予相应的补助或抚恤。

（二）及时报告制度

（1）有下列情形之一的，各铁路局应当在接到报告后 2 小时之内报中国铁路总公司卫生主管部门。

① 旅客到车上发生 30 人以上旅客食物中毒或有人员死亡。
② 铁路沿线城市人民政府公布传染病或不明原因疾病暴发流行。
③ 铁路单位职工发生 3 人以上职业中毒事故或发生死亡事故。
④ 铁路运输过程中有毒化学品泄漏引起公共人群急性中毒。
⑤ 铁路运输放射性物质包装失去屏蔽效能，放射性物质泄漏或丢失。

（2）发生以上①、③、④、⑤项情形时，各铁路局卫生主管部门应在 2 h 内报告所在地省级卫生行政部门。

（3）铁路站车发生 30 人以上或者死亡 1 人以上的重大食物中毒需要立即组织抢救病人时，执行公务的卫生、客运人员可直接向中国铁路总公司卫生主管部门报告。

（4）任何单位和个人对突发公共卫生事件，不得隐瞒、缓报、谎报或者授意他人隐瞒、缓报、谎报。

（三）预防及应急准备

（1）中国铁路总公司所属各单位要制定公共卫生突发事件处理方案，并组织实施；建立预防工作检查监督和效果评价制度，确保公共卫生突发事件预防与应急准备工作落实。

（2）加强卫生机构建设，健全信息网络、配备食品、有毒化学物、微生物等突发事件检测设备，提高铁路系统疫情检测、卫生检疫、医疗救治、追踪调查和疫情处理方面的公共卫生应急处理水平。

（3）铁路站车应加强对国家和地方政府防病信息和技术措施的广播宣传，提高广大旅客的防范意识，加强对站车工作人员识别和处理突发公共卫生事件的培训，使其掌握铁路常见应急处理事件的报告、防范、处理方法。

（4）铁路各级卫生主管部门及其卫生监督机构要加强对传染病、食物中毒、职业中毒等突发事件的预防、治疗、检测、控制等相关工作的监督检查，防范突发公共卫生事件的发生。

（5）加强对铁路职工、特别是站车工作人员和医护人员的个人防护，保证清洁和饮食卫生，提高防御疾病能力。

（6）认真开展爱国卫生运动，做好传染病预防和有关公共卫生工作，提高站车和铁路生产、生活环境卫生水平。

（7）铁路站车按照规定配备医疗救护药箱、应急设备及必需的个人防护用品。

（8）鼓励和支持卫生、科研机构开展预防控制铁路突发公共卫生事件的科研工作。

（四）应急处理办法

（1）国内发生突发公共卫生事件，要求铁路采取措施时，由中国铁路总公司决定启动应急处理程序；各地发生突发公共卫生事件，要求铁路局启动应急处理程序，并向中国铁路总公司报告。铁路突发事件发生时，各铁路局卫生主管部应向中国铁路总公司报告，组织专家对突发事件进行综合评估，并提出初步处理建议。突发事件应急处理领导小组及时决策。组织各成员单位按照"铁路突发公共卫生事件应急处理预案"开展工作。

（2）铁路各级公安部门负责维护突发事件现场的治安秩序，为抢救、隔离、运送病人提供安全保障，协助卫生部门对拒绝按规定隔离处理的传染病患者和接触者依法强制执行，打击利用突发事件扰乱秩序的违法行为，维护稳定，保证铁路运输安全。

（3）铁路各级卫生部门负责领导小组的日常工作；对铁路突发事件应急处理提供技术咨询，指导相关单位预防和控制疫情在铁路职工和家属中传播；及时组织和协调医疗卫生单位进行医疗救护和现场救援，组织控制和消除疫情。

（4）铁路各级外事部门负责掌握进出境旅客的情况和信息，组织协调处理涉外有关工作；指导铁路有关部门配合国境卫生检疫机构、做好铁路口岸出入境人员、交通工具、各类货物需要采取的应急处理措施，保证突发事件应急处理所需的医疗救护药械等物资优先经铁路口岸及时运送。

（5）铁路各级运输部门负责组织客货运输部门防止和控制疫情借铁路交通工具传播，保证突发事件预防和控制过程中的人员、医疗救护设备、救治药品、医疗器械和其他物资的运输。

（6）铁路各级安全监察部门负责组织职业危害事件的现场助察，事故原因及定性分析。

（7）计划、财务部门负责落实突发事件应急处理所需的设备经费。

（8）宣传部门负责组织铁路各单位做好职工、家属和旅客的宣传教育工作。

二、动车组餐吧车应急处理

（一）动车晚点

（1）晚点通报。列车晚点 15 分钟以上时，根据列车长通报的晚点信息，向旅客说明晚点原因、预计晚点时间。

（2）安抚解释。加强车厢巡视，掌握旅客动态，并做好宣传、解释、服务工作，稳定旅客情绪，维护好车内秩序。遇有旅客情绪激动、行为过激等情况，立即向列车长汇报。

（3）饮食供应。列车晚点 1 小时以上逢供餐时间段时，清点车内人数，向列车长汇报。供餐期间在列车长的指挥下做好免费供餐工作。

（二）动车空调失效

1. 安抚解释

旅客列车空调失效时，在列车长的指挥下做好秩序维护、宣传解释、旅客安抚和车厢巡视工作，发现突发情况及时向列车长汇报。

2. 开门通风

（1）动车组全列空调失效超过 20 分钟不能恢复，在列车长的组织下安装防护网、打开车门。防护网的安装需在列车停车状态下进行，安装位置为运行方向左侧（非会车侧）车门处。

（2）防护网安装完毕，打开车门后，做好车门值守工作，加强安全宣传，劝阻旅客不要靠近车门，防止发生危险，直到车门关闭。

3. 疏散、换乘

（1）在车站停留时，要打开车门通风。在列车长的指挥下协助车站将旅客疏散到安全处所，等待故障修复、救援或组织旅客换乘其他列车。

（2）动车组列车因故在区间停车不能维持运行需疏散、换乘时，在列车长的指挥下采用搭设安全渡板、应急梯等方式组织旅客换乘、疏散。

（三）动车组列车发生电器设备冒烟起火

（1）列车运行中发生电器设备冒烟起火时，要立即关闭电源开关或断开保险。

（2）迅速使用灭火器扑灭冒烟起火处。

（3）火情得到控制后，要注意起火部位，待列车长、乘务员到达后，详细介绍发生的时间和补救的过程及有关情况。火情扑灭后，列车长、乘警长、检车长要对起火部位进行全面检查，确认火已完全熄灭后，保护现场，调查取证，由列车长向段生产调度室报告。

（四）动车旅客突发疾病

（1）现场调查。列车上发生旅客突发疾病时，应到场查看旅客情况。同时报告列车长，稳定人员情绪。

（2）组织救治。根据列车长的安排，采取有利于抢救的措施，同时组织周围旅客腾出空座位，以保持空气流通。

（3）收集取证。协助列车长做好旁证材料收集、站车交接等工作。

（五）动车旅客发生意外伤害

（1）列车发生旅客人身伤害时，及时到场查看旅客伤害情况，报告列车长，组织救护，稳定人员情绪，维护现场秩序。

（2）发生旅客人身伤害后，协助列车长做好旁证材料收集、站车交接等工作。

（3）需要保护现场时，及时采取措施保护现场，禁止与救援、调查无关的人员进入。

（六）动车旅客发生食物中毒

（1）判明情况。列车工作人员发现旅客食物中毒或疑似中毒时要立即通知列车长、乘警到场处理。列车长应根据现场情况利用广播或乘务员口头宣传查找医生到场判明病人情况。

（2）及时报告。列车长要向前方停车站、前方卫生防疫部门、段生产调度室报告，段调度室应立即上报铁路局卫生、客运主管部门和列车所在地及本地区铁路疾病中心。怀疑投毒导致食物中毒时，还应同时向所在地铁路公安机关报告。报告的内容包括日期、车次、发病时间、地点、病人主要症状、发病人数、旅客到站、所在车厢、餐饮食物名称等。

（3）及时救治。应由医生（无医生时由列车救护员）采取催吐等初级抢救措施，并按照上级的指示，与有关车站办理交接，对中毒较严重危及生命需立即停车急救的，由列车长立即向所在地路局客调汇报或立即用运转车长电台与调度取得联系，在就近具有抢救条件的停车站临时停车，同时组织急救人员做好与中途车站交接的准备工作，协助车站将病人尽快送往就近医院。

（4）协助调查。列车工作人员要协助卫生防疫部门和公安部门调查发病的原因及所食用的食物，收集证据材料。被取证人包括发病人、周围旅客及有关人员。

（七）动车旅客发生重大疫情

（1）发现疑似鼠疫、霍乱等重大疫情时应立即向列车长汇报。

（2）协助列车长将传染病人、疑似病人和密切接触者分别进行隔离，紧急疏散其他旅客，组织旅客将自身携带品转移到其他车厢，并对有关人员进行登记；同时做好相关解释安抚工作。

（3）协助列车长组织封锁已经污染或可能污染的区域。

（4）协助列车长做好卫生防疫人员上车和疑似病人交站等相关准备工作。

（5）协助列车长移交相应人员及资料和办理站车相关交接。

（八）动车组遇到恶劣天气

（1）遇恶劣天气时，各车厢乘务员必须坚守岗位，加强安全宣传，加强巡视和防护，及时清理车厢连接处的雨、雪，避免因湿滑和结冰等情况使旅客和乘务员滑倒，防止旅客伤害事故的发生。

（2）向列车长汇报车内相关情况。

（3）根据列车长的通报向旅客做好晚点相关信息通报，做好旅客的解释、安抚、饮食供应工作，不得激化矛盾；动车组列车晚点一小时以上且逢用餐时间时，在列车长的指挥下按规定向旅客免费供餐。

（九）动车组发生火灾、爆炸事故

（1）立即汇报。列车工作人员发现或接到旅客反映有爆炸、明火、冒烟时，应立即施救并使用无线对讲设备向列车长、乘警报告。

（2）立即停车。确认爆炸或火灾后，来不及报告时立即启动紧急停车装置（或按下火灾报警按钮），并将使用紧急制动阀（紧急制动装置）的情况报告列车长。

（3）疏散旅客。在列车长的指挥下，按分工安排，迅速组织起火车厢旅客向邻近车厢疏散后关闭发生火灾车厢两端的防火隔断门。接到邻线列车扣停的通知后，按分工安排迅速组织旅客向地面安全地带疏散。旅客列车在长大隧道内（特大桥）发生火灾爆炸等突发事件，需紧急疏散旅客时,按照相关规定办理。组织旅客向邻近车厢或地面安全地带疏散时,应做好安全宣传和防护,严禁旅客跨越线路。

(4)迅速扑救。在列车长的指挥下集中列车上的消防设备进行扑救。同时,防止发生旅客跳车、刑事案件等意外事件。

(5)切断火源。发生火灾时,司机应根据火势情况立即停止车内通风,启动事发车厢或全车的火灾模式;随车机械师应及时赶到相应车厢关闭空调、通风系统或设备设施电源。

(6)设置防护。在列车长的指挥下,做好相应防护工作。

(7)报告救援。在列车长的指挥下,做好责任车厢内相关情况的统计汇报。

(8)抢救伤员。在疏散旅客、迅速扑救火灾时,要组织好人员,动员旅客中的医护人员参加,积极抢救伤员,有计划地实施抢救。

(9)保护现场。在扑救火灾时,要注意保护好现场。严禁无关人员进入,稳定旅客情绪,维持秩序,防止混乱,保护好火灾现场。做好人数、伤情统计等善后处理,以备查证;及时劝阻现场周围无关人员利用手机拍摄。做好换乘其他列车的应急处置准备工作,协助列车长工作。

(10)协助查访。积极协助公安机关调查事故情况,提供线索,帮助调查。

(11)认真取证。积极协助乘警调查取证,为现场勘察、认定火灾原因创造有利条件。

(12)列车发生火灾爆炸后,在列车长、乘警长的统一指挥下,按照分工,坚守岗位,不得擅离职守,采取有效措施进行处置;并将处置情况向列车长汇报。

(十)动车组餐吧车餐售供应应急处理

(1)列车预防灾害食品配备。根据线别配备易于储存的应急餐料。

(2)应急补充餐料原则:

① 列车运行中餐料不足,需要补充时,必须到规定的补料点补充。补料以蔬菜为主,严禁补充主料,食品要执行"索证"规定,有补料单位卫生许可证。食品要有当地防疫部门检疫说明及上货单,食品上车前由列车长和餐车长共同检查食品和商品质量。列车长要严格把关,坚决杜绝"四无"商品上车,防止食物中毒,保证旅客和乘务人员的饮食安全。

② 补货点所上餐料和食品必须有上货单,并盖有公章,否则按私货处理。

③ 特殊情况,途中必须在非补料点补料时,必须经列车长请示段主管领导同意,餐车长、列车长共同检查餐料质量,并做好监督。如线路中断,距铁路大站较远时,应由列车长通过段生产调度室请示路局配调。得到批准后,方可与地方政府联系,请求为列车补充食品、果蔬及饮用水。

(3)列车晚点时保证餐饮供应最大限度地满足旅客需求。

① 在列车晚点时,要搞好餐车饮食供应工作,严禁以任何理由哄抬物价影响铁路部门形象。

② 根据列车晚点的具体情况,按时开餐,合理安排饮食供应,照顾重点旅客,满足旅客需求。

复习思考题

1. 什么是食物中毒?
2. 食物中毒有哪些特点?
3. 食物中毒病人的抢救处理原则有哪些?
4. 列车餐饮供应有哪些规定?
5. 餐吧车餐具的保管要求有哪些?
6. 动车组列车旅客发生食物中毒后应如何处理?
7. 动车组餐吧车餐售供应应急处理有哪些相关要求?

附录1 动车组餐饮经营相关法律法规

附录 2 常见的鸡尾酒配方

参考文献

[1] 李丹. 高速铁路动车餐饮服务[M]. 成都：西南交通大学出版社，2016.

[2] 徐溢艳，周显曙. 餐饮服务与管理[M]. 北京：清华大学出版社，2016.

[3] 刘颖昇，隋东旭. 高速铁路动车组餐饮服务与管理[M]. 北京：北京交通大学出版社，2018.

[4] 铁路职工岗位培训教材编审委员会. 餐车长[M]. 北京：中国铁道出版社，2013.

[5] 吴健安. 市场营销[M]. 北京：高等教育出版社，2000.

[6] 劳动和社会保障部中国就业培训技术指导中心. 餐厅服务员[M]. 北京：中国劳动社会保障出版社，2001.

[7] 范礼. 铁路客运服务礼仪[M]. 北京：中国铁道出版社，2014.

[8] 毛慎琦. 餐饮服务技能实训[M]. 北京：机械工业出版社，2008.

[9] 童霞. 中餐服务技能实训[M]. 北京：机械工业出版社，2012.

[10] 陈临蓉，陈修仪. 餐饮服务[M]. 北京：高等教育出版社，2010.

[11] 姜若愚，鞠海虹. 中国民族民俗[M]. 北京：高等教育出版社，2008.